古代歷史文化研究輯刊

三　編

王明蓀　主編

第 22 冊

恭親王奕訢與咸同之際的外交與政治糾紛
（1858～1865）

段昌國　著

宣統朝的政治領導階層
（1909～1912）

詹士模　著

國家圖書館出版品預行編目資料

恭親王奕訢與咸同之際的外交與政治糾紛（1858～1865） 段
昌國 著／宣統朝的政治領導階層（1909～1912） 詹士模—
初版—台北縣永和市：花木蘭文化出版社，2010〔民99〕
目 2+64 面＋序 4＋目 2+124 面；19×26 公分
（古代歷史文化研究輯刊 三編：第 22 冊）
ISBN：978-986-254-106-7（精裝）
1. 晚清史　2. 外交史
627.7　　　　　　　　　　　　　　　　　99001340

ISBN - 978-986-254-106-7

古代歷史文化研究輯刊
三 編 第二二冊　　　　　ISBN：978-986-254-106-7

恭親王奕訢與咸同之際的外交與政治糾紛（1858～1865）
宣統朝的政治領導階層（1909～1912）

作　　者　段昌國
主　　編　王明蓀
總 編 輯　杜潔祥
出　　版　花木蘭文化出版社
發 行 所　花木蘭文化出版社
發 行 人　高小娟
聯絡地址　台北縣永和市中正路五九五號七樓之三
　　　　　電話：02-2923-1455／傳真：02-2923-1452
網　　址　http://www.huamulan.tw 信箱 sut81518@ms59.hinet.net
印　　刷　普羅文化出版廣告事業
初　　版　2010 年 3 月
定　　價　三編 30 冊（精裝）新台幣 46,000 元

恭親王奕訢與咸同之際的外交與政治糾紛

（1858～1865）

段昌國　著

作者簡介

　　本文作者段昌國，畢業於台灣大學歷史系及歷史研究所，獲學士與碩士學位後，負笈美國，就讀普林斯頓大學歷史系，得碩士與博士學位。曾於中興大學、中央大學、交通大學、宜蘭大學服務，擔任系主任、院長等職務，現任教於佛光大學。

　　段博士，少時即喜涉獵文史，窮理研幾，就讀台大時，專修近代中國史，於時代變遷，特有觀察。赴美後，轉讀歐洲史、俄國史，放懷於近代之比較轉變，嬗遞演進。文史之外，並優遊於戲劇、藝術、電影、小說之間，悠然自得。著有中英論文書籍，新近出版「十五至十八世紀歐洲變遷」，及「變局與突破：近代俄國思想與政治」。

提　要

　　晚清的中國政壇上，不僅有滿漢傳統的對立存在，而且也有新舊思想衝突的暗潮在相激相盪。這兩種路線的交錯發展，構成晚清錯綜複雜的政治局面，更因而影響到中國，產生接二連三，波瀾壯闊的自強革新與革命行動。

　　咸同之際（1858-1865），不論從外交上或政治上來觀察，都面臨著劇烈的變動。中國傳統的夷夏觀念不斷的調整適應新的世界局勢，是外交上最具特色的轉變。恭親王奕訢無疑是一個典型的代表人物，他的外交思想事實上並不能超越「以夷制夷」的窠臼，但他發陳出新，在舊有的基礎上推進了一大步，更重要的是，他能從實際的折衝樽俎中，吸收了新的知識與觀念。

　　從外交上來觀察，他從儒家思想的基礎上，發揮弭兵與和平的觀念，挽回了北京陷落後的危局，他周旋英法使臣之間，對於國家主權與國際公法有較清楚的認識，這方面的成就，的確超過了耆英與肅順。而且從以夷制夷的立足點出發，瞭解外交的憑藉是軍隊的艦炮力量，因此主張練兵，師夷長技以制夷，創設總理衙門，以此為革新運動的發祥機關，可以看出他的外交觀念不限於條約的簽訂，但也可說明他的野心不僅僅是以外交為限。

　　從政治上觀察，奕訢遭遇非常曲折，他與咸豐早年失和，以後肅順當道，更難以暢所發展。咸豐晚年面臨英法北犯，倉皇出京，由於外交形勢的刺激，引起政治上的大變動，恭親王臨危受命，力挽狂瀾。但咸豐對他嫌隙日深，肅順等力極排擠，使他在北京主持撫局，多所掣肘，咸豐死後，終於攘臂而起，與慈禧聯手發動政變。過去研究大都以慈禧為主探討，本文則從奕訢的角色深入分析。在近代變局中，奕訢浮沉其間，有辛酉的政權政爭，有乙丑的罷革之變，以及掌理總署推動中興之舉。他在政治上的奮鬥事蹟與遭遇的苦悶，不僅代表了晚清政情的迂迴曲折，而且也反映出晚清政治上的基本癥結。

　　奕訢被罷議政王後，逐漸消沉，我們從恭王的政治經歷，看到清議日熾，使得政壇上的風雲人物屢屢受屈，政治措施亦遭束縛，而母后臨朝的局面已定，權力一尊，因此政情雖趨迂緩，但清廷國勢反而愈變愈壞，終於一敗而塗地。

目

次

第一章 前　言

　　晚清的中國政壇上，不僅有滿漢傳統的對立存在，而且也有新舊思想衝突的暗潮在相激相盪。前者是清人入關後，與漢人之間產生的統治階層與被統治者的問題，後者是中西兩個互不瞭解的世界，因為戰端啓釁，彼此接觸，而使中國本身產生守舊與革新的問題。這兩種線路的交錯發展，構成晚清錯綜複雜的政治局面，更因而影響到中國，產生接二連三、波濤壯濶的自強革新與革命運動。

　　在這些不斷的改革轉變中，無疑地，外交是首當其衝的一環。傳統的中國是自居於「萬邦來儀」的地位，以為世界之大，不過九州，而中國在其中心，因此對內是君臨天下的觀念，對外是傳統的夷夏之防；但中西的接觸如何能容許兩個不同的世界永遠對立？鴉片戰爭（公元 1840～1842 年）的炮火敲開了中國的門戶，不但西方的勢力源源而進；中國也從此步入世界的千流萬壑之中。

　　但夷夏之防的觀念在清朝而言，是相當矛盾的事。從中原人士的眼光來看，滿洲人何嘗不是來自「蠻夷之邦」？然而無奈他們都是統治階層，所謂「成者為王，敗者為寇」，這也是中國人一個古老的觀念。為了消除那種傳統的華夷之分的界限，清人不得不從事大規模的漢化運動；但是也為了預防統治權力的旁落，清人在滿漢之間却設下許多藩籬，這種觀念與現實政治的出入，造成清朝政局的矛盾與困惑的現象，反映在清朝對外的政策上尤其明顯。對於那些歷來環繞中國的藩屬小國，清人是挾天朝恩威，君臨四海；但是謹守著春秋經傳所謂的「興滅國，繼絕世」的理想，從未曾併吞其地，我們就明清兩代對朝鮮與琉球的外交政策即可明白看出。因此那時候的中國與西方

邊裔的國際關係，是以「朝貢制度」來維持的；換句話說，這種政治上的優勢是以文化上的優越感為憑藉的。清人對外抱持了中國傳統的文化優越意識，可是對內却極力壓制中原人士的文化思想。

可是清朝海內一尊的美夢並不能維持多久，乾隆五十八年六月二十九日（公元 1793 年 8 月 5 日），英國派遣使節馬戛爾尼（Earl of Macartney）東來覲見，先敲了一記警鐘，清廷即已無法封鎖門戶，而中國那種傳統的外交觀念亦面臨了新的挑戰。馬戛爾尼來中國，自稱為王者之使，態度頗為威嚴，然而清廷官吏，仍依慣例，在其船頭上插起「英吉利貢使」的旗幟。從他的日記來看，英國所要求者大致如下：第一，准許派遣使節駐北京，並設商館；第二，准許英商至寧波、舟山及天津等地貿易，第三，准許英國商船按照中國稅率切實上稅，不另行徵收他稅，並請賜錄中國稅率一分，以便遵行。〔註 1〕但是清廷把英國當做朝貢國之一，堅持其行跪拜之禮，馬氏認為有辱國體，未肯遵行，終於無功而返。清廷對於英政府的要求，在兩道敕諭中駁斥無遺。〔註 2〕從這敕書中，可以看出中國仍然堅守「天朝統馭萬國」的觀念，而且不承認外在的西方世界，及那個世界所推演出來的國際公法與關係。

過了二十一年，在嘉慶二十一年（公元 1816 年），英國再接再厲又派了一位使節來。因為在這二十年當中，英法爭相推廣遠東的商業，與中國的接觸日益頻繁，清廷那種嚴守夷夏之防的外交觀念阻礙了雙方的瞭解，擒賊擒王，又遣使來北京，商討雙方貿易通商事，但仍然為了那種宗藩的觀念，使這位英使不得不稱病而退。嘉慶皇帝下道敕書說：「天朝不寶遠物，凡爾國奇巧之器，亦不視為珍異，爾國王其輯和爾人民，慎固爾疆土，無間遠邇，朕實嘉之！嗣後毋庸遣使遠來，徒煩跋涉，但能傾心效順，不必歲時來朝，始稱向化也。」〔註 3〕這還是朝貢的觀念。

朝貢制度下的外交關係，是信守著：「招攜以禮，懷遠以德」的原則，因此歷來到中國朝貢的藩屬國，其所進貢的遠不如受賞賜的豐厚。在這種柔遠的外交政策下，和平的維持自然是輕而易舉的。何況古老的傳統觀念賦予中國一種理想面，如前所說「興滅國，繼絕世」的存祀主義，便使中國對於藩屬從未興起併吞的念頭。更進一層來看，朝貢制度是建立在誠信的基礎上，

〔註 1〕劉復譯《乾隆英使覲見記》。
〔註 2〕《清高宗實錄》卷一四三五，頁 10～15。又卷一四三五，頁 15～20。
〔註 3〕《清仁宗實錄》卷三二〇，頁 6。

如曾國藩所言：「自古善馭外國，或稱恩信，或稱威信，總不出一信字。非必顯違條約，輕棄前諾，而後爲失信也。即纖悉之事、嚬笑之間，亦須有其意載之以出。」〔註4〕可是這種道義爲主的外交觀念，如何能適應十九世紀以來國際間所發展的強權外交呢？

再過二十年（公元1840年），清廷終於因爲商務與外交的衝突而與西方的英國發生戰爭。清廷戰敗了，只好被迫接受西方的那種世界觀。這從歷史的意義來說，是清代的中國已扮演了世界舞台上的角色，〔註5〕而從時代的意義來說，當時一般有識之士，已覺悟到此一變局，傳統的外交知識是不足以應付了。那麼，中國要以什麼態度與方法來應付此變局呢？那時中西所謂的外交接觸，幾乎是以商務爲開始，並以商務爲重心的，因此即以辦理商務的方法來處理外交問題，對於主權問題反而較爲淡然。但是鴉片戰爭失敗，簽定江寧條約，所給予清廷最大的刺激，卻是嚴守夷夏之防的天朝制度，從此不能完整的保留。當時一位給事中董宗遠上給宣宗皇帝的奏摺中說：「國威自此損矣……。國脈自此傷矣……。亂民自此生心矣……。邊境自此多事矣。」〔註6〕董宗遠是跟林則徐一樣主戰的。他還說：「昔吐番之騷擾於唐，金人之爲患於宋，皆議和誤之」，因此主張：「速撥土兵，任用王親，大申撻伐」。〔註7〕戰後議和他當然是不贊成的，但戰敗給他的教訓，也只是天朝國威受損，亂民生心，邊境多事而已，這是剿夷派對於外交變局的反應。

撫夷派的處變之道，也並不能切中肯綮。當時做到浙江巡撫的劉韻珂，曾寫了封信給議和的清廷代表耆英與伊里布，指陳談和有十可慮，善後則有八大患。可慮的是恐他國效尤而至，而且阻撓海防，庇護匪徒，民夷衝突，漏銀出洋；這些都被他不幸言中。後患則是夷勢日張，長驅而入，誰能禦之？而且「不軌之徒，干犯國紀，竄身夷館，即屬長城。」（這是指盜賊興起，可得外人庇護）「民犯夷，則恐縱民以怒夷，夷犯民，又將執民以媚夷；地方官只知有夷，不知有民」，這到後來演變成官怕夷人，夷人怕百姓，百姓怕官的惡性循環。又說：「挾兵通商，自必免稅，沿海諸國，大率爲英人所脅服，此後貨船皆附入英夷，我設關而彼收稅也」，這是指出甘爲外國奴役的由來。但最令他痛心的，莫過於

〔註4〕　《曾文正公書扎》卷三十，頁49。
〔註5〕　梁啓超《飲冰室合集文集》第三冊頁11，中國史敍論第八節時代之區分有相
　　　　同的話。
〔註6〕　梁廷枏《夷氛聞記》卷四，頁32～34。
〔註7〕　同上引。

他文中所描寫的一段話：「就今天下大勢而論，文官愛錢而又惜死，武官惜死而又愛錢，加以兵無鬥志，民有亂心，帑藏空虛，脂膏竭盡，戰亦敗，和亦敗。然戰之敗，敗於無人；和之敗，敗於失策。」〔註8〕劉韻珂與琦善一樣是主和的，他所指出的慮患，也都給他說中了，可是他也沒說出對付這種變局的方法與態度。

比較用心是夏燮。他曾就條約本身，剖陳利害，認為通商口岸不只五口，且「東南四省，一氣聯絡，向則開門揖盜，今則入室操戈矣」，同時煙價與商欠皆為重給，將耗竭民力，而軍費尤重，更重要的是：「約內絕不提煙土一字……今則貨物有稅，煙土無稅，是得小遺大……自通商議行，鴉片弛禁，於是利權操之於外洋，而煙土遂為各行之首業。此豈特漏卮之患而已哉？」〔註9〕除此之外，他又說夷人絜眷居住通商口岸附近，未定界限，雜處必生害，約內定夷人與中國官員平行往來，但未分等級，是足反居上，首顧居下者也。他剖析清楚，指陳利害，多為當時人所痛心的，但只就事論事，也沒有說出應付變局之道。

得到教訓最多，體認最深的是清廷議和的代表耆英。他在道光二十三年正月十八日（公元1843年2月16日）上了一道奏摺給皇帝說：「自古遠猷，攘外必先安內」，他認為「司民牧者，撫綏得宜，教養有法，使民各遂其生，官與民有休戚相關之誼，則內安而不患外侮」，但是當時的牧令是怎樣的呢？「不理民事，不問疾苦，動輒與民為難，以致民情渙散，內不自安，何暇攘外？」他又說抵禦外寇，旁觀議論紛紜，「主剿者莫不痛詆議撫之非，及主剿而失利，又歸咎於剿者之多事；主撫者咸稱剿不足恃，及至撫議既成，復不審度彼己，欲圖一試，取快目前。若即令主剿者剿之，主撫者撫之，臨事之際，亦皆一籌莫展。」但是他仍主張撫夷，不過「撫夷本屬權宜之計，並非經久之謀」，重要的還是收取民心，如果「良民為我所用，莠民亦化為良，雖有強寇當前，而眾志成城，彼亦無能為役矣」，可見他撫夷的目的仍為制夷。他在這年六月十二日又上一道奏摺說：「熟商安輯民夷，務求於俯順夷情之中，仍不致令民解體。庶與國計民生夷情三者，皆有裨益。」他的這種理論就是後來主張以民情制夷的濫觴。不過，他高於朋儕的是下面這段話：「但收拾民心，訓練兵卒，造船鑄礮，非一朝一夕可以奏效，而切要機宜，則在慎選守令將備，使之教養訓練，庶民志固，

〔註8〕上所引俱見，夏燮《中西紀事》卷九，附錄。
〔註9〕《中西紀事》卷九，頁2～6。

兵氣振。三年有勇，七年即戎，彼有限之游魂，安敢輕視我無盡之民兵？不戰屈夷，久安長治，至在於是。」﹝註10﹞從這裏可以看耆英還是走的「得民者昌，失民者亡」的傳統步調。但由耆英也可說明，道咸同時期在轉變其外交政策時，傳統的影響色彩是何其濃厚！

耆英的見解對於恭親王奕訢的影響相當大，而上述的時代背景，在恭王身上也產生了莫大的作用；恭王在咸豐十年八月七日受命辦理與英法和局初期，﹝註11﹞仍徘徊於剿夷與撫夷兩者之間，﹝註12﹞但英法兵臨城下，京畿震動，咸豐皇帝不得不走避木蘭，﹝註13﹞恭王全權處理，屈尊談和，﹝註14﹞他的態度已有顯著的轉變，但試問促成他轉變的契機何在呢？可能的原因至少有五：

（一）恭王留駐京城，英法大兵雲集，而清廷見夷人則望風披靡，其勢殆不可守，又不能戰，乃不得不求和。這是環境所造成，情勢所使然的。

（二）當時瀰漫朝廷的是載垣、端華、肅順為中心的主戰空氣，他們環繞咸豐周圍，使咸豐徘徊在和戰兩難之中，優柔寡斷，和耶？戰耶？朝廷並沒有堅定的政策。恭王遠離朝命所在，無形中是另一個勢力，他倡儀主和，是要與主戰派相頡頏，如果和議達成，能夠兵不血刃而退夷兵，保京城，自然對他個人威望是一重大的幫助。

（三）英法聯軍雖佔據京城，但他們彼此之間並非步調一致，而皆想拉攏清廷，以便從中得到更大的利益，因此互有猜忌之心；加之天寒地凍，被等皆不耐久駐北方，急欲謀和而去，﹝註15﹞故表面上看去英法聯軍是張牙舞爪，威嚇脅迫，但求和的企圖，卻如司馬昭之心，路人皆知。恭王亦想利用英法間的矛盾，分別與之相互合作，則既可達成協議，兩遂其利，又可藉此鞏固自己的地位。

（四）恭王英年當值軍機，躊躇志滿，但不到兩年，又被撤去當差，因築室讀書，寄情於詩詞之間，他所讀不出先秦諸子的範圍，尤重春秋戰國時縱橫捭闔之術，特別稱道那時代的國際關係，因此他對外交

﹝註10﹞上引耆英奏摺語，見〈史科旬刊〉第35期，頁291～293。
﹝註11﹞《籌辦夷務始末》，（以下簡稱始末）咸豐朝卷六十二，頁34。
﹝註12﹞參閱本文第三章。
﹝註13﹞《文文忠公事略》卷一，頁3。
﹝註14﹞孟森〈咸豐十年洋兵入北京之日記一篇〉。載北平研究院史學集刊第2期。
﹝註15﹞《始末》，咸豐朝，卷六十六，頁9～11。

可想是有獲於心者多矣。其外交策略首重弭兵主義，可知他基本的態度上是反對以戰止戰的，那麼自然是傾向於求和的一方了。

（五）南方太平軍起事，已波及東南半壁江山，這種心腹之害，遠比英法聯軍的肢體之患來得危險的多；何況還有蠶食上國之志的肘腋之憂（俄國），在那裡虎視眈眈呢？〔註16〕因此恭王憂國為重，也想早些蹉商和議，以去外患，而再圖國家之復興。

此外，還有幾個主旨是需要指出的：

第一，咸同之際是中國外交轉變的第一個關鍵時期。總理衙門的創設，更是這個轉變過程的里程碑。在外交思想上，在縱橫智術上，都有承先啟後的影響。在外交思想上，由於國際法的傳入，對於國家主權及國際公法已有較清楚的概念，對於條約的簽訂，也有較明晰的認識。在縱橫智術上，固然承繼了傳統中國以夷制夷的老方法，而且更進一步要師夷之長技以制夷，魏默深的海國圖志便是這種進步的代表之作。這些思想與智術的苗長，對於恭親王奕訢的影響是不容忽視的。

第二，恭親王奕訢雖然與英法接觸頻繁，其後又主掌清廷外交事宜，但他却是舊時代舊文化所薰陶出來的人物，他代表了由傳統中國轉變到現代中國的一個舊式人物的典型。他自然受到時代知識的限制，不能突破這種範疇；而且在他的意識中，仍然懷抱的是儒家的忠君思想，堅貞不移。這可以從他在各方面的議論和貢獻中看到。他所留下的樂道堂文鈔，廣四時讀書樂詩試帖，古近體詩等僅有之史料中，〔註17〕都可以看出他稱道的是儒家的君臣關係，立言的根本也是儒家的大道。他後來領導的總理衙門與軍機處，雖然主掌大權，但於君臣之分却毫不踰矩。英法聯軍在北京時，曾有人企圖擁其獨立，〔註18〕他也並不為所動。但他與外人接觸時，囿於所學所見，故不免有所失，也是很明顯的事。

第三，恭王不僅在外交上具有舉足輕重的地位，即在清廷內政上，他也是權傾一時的人物。他與咸豐之間，及他與慈禧之間的關係，都極耐人尋味，可以說他是清朝政治上一個悲劇色彩很濃厚的人物。他本人僅遺留下極少數的記載，且多與其事功無關，使後人無從作一有系統的全盤分析。不過，從

〔註16〕《始末》，咸豐朝，卷七十一，頁17。

〔註17〕奕訢《樂道堂文鈔》。

〔註18〕參看本文第四章附註4。

這些片斷的史料中，仍可尋出若干蛛絲馬迹來。恭王與清廷掌政柄者的關係，對其外交政策產生相當大的影響。

　　本文的目的，不僅嘗試透過恭王爲中心以瞭解咸同之際清朝外交的轉變，還希望能進一步尋析政治上的錯綜演變對外交上的交互影響。但因材料及學力有限，難窺堂奧，只能說是有此企圖罷了。

第二章　恭王奕訢的治學及其外交識見

　　恭親王奕訢，是宣宗皇帝的第六子，少時就喜歡舞刀弄槍的事。與後來的文宗（即皇帝第四子奕詝）同在書房肄武事，曾製槍法二十八勢，刀法十八勢，宣宗特賜題爲「棣華協力」。〔註1〕道光朝內，受盡夷人輕侮，宣宗引愧自恨，臨死且說不配入享太廟，〔註2〕他爲報此悲憤之仇，亟亟提倡武功；奕訢受其影響，發蒙時便傾向於此了。

　　在宣宗心目中，奕訢與奕詝是居於同樣輕重的地位。〔註3〕道光二十六年用立儲家法，書名緘藏，兩人都有中選的謠傳，直到三十年，塵埃落定，硃筆方立奕詝爲皇太子。〔註4〕這個建儲的事件，對於奕詝與奕訢兩人的手足感情，自不免蒙上一層陰影。奕詝即位，雖封奕訢爲恭親王，但詔書中言：「……皇考宣宗成皇帝升遐，朕與顧命大臣敬啟密緘，願奉硃諭……皇六子奕訢，封爲親王。」，〔註5〕可見還是宣宗的遺命，並非文宗的本意。咸豐二年，命恭親王仍在內廷行走，三年，命在軍機大臣行走，〔註6〕恭王此時不過二十六歲，英年當值，這在清史上也少有前例，似乎是備受寵遇了；然爲了靜貴妃上尊號問題，雙方嫌隙日深，不滿二年，由於孝靜皇后崩，文宗責備

〔註1〕《清史稿》卷二二七，列傳第八。

〔註2〕《清宣宗實錄》卷四七六，頁20。

〔註3〕道光皇帝直至二十六年六月十六日方遵密建皇儲祖制，立第四子奕詝爲皇太子，同時封奕訢爲親王。二十九年賜奕詝銳捷寶刀，同時亦賜白虹寶刀給奕訢。可見道光對他二人的鍾愛。

〔註4〕《清史稿》文宗本紀二十，頁1。

〔註5〕《文宗實錄》卷一八一，頁16a-17b。

〔註6〕《清史稿》卷二二七，列傳第八。

恭王禮儀疏略，便罷其軍機大臣等職位。從這個突兀的舉動，可推想到兩件事：第一、文宗少由奕訢之母領養，其對奕訢封寵渥遇，未始不是感恩圖報的意思；但皇后死後，失去這種憑藉，便不再顧惜手足之情了。不然，爲了禮儀的問題，而牽涉到政治上的變動，不是過分嚴重的舉措嗎？第二、宣宗爲了建儲的問題，到臨死前一年仍難決取捨，奕訢入繼大統，除生身嫡出的原因外，也不免有幾分運氣，〔註7〕但奕訢曾同被考慮繼位，可見他在政治圈中也有不少勢力。文宗即位後，難免耿耿於懷，封王優敍，或有籠絡撫馭之心，但一旦有了藉口，便奪其政治上的職權，甚至宗令都統也被撤去，雖仍在內廷行走，而僅餘親王的空銜。若無此居心，何以在奪其權後，又命恭王到上書房讀書，這不是很明顯的要他隔絕政治圈嗎？他們兄弟兩人間的這個風暴，對於其手足感情及以後政治的演變，產生了相當決定性的影響。

恭王自然瞭解乃兄之意，他慨然引退，閉居家中，於是吟風弄月，寄情於詩詞之中。他在咸豐六年作《廣四時讀書樂試帖》，曾言：「世事貪求好，蹉跎誤此身，豈知尋樂境，惟有讀書人。涵泳饒情趣，披吟養性眞，聰明無外用，功利又誰因」，〔註8〕詩中說明他的心境，爲世事而蹉跎誤身，不如優游涵泳讀書樂趣之中，韜光隱晦，功名與他何有哉？他在閒散之時，幾乎日課一詩，不僅「詞翰之美，無以復加」，最該重視的，還是「此數十篇者，其用心爲尤不可及也」。〔註9〕

他在這段期間內，陶情歌詠，讀書自娛，甚至「不覺商音滿林薄」，想見他雖說神遊於詩詞之中，然而似乎仍未盡忘政治上的寵辱（商音多爲淒楚之音），而且又言「勵志勤無怠，程功密莫疏」，從字裏行間仍洩露出他的若干心迹，他何能僅僅以此託身而終老呢？他的有心，看他在《廣四時讀書樂詩試帖》完稿後（咸豐六年）又成《豳風詠》（這是咸豐七年的事）便可知曉了。豳風原出於詩經，詩中的深意便是有所陳戒於君王，要其精神念慮之間，嘗在於民，則放僻邪恣之心，無自而生；恭王取豳風之篇而歌詠賦詩，這番深意豈是那些和韻賦答，如朱鳳標、沈兆霖一般人所能瞭解的？

〔註7〕 《清史稿》卷三百九十一，列傳一百七十二杜受田傳：「文宗自六歲入學，受田朝夕納誨，必以正道，歷十餘年。至宣宗晚年，以文宗長且賢，欲付大業，猶未決。會校獵南苑，諸皇子皆從……文宗未發一矢。問之，對曰：『時方春，鳥獸孳育，不忍傷生以干天和。』宣宗大悅，曰：『眞帝者之言！』立儲遂密定。」
〔註8〕 奕訢《廣四時讀書樂詩試帖》，頁2，「人生惟有讀書好」。
〔註9〕 奕訢《豳風詠》，孫依言（琴西）跋。

恭王發蒙時，便有志於中興政治之事，從他與文宗同在書房時便合著「棣華協力」即可看出端倪，後來不得已引退，且受命在上書房讀書，試問如何能放其心安其身？但文宗對他嫌怨日深，幾至於無可爲之勢，他只好寄情詩詞，而讀書勵志，毫不懈怠，更取豳風以明志，意欲有所爲，這種積極的意向卻託詩詞來表達，自難邀得別人的了解，加以政治途上鬱鬱不得志，〔註10〕積結在心頭，化成一股被壓制的衝動，急欲求自我的表現。後來他在英法聯軍北京城下之盟時的所作所爲，以及在辛酉政變時攘奪政權之舉，似皆可從此心理上的觀點來解釋。

但恭王在此期間寄情詩詞，雖可表明其心迹，然讀書不多，也給了他一個限制。以所得的資料來看，他在咸豐十年前，似乎並未與洋務（夷務）有所接觸，他的注意力都擺在政治上。在政治的現實面，他不得志，卻懷有大志，極想有所作爲；在政治的理想面，他所懷抱的仍是儒家的君臣觀念，他的治略也是儒家的方式。可以說，他是舊文化裏所孕育出來的人物，他的眼光與識見也因而受限於此。我們先從這層來分析探討。

第一節　治學以儒爲本

恭王自稱他入學讀書時治經讀史之外，粗習聲律，〔註11〕關於聲律之學，見於他的詩詞之中，我們在前面曾約略提到，至於他治經讀史之所得，則見於《樂道堂文鈔》之中。他所謂的治經，乃指六經而言，讀史則不出春秋戰國的範圍。他主張文以載道，認爲六經皆載道之文，因此言文者必權輿於經，〔註12〕不管是論事、論理，或因事而記述，即境而涉筆，皆準此而作，似可溯自童年就傅治經之功。這種舊學的薰陶，使他相信傳統的儒家治國理論──以修身爲本。他說：

> 自天子以至於庶人，壹是皆以修身爲本，……天子之有天下者也，
> 諸侯有國者，卿大夫、士、庶人有家者也，人雖有尊卑，治雖有遠
> 近，然均之爲人，皆當從事於大學，則皆不可以不修身，……修身
> 而所謂格物也，致知也，誠意也，正心也，皆在其中矣。言行之際，

〔註10〕至咸豐七年復授都統，九年又授大臣，但並未掌大權。見《清史稿》卷二二七，列傳第八。
〔註11〕奕訢《鶠獻集》自序。
〔註12〕奕訢《樂道堂文鈔》自序，又見文鈔卷五，「經正則庶民興論」。

—11—

> 風俗繫焉，威儀之間，法則立焉；小而家，大而國，廣而天下，皆
> 一身推之。然則身也者，其萬化之基而百行之原乎？……天下之本
> 在國，國之本在家，家之本在身，良有以也。如不修身，則物之未
> 格，知之未致，是非淆而汩於事幾者多矣；意之不誠，心之不正，
> 譽尤集而失於施措者多矣。〔註13〕

他這種修齊治平的理論是從《大學》裏襲取而來。以此為本，他繼續發揮，
以為禮可以治國。他說：

> 辨上下而定民志者，禮也。上下之分既明，則威福之權皆出自上，
> 君君臣臣，國本固矣。春秋之時，君弱臣強，上失其政下執其柄，
> 國勢日替；蓋禮之所廢，眾之所亂也。〔註14〕

為什麼禮有這麼大的功效呢？他認為禮可以止邪於未形，使民日遷善遠罪而
不知。〔註15〕如果不重視禮，不知尊卑有等，貴賤有差，習尚紛然，則僭濫
侈靡之風，將日甚一日；〔註16〕而重禮就可以上下分明，「惠出於上而下不得
私，權歸於上而下不得擅」，〔註17〕公卿大夫莫不恪循職守，至於農工商賈，
亦皆各安其業，各食其力，因此說「安上治民莫善於禮」。〔註18〕從這裏可以
看出他受到儒家的影響，認為政治當有嚴密的階級差等，而治國者就要使大
家安於這種差等，不踰越它。

他的治國理論，便遵循儒家的模式而繼續衍申發揮。他認為民性至愚，
因此為政重在利眾豐財，〔註19〕「興民之利，除民之害」，〔註20〕以養民為主，
以愛民為立國之道，〔註21〕他理想的忠臣是為國進賢以衛社稷，〔註22〕首先
固然是用己之長，不足則集人之益，〔註23〕因此為政以人才為先，〔註24〕他
藉戰國四公子養士的例子，來表明他的這個主張。在他的議論中，最值得重

〔註13〕 《樂道堂文鈔》卷一，頁 23b。
〔註14〕 前引書，卷一，頁 5b。
〔註15〕 前引書，卷二，頁 26a。
〔註16〕 前引書，卷二，頁 25a。
〔註17〕 前引書，卷一，頁 6b。
〔註18〕 前引書，卷二，頁 26a。
〔註19〕 前引書，卷一，頁 2b-3b。
〔註20〕 前引書，卷四，頁 15b。
〔註21〕 前引書，卷三，頁 24b。
〔註22〕 前引書，卷一，頁 17a。
〔註23〕 前引書，卷一，頁 24a。
〔註24〕 前引書，卷二，頁 17b。

視的是他反對窮兵黷武之策，他說：「兵，凶器也；戰，危事也。不可不愼也。」〔註25〕他的理由是：

> 軍旅之事，雖以制勝者行之，不能不害民而傷財，以任穰耡供租稅
> 之百姓，而驅之效命疆場，民人愁痛，不知所庇，辛苦墊隘，無所
> 底告。〔註26〕

他又說：

> 兵，民之殘也，財用之蠹也，雖曰禁虣，帝王不得已而用之者也。
> 帝王聯萬姓爲一體，合四海爲一家，撫民以德，不聞以兵也。〔註27〕

以下他舉例說：武王伐紂，壹戎衣，天下大定，萬姓悅服，豈是窮兵黷武所能達到的，還不是有賴以德服人嗎？這是很明白的反對使用武力了。

我們當然不會忘了他曾汲汲於武藝的發揚，但在這裏何以有如此顯著的轉變呢？一個比較合理的解釋是：他與文宗研習刀槍之時，是在道光二十年前後，發揮這段議論是咸豐八年至同治元年間的事，相距雖不過十餘年，但在這段時間內，恭王經歷了英法聯軍之役，親見夷人炮火的洗劫，因此使得他有這種觀念態度上的重大轉變，是相當有可能的事（詳見下節的討論）。但是，我們不能否認，恭王是有著某種程度的矛盾，他的見解態度因爲受到舊文化的薰陶，而不能有與時推移的轉變；這種情形，從他的外交識見看得最爲明顯。

第二節　奕訢的外交識見與策略

恭王常常以春秋戰國的事例來說明他對政治的看法，因此，他看當時的國際外交關係，也往往以春秋戰國的情勢爲準來衡量。他說：

> 自古帝王未有不懷遠以德者也。春秋時，戎狄擾攘中原，爲患久矣；
> 然吾謂戎不足患，患在綏戎之不得其道耳。〔註28〕

那麼，綏戎之道爲何呢？他提出一個和字。下面就是他藉春秋左傳的一段記載來發揮這個道理，他說：

> 觀於晉悼公和戎之事，猶有先王懷遠之遺意，而歎魏絳之謀至深遠
> 矣。當其時無終子，因魏絳請於晉侯以和諸戎，晉侯以戎狄無親而

〔註25〕《樂道堂文鈔》，卷一，頁 12b。
〔註26〕前引書，卷一，頁 3a。
〔註27〕前引書，卷二，頁 28a-b。
〔註28〕前引書，卷一，頁 1a。

> 貪，不如伐之，魏絳乃即勞師失華之說，以切陳其弊，且即和戎之
> 有五利而諄諄言之。〔註29〕

這種主張是與反對窮兵黷武的論調息息相關的，因此他傾向於弭兵主義，特別推崇春秋時代提倡弭兵論的向戌，他說：「自弭兵以後，晉楚無相加戎，而中國之不侵伐者亦幾五十年，斯非向戌之功也乎？」

要達到和戎的目的，所使用的策略便是要結交盟國。他說：

> 春秋書盟，不可勝數，至有脅人相從而劫之使盟者，是謂要盟。

接著又說：

> 齊魯之盟也，將棄前怨以修舊好也。是時也，齊桓霸業聿興，方亟
> 亟焉，招攜懷遠，以德禮示人。〔註30〕

因此曹劌為魯著想，應當講信修睦，與齊好惡同之，以結外援；而他卻更進一步，劫持齊桓公，使其歸還侵地，再要桓公結盟。恭王藉曹劌以自許之心意，或者覽古史俠士之風以自鎮的居心，不是很明顯嗎？

在那個時代，以春秋戰國的世界觀來比擬咸同之際的中國所處的變局，是傳統知識份子的一種自然反應，馮桂芬的言論最足代表，他說：

> 今海外諸夷，一春秋列國也，不特形勢同，即風氣亦相近焉。〔註31〕

所以春秋夷夏之分的觀念仍可殘存，項藻馨有言曰：

> 故就天下大勢而論，為春秋時一大戰國。〔註32〕

因此必須講究約縱連橫之術。這些言論與恭親王之言，可以相互發明。

恭王既然以春秋戰國的眼光來看當時所面臨的變局，因此他的基本觀念仍是謹守夷夏之防，他的對付夷人之法，便是傳統的以夷制夷的策略。但恭王的外交智術是逐步演變成的，他在早期並未與夷人有所接觸，因此他的觀念是間接受到影響而形成的。我們在前面曾提到撫夷派的大家耆英對於恭王的影響，下面即先就此來討論：

耆英於南京議和後，成為清廷對外折衝樽俎的重心人物，他所代表的撫夷主張，也因此成為那段時期對外的主要策略。他認為夷心難測，並非易與之輩，他說：「夷性多疑，而又好動。防之過嚴，易生猜忌；任其所之，又殊叵測」，

〔註29〕《樂道堂文鈔》，卷一，頁1。
〔註30〕前引書，卷三，頁26b-27a。
〔註31〕《校邠廬抗議》卷下，頁66。
〔註32〕劉鐵冷輯，《清二百家軍政名牘彙編》卷十三，頁3。

何況「武備尚未修明，民氣尚未復元，防亦不勝其防」，不得不採用撫馭之法。但撫馭也不是萬全的，而是「在沿海文武各官，取鑒前車，臥薪嘗胆，勿以撫議為必可恃，亦勿以撫議為必不可恃；更不可稍形恇怯，妄事驚疑；同心協力，外示無猜，內懷愼密。設有夷船駛至，起身前往，曉以至誠，諭以利害，怯其疑而被其奸，鎮以靜而制彼動，雖狼子野心，不敢信其反覆，而誠能格物，似能令其就我範圍。」〔註33〕他撫夷的秘訣，便是古老的誠信二字。我們再看恭王的言論：「自古禦夷無上策，大要修明禮義，以作忠之氣為根本。」〔註34〕耆英認為夷性難馴，恭王則說：「可以信義籠絡，馴服其性。」〔註35〕比諸耆英，恭王尤信誠意的妙用。耆英認為勿以撫議為必可恃，但也勿以撫議為必不可恃，這一層與恭王的看法相同，恭王認為羈縻之策不可常恃，但衡時度勢，仍以辦羈縻為要。〔註36〕不過，耆英認為撫議可恃者唯誠信之道，恭王則不僅說「外敦信睦，而隱示羈縻」，〔註37〕而且尤其重要的是「一面即當實力講求戰守，期得制伏之法，不能以一和而遂謂可長治久安」。〔註38〕比較上來說，耆英的外交態度是採取守勢的、被動的，恭王則是守勢中有攻勢，被動中而採主動之權。

耆英後來發現夷人懼怕百姓，因此進一步要以民情制夷。因為那時發生英人要求進入廣州問題，粵東地區民性強悍，堅拒華夷雜處，不許夷夫夷婦入城，情勢洶洶，耆英就上道奏摺說（這是公元 1846 年的事）「屈民就夷，萬萬不可」，不如「杜絕夷人進城之請，以順輿情」，這可見他已站在百姓一邊，接著他說以民制夷的奧妙：「（進城之說）實因該夷（指英人）援四口以為例，又藉舟山為要挾，拒之愈力，請之愈堅，當經商之司道，傳諭紳耆，姑為出示，以順夷情而釋其夷；必俟出示後，物議沸騰，方可以眾怒難犯，絕其所請。凡示諭之撕毀，長紅之標貼，皆臣等授意曉事紳士，密為措置。」〔註39〕他的意思是激怒百姓，讓他們打先鋒，而英人見民情憤慨，自然不敢堅其所請了。這種策略，徐繼畬說得更清楚：「臣等現辦此事（指從福州士民之請，迫英人遷出城外），雖不動聲色，無非藉民以拒夷，並未強民以從夷，

〔註33〕《籌辦夷務始末》（以下簡稱始末），咸豐朝，卷六五，頁 32～34。
〔註34〕《始末》，同治朝，卷四八，頁 3。
〔註35〕《始末》，咸豐朝，卷七一，頁 17。
〔註36〕《道咸同光四朝奏議》（五），（台北商務），頁 2171。
〔註37〕《始末》，咸豐朝，卷七一，頁 19。
〔註38〕《始末》，同治朝，卷四八，頁 4。
〔註39〕《始末》，咸豐朝，卷七五，頁 34～39。

有驅夷之實，而無驅夷之迹，不拂民之情，而可關民之口」。〔註40〕清廷在廣州進城問題上，小試「以民制夷」的鋒芒，不無斬獲。到了庚子拳亂時，此法用到極致，卻帶來八國聯軍之禍，可說是肇端於耆英的外交之策。

有趣的是，恭王也遭遇到與耆英相同的難題——夷人入城問題（但在本質上是有異的，一個是條約下的行為，一個則是要求訂條約的行為）。恭王固然覺得：「城下之盟，春秋所恥」，〔註41〕但是求和只是權宜之策，戰爭方是實際要務。他的基本態度，就是要「能守而後能戰，能戰而後能和」，〔註42〕因此不能求一時之苟和，不能逞一時之意氣，而要籌思長久之策；長久之策便是自強，〔註43〕其法則為「學習外國語言文字，製造機器各法，教練洋槍隊伍，派員周遊各國，訪其風土人情，並於京畿一帶，設立大軍，藉此拱衛」。〔註44〕他的見解眼光比耆英要遠大得多了。

但恭王超出耆英其至一般同儕的，還是他對時局的看法，以及處變之道。他早看出諸夷難測，但對中國為患有緩急之不同，他說：「各夷以英國為強悍，俄國為叵測，而佛米（指法、美）從而陰附之。」〔註45〕因此，防俄最先，制英為次，美法則可挑撥使其離間（這比耆英僅泛指夷性多疑叵測要高明的多）。他雖認為「俄人陰鷙，布人謬妄，惟美稍為安帖」，但他們「久已聯絡一氣，勢似連橫，一國變則數國皆變」，〔註46〕因此防患之道，便在結盟友好，以破其勢，他藉三國的故事來加以說明：「今日之禦夷，譬如蜀之待吳。蜀與吳，仇敵也，而諸葛亮秉政，仍遣使通好，約共討魏；彼其心豈一日而忘吞吳哉？誠以事有順逆，勢有緩急，不忍其忿忿之心而輕於一試，必有禍尚甚於此」。〔註47〕他的結盟觀念與當時一般有志之士，如薛煥主張聯俄以制英，〔註48〕張煥倫主張聯英以制諸夷可以相互發明。〔註49〕恭王以及同時代的人士對於國際局勢的處變之道，實已超越耆英那時代辦夷務的人，由此也可看

〔註40〕 《松龕先生奏疏》卷上。

〔註41〕 《始末》，同治朝，卷四八，頁 1。

〔註42〕 《道咸同光奏議》（六），頁 2610。

〔註43〕 同上引。

〔註44〕 《始末》，同治朝，卷四八，頁 4。

〔註45〕 《始末》，咸豐朝，卷七一，頁 17。

〔註46〕 《道咸同光四朝奏議》（五），頁 2171。

〔註47〕 《始末》，咸豐朝，卷七一，頁 18。

〔註48〕 同上引，頁 8。

〔註49〕 《曾惠敏公使西日記》，卷一，頁 8。

出咸同之際的外交與道光時代已有不同。

　　不過，特別要指出的是，在道咸之際，魏原的海國圖志已刊行於世（此書成於 1842 年，五年後增補十卷），但在早期似未受到恭王注意。書中言「以夷以攻夷」，「以夷以款夷」，「師夷長技以制夷」，〔註50〕實爲以夷制夷理論的最高發揮。其中「以夷以攻夷」之策，即爲「調夷之仇國以攻夷」，與恭王之言若合符節。「以夷以款夷」則是「聽互市各國以款夷」，魏默深言：「今英夷既以據香港，擁厚貲，驕色於諸夷；以開各埠，裁各費，德色於諸夷；與其使英夷德之以廣其黨羽，曷若自我德之收其指臂」，〔註51〕關於這層，憂燮說的更明白：「若使防衛依然，祇須嚴守內洋，大張通市之論，則制夷兵者即在夷人，彼英人豈梗阻，以自連其寇讐」。〔註52〕恭王雖有以利相誘夷人的說法，〔註53〕但不如魏默深說得透徹明白，這可能是恭王在那時尚缺乏國際公法與國家主權的觀念，而且恭王過分依循傳統，若與傳統習慣相衝突時，往往順從傳統。但我們曾在前面指出，恭王在咸豐十年前，尚少與夷人接觸，然在此以後，他逐漸主掌清廷外交事宜，與外夷的接觸頻繁，帶給他許多轉變，國際公法的運用與主權的觀念即其著者，這層我們留到後面再來討論。至於「師夷長技以制夷」，當時恭王雖曾說使兵力日強，財利日盛，但仍以辦羈縻爲主，而且還信任「正氣足，則邪氣不能干」〔註54〕的舊習，並沒有深切留心魏默深的這套理論；但二十年後，恭王領導中興運動時，卻是以魏默深這番話爲最高準則的。

　　此外，我們再引一段恭王自己的話，可以看出他的外交修養，他說：「易曰：君子懲忿。凡人於外侮之來，當從容鎮靜以理應之，心志平，辭氣和，所謂率然臨之而不驚，無故加之而不怒者，其所養有素矣」。〔註55〕恭王便是以此受傳統薰陶成功的態度，來從事縱橫捭闔，雖有其立場，而實難應付自十九世紀以來強權外交的勾心鬥角之勢。

〔註50〕 魏源《海國圖志》自序。
〔註51〕 同上書，卷一。
〔註52〕 夏燮《中西紀事》，卷三。
〔註53〕 《始末》，咸豐朝，卷七二，頁3。
〔註54〕 《道咸同光四朝奏議》（五），頁2171。
〔註55〕 《樂道堂文鈔》卷二，頁7a。

第三章　英法聯軍期間奕訢態度的轉變

咸豐十年八月七日（公元 1860 年 9 月 12 日）文宗皇帝諭內閣：

> 載垣、穆蔭辦理和局不善，著撤去欽差大臣。恭親王奕訢，著授爲
> 欽差便宜行事全權大臣，督辦和局。〔註1〕

這道諭旨，有兩層意義：第一，它是恭王自從咸豐四年投閒置散以來，在政治上復起的明白告示，而且出諸文宗之手，似乎意味着恭王風雲出岫，將可大展鴻圖。第二，但恭王復起却是在危急存亡之秋，載垣、穆蔭被撤，英法兵臨城下，恭王受命於此時，辦理和局，意味只許成功，不許失敗，成功則平步青雲，或可得償宿願，失敗則不僅身敗名裂，且爲國家罪人，千秋重擔，責成恭王。恭王讀書明志，何嘗不想報效國家，然而政治上的錯綜恩怨與外交上的波雲詭譎，並非如此單純，恭王後來面臨的局面，內外交攻，幾乎身不由主，還因此遭受到各方的攻擊與侮蔑，難保令名。恭王復起的這一段經歷——從早年的激進而變爲溫和，從主戰而退爲主和，非常值得推敲細玩。而且咸同之際的清廷，外交的轉變與內政的革新，已有不得不推動之勢，恭王浮沉其間，有辛酉的奪權政爭，有乙丑的罷革之變，〔註2〕以及掌理總署，推動中興之舉，他在政治上的奮鬥事蹟與所遭遇到的苦悶，不獨代表了晚清政情的迂廻曲折，而且也反映出晚清整個政治上的若干基本癥結。我們在循此繼續分析之前，實有必要先來瞭解恭王復起前的背景。

〔註 1〕《籌辦夷務始末》，咸豐朝，（以下簡稱始末）卷六十二，頁34。
〔註 2〕指同治四年三月七日的罷革。

第一節　清廷外交的基本態度

　　清文宗是個相當優柔寡斷的人，他在書房讀書時習肄武事，精研刀槍，似乎頗有「文德今已立，武功愧前王」的抱負（我們不能忽視宣宗提倡武事對他的影響），但一邊他又表現仁愛謙冲之懷，下面引一段清史稿杜受田傳的記載來說明：

> 宣宗晚年……會校獵南苑，諸皇子皆從，恭親王奕訢獲禽最多。文宗未發一矢，問之，對曰：時方春，鳥獸孳育，不忍傷生以干天和。
> 〔註3〕

他這種性格上的矛盾，在早年尚不十分明顯，可是到後來主掌朝政，面臨更複雜的局面時，尤其在外敵環伺，英法聯軍逼臨京畿那段期間，格外顯得突出。

　　咸豐八年，英法聯軍挾兵威之盛，自廣州北上，桂良奉命斡旋談判，幾經折衝，迫於形勢，終於簽訂了四國新約：咸豐八年五月初三（即公元 1858 年 6 月 13 日）的中俄天津條約，五月初八的中美天津條約，五月十六日的中英天津條約，五月十七日的中法天津條約。〔註4〕同年又在上海訂立稅則。在這些條約中，中國喪失的權利主要如下：（一）新開十一處商埠：北自牛莊，南及廣東，東及臺灣，內至長江流域。（二）兵艦商輪至內河航行。（三）外人入內地遊歷通商。（四）內地傳教。（五）規定外國貨物轉運內地只繳百分之二點五的稅。（六）鴉片煙在「洋藥」名稱下合法納稅（每公斤納稅銀三十兩）進口。（七）海關行政管理權漸落於英國人控制。（八）領事裁判權之擴大。（九）公文禁用「夷」字，「嗣後……文書、俱用英文書寫，暫時仍以漢文配送，遇有文詞辯論之處，總以英文作為正義。此次定約，漢英文字……亦照此例。」（十）外國公使駐紮北京，覲見皇帝面遞國書。〔註5〕

　　四國新約便是英法聯軍第一次北上所獲取的成就，但並非即此止息干戈，其餘波盪漾至上海，還有一番折衝樽俎。咸豐皇帝的觀念，認為上述條款皆可商議，唯有外國公使駐京一節，必須另商，他的言論：

〔註3〕《清史稿》，卷三九一，列傳一七二，《杜受田傳》。

〔註4〕參閱陳恭祿〈四國天津條約的成立之經過〉載金陵學報第一卷第 2 期。（民國 20 年 11 月、南京）

〔註5〕《始末》，咸豐朝，卷二十七，頁 8～11。頁 12～22。卷二十八，頁 4～15。頁 16～29。

條約中駐京一節，其一切跪拜禮節須悉遵中國制度，且必須更易中
國衣冠，如外使能允所請，則可將條約呈進。〔註6〕

否則「與之更約」，因此詔命桂良、花沙納再與四國蹉商，英法等何能應允？

　　英國的目的，據其外務部的訓令，乃志在通商，〔註7〕但因中國的習慣觀
念以及地方官員作梗，使英人難逞企圖，為謀解決，屢派使節銜命東來，欲謁
見朝廷商議，他們的基本態度是和好的，但他們的居心叵測，却也不可忽視；
這層奧妙，何桂清頗有瞭解。他堅不主戰，但力持中西通商不可讓步，他說：

嘆夷所欲得者，雖不知何事，而其大要不出四年分所請在鎮江漢口
等處，設立碼頭任其所之。因此「若不徵其出入口貨稅，則無稽考，
竟可任聽該夷將我內地貨物即在內地貿易，骨天下之利柄歸於該
夷，而我民窮財盡矣。」

又說：

佛夷所欲得者，給還京城天主堂，聽其各處行教，揆厥情形，准則俯
首聽命，不准則為所欲為……若用兵則兵連禍結，斷乎不可。〔註8〕

然而咸豐皇帝的態度却正相反，他認為內口通商與派員駐京兩事，斷不可
准，〔註9〕其餘各款，未嘗不可便宜行事。但他基本態度是主戰的，而且大
臣中傾向於主戰的也較能得其傾信，至於撫馭議和，乃不得已之事，當桂良
花沙納與英法諸國口舌往復理論條款之時，咸豐皇帝尚言：

若該國（指英法）仍肆逞強，豈能聽其藐視中華。……必須用武，
天津兵勇尚多，民團亦甚可用，著譚廷襄飭令帶兵將弁，嚴密布置
天津迤北，毋令該國竄逸，一面激勵紳民，急籌攻戰之策。〔註10〕

另外，英法聯軍退出大沽口之後，咸豐皇帝密諭僧格林沁加緊布置海防，可
見他戰志甚盛。然而，在某些方面他又表現得十分軟弱，幾乎是屈意求和，
利權外移，增多口岸的開放，皆可應允其請，唯須撤離京畿。他這種態度值
得注意的有兩點：第一，他雖然主戰，但知道無可戰之勢，因此不得不議和，
啗以利益，以示羈縻，却又不知議和之道，〔註11〕他的態度便徘徊在和戰兩

〔註6〕《始末》，咸豐朝，卷二十七，頁6b。
〔註7〕 *Hansards Parliamentary Debates*, Vols 156:946（1860）
〔註8〕《始末》，咸豐朝，卷二十五，頁6a。
〔註9〕《文宗實錄》，（以下簡稱實錄），卷二五四，頁10b。
〔註10〕 同上引，頁11a。
〔註11〕 當時國際法尚未傳入，正式傳入，當以同治四年總署所出萬國律四卷為始。

難之間，不僅充份表現他性格中的矛盾，而且也暴露了朝廷的顢頇及政情的駁雜。第二，英法等國從此知道欲達目的，武力是最直截了當的手段，但在締約過程中，也嘗到威迫利誘軟硬兼施而能收獲豐碩的滋味，對於清廷，更易擺佈得逞。下面引一段英使額爾金的言論最可說明：

> 假如我們有製造第二個印度的雅興，則可以放手吞併清帝國，我們也可以用改朝換代取而代之一假如我們能找出一個比滿清對我們更為有利的皇朝。但假使我們的目的只在適當地耀武揚威，以促使清朝接受並忠實地履行一些條件，有利於促進中國商務的發展和穩定性，並維持兩國間和平的關係；而不想由於這種關係的破壞，致使清帝國導入無政府的混亂狀態中，則我們將面臨一項艱鉅的任務，我敢斷言：這一任務之完成，必有賴極端巧妙的應用，方克完成。

〔註12〕

恭王在第一次英法聯軍北上期間的態度是堅決主戰的，不過他知道戰無可恃，不能輕易言剿，必須妥籌辦法。以下引一段他的言論，可見他主戰之心：

> 天津鄉勇，現仍團結，果有素孚眾望之官紳，實力訓練，曉以大義，啗以重賞，必可得力。北河洩水，已可阻之使不能進。西河南運河洩水，兼可制之使不能退，催調吉林黑龍江及蒙古馬隊，速赴僧格林沁軍營，一有蠢動，即可鼓勇前進，或分兵協剿。〔註13〕

底下他又有一段議論與耆英以商民制夷的看法十分相近：「廣東百姓恨夷切齒，果奉有進兵明文，自必踴躍用命，勝算尤有可據。」〔註14〕甚至他主張殺李泰國，以示懲創英國，他的理由是：

> 英夷未曾與崇綸，譚廷襄見面，即桂良花沙納抵津以後，亦僅相見一次，近日往來公所，咆哮要挾，皆係李泰國從中煽虐，為其謀主，俱可灼見……若不加以懲創，不特外夷藐視，將來李泰國必至各處海口揚言自負，恐從此效尤者日眾，擬請……立刻摯下，或當場正法，或解京治罪。〔註15〕

參見 Immannel C. Y. Hsu, *China's Entrance into the Family of Nations, The Development Phase* 1858～1880 PP. 127～128.

〔註12〕 *British Parliamentary Papers*, 66:227
〔註13〕 《始末》，咸豐朝，卷二十六，頁11。
〔註14〕 同上，頁12a。
〔註15〕 同上，頁12b。

即使激怒英國，致啓釁端，也在所不惜，可想見恭王主戰的激烈。這種言論十分投文宗所好，即以恭王爲閱兵大臣，意欲有所作爲。〔註16〕後來耆英議和不善，被處正法，恭王雖同情耆英，代請減罪，〔註17〕但並不是同情耆英的主和見解。

　　還有一點須要附帶討論到的是，英法聯軍在廣州時，葉名琛掌理外交談判，中國的傳統觀念認爲大臣無私交，但對外關係上，朝廷似將大權賦予兩廣總督衙門，中央本身守著夷夏之防並不與外夷接觸，（雖然定奪黜陟仍操於朝廷之手），因此英法懷疑清廷接受了兩元政治的系統；〔註18〕這種觀念帶給他們一種誤解，以爲清廷不僅在廣州有此現象，後來在上海，在天津，亦皆如此，英法方起野心乘此離間，以分化清廷的勢力。這種策略的運用，在恭王復起後與英法談判期間，尤爲昭然。

第二節　從主戰到主和

　　咸豐九年五月，英法欲北來換約，咸豐皇帝諭曰：已派桂良照覆英法使節，須至上海商議，不必赴津，〔註19〕而且各國和約，皆係桂良等經手辦理，他人不能知悉，便來北京朝廷，又有何用，不如在上海靜候。〔註20〕清廷的意思十分明顯，不希望外夷進入京城，但英法懷疑清廷外交仍然是維持兩元系統，（平情而論，清廷亦有此意）決意北行，直接與中央朝廷換約談判，不想在地方假手疆吏或欽差大臣。咸豐無奈，雖准其進京，但限制行走路線，英法兵檣硬闖大沽，僧格林沁迎頭痛擊，英軍不諳情勢，因此奪帥失舟，倉皇而退。〔註21〕清廷上下大快人心，認爲是「二十餘年來未有之快事」。反而咸豐的態度比較冷靜，認爲「專意用兵，如何了局」，〔註22〕著派恒福專辦撫局。但他還有一種天眞的想法，以爲英法背約起釁，並非中國失信，因此英法可能會作若干讓步，令恒福切不可失此機會。不過，這一次殲創英軍，主戰派却囂張起來，以兵部尚書全慶的話最可代表：

〔註16〕《實錄》，卷二五四，頁19b。
〔註17〕《始末》，咸豐朝，卷二十六，頁31b。
〔註18〕Frederic Wakeman Ji, *Stranger at the Gate*，頁173。
〔註19〕《實錄》，卷二八二，頁10a。
〔註20〕同上，卷二八三，頁12b。
〔註21〕《始末》，咸豐朝，卷三十八，頁43～45。
〔註22〕同上，卷三十八，頁54b。

> 臣以爲正當乘僧格林沁既勝之師，厚集兵力，大聲天討，挫彼凶狂，
> 該夷驀越重洋，勢必不能持久，待其窮蹙，取前議而更張之，以絕
> 其覬覦之心，辦理方爲得手（文旁硃批：此言最爲切要，但不知將
> 來能辦到此地步否）。

這期間以肅順爲中心的主戰派最爲得勢，恭王的言論仍傾向於主戰派，他於咸豐九年四月被派爲內大臣，〔註23〕在仕途上正望有所攀附而上。

由於這一戰，清廷的對外態度轉趨強硬。在此期間，英法退兵上海，俄國爲了疆界問題，遣使來北京，與主戰派的肅順，瑞常等磋商，肅順的強硬態度可以說明清廷外交路線的轉變。下面引一段記載：

> 肅順……將提示給他的璦琿條約，輕蔑的擲於桌上，嚴厲的指稱這
> 些文件是毫無意義的。伊格拉提夫（俄使）一躍而起，大聲咆哮，
> 指責肅順竟敢在俄國特使面前毫不尊重國際條約，會議停止！並揚
> 言立即要求軍機處另行派遣具有高雅風度的全權代表。〔註24〕

就此記載申論兩點：第一，肅順雖然掌管理藩院，主持中俄交涉，但於外交智術，並不深曉，甚至有輕蔑之意，〔註25〕在外交談判時，固然因爲態度強硬，而維護了國家領土主權，但過份的輕蔑侮辱對方使節，不免造成更多的後患。第二，但也可說明主戰派的強硬路線，此時正得道而行，雖斷絕邦交，亦不顧惜。〔註26〕伊格拉提夫與肅順的談判，終告破裂，憤而出京，竟慫恿英法北上，〔註27〕造成第二次的英法聯軍之役，主戰派亦從此日漸消沉。

咸豐十年四月，英法軍艦連檣北犯，英艦泊於山東成山洋面，法艦泊於成山對岸之朝鮮洋面，有箭在弦上，不得不發之勢。清廷的態度，原是希望英法使臣眞心和好，則上海和約內應行通融辦理事宜，可以斟酌商量，〔註28〕咸豐皇帝且說：「天朝向以信義爲主，斷不以黷武佳兵爲勝。」〔註29〕因此傳諭海防將士「不准因有前番得意，遇夷即戰，徒邀保舉，不顧剿撫大局，如

〔註23〕《實錄》，卷二八一，頁20b。

〔註24〕Baron A Buksgevden 轉引自 Masataka Banno, *China and the West*，頁127。

〔註25〕清世說新語識鑒類載：「王闓運初在肅幕，自薦充報聘俄羅斯使，肅順頷曰：那可甘粗使。」可見他以使臣爲粗官之意。

〔註26〕《文宗實錄》，卷二八八，頁22b。

〔註27〕Shumakher Petr, *Toward a Histoy of Appropriaty the Amur-Relation with China from 1848～1860*, III. P 327

〔註28〕蕭一山，《清代通史》（三）頁496。

〔註29〕《始末》，咸豐朝，卷四十七，頁17b。

有即拏獲正法，不必請旨。」，〔註30〕然而英法在得到國會支持後，大舉東來，這種為「滿足國家自尊」的報復舉動，〔註31〕激起咸豐的反感。雖然何桂清洞悉雙方形勢，奏請和議，〔註32〕但咸豐下旨「如果該夷帶兵前來，惟有與之決戰…所有前議條約，概作罷論」。〔註33〕他的主戰態度，於此表露無遺，當時一般大臣如僧格林沁、恒福等亦附和主戰，肅順則更不在話下。此時恭王的態度雖無資料顯示，但看後來主張殺巴夏禮以懲儆英夷，便可知道他在這期間還是傾向於主戰派的。

　　英使額爾金在雙方對峙當中（咸豐十年五月八日），提出三條要求：（一）中國道歉。（二）賠償兵費四百萬。（三）依天津和約之例於北京換約，〔註34〕咸豐一概不允。六月中，英法兵登北塘，轉向大沽，僧格林沁死守礮臺，從咸豐的一道諭旨，可以看出京師形勢的危險：「天下根本，不在海口，實在京師，若稍有挫失，總須帶兵退守津郡，設法迎頭，自北而南截剿，萬不可寄身命於礮臺。」，〔註35〕但不幸，「國家倚賴之身」的僧格林沁，未能承負咸豐寄命，數萬精騎敗於英法不足兩萬的遠征軍下，〔註36〕大沽失陷，天津也在英法掌握之中，咸豐浩嘆之餘，派恒福會同桂良至天津議和。〔註37〕不過值得注意的是，咸豐雖遭此難，仍主決戰，他的想法是：

> 決戰宜早不宜遲，趁秋冬之時，用我所長，制彼所短，若遲至明歲春夏之交，則該夷必廣募黑夷，舉四國之力，與我爭衡。再勾通髮逆，遠交近攻，支持頗覺費手。〔註38〕

而與他商量這個主張的，便是載垣、端華、肅順等一般主戰之士。

　　天津議和期間，英使巴夏禮言辭桀驁，相形之下，桂良顯得較為軟弱，〔註39〕巴夏禮並稱若不允先期進京，即不候伴送，先行啟程，〔註40〕甚至進

〔註30〕同註28。
〔註31〕*Hansards Parliamentary Debates*, Vols 159（1880～86）
〔註32〕《始末》，咸豐朝，卷四十九，頁11～13。
〔註33〕《始末》，咸豐朝，卷五十，頁1b。
〔註34〕*British Parliamentary Papers*, 69（2754）229～30
〔註35〕《始末》，咸豐朝，卷五十五，頁33b。
〔註36〕英軍約一萬一千名，法軍約六千七百名，見 *Bonner-Smith and Lwnly*, P.391。
〔註37〕《實錄》，卷三二四，頁38a。
〔註38〕《始末》，咸豐朝，卷六十，頁7b。
〔註39〕《實錄》，卷三二六，頁2b。
〔註40〕同上，頁15a。

一步懷疑桂良權衡，欲索閱全權大臣的敕書，〔註41〕巴氏百般刁難，咸豐認為彼無謀和之意，十分憤怒，一面斥責桂良猶在夢中，不知其擁兵換約，心懷叵測，別有要挾，〔註42〕一面寄諭僧格林沁，嚴防扼要，甚且言將「親統六師，直抵通州，以伸天討而張撻伐」，〔註43〕言詞慷慨激昂，竟要御駕親征，似又見戰雲密布，然而同時咸豐又發下一道僧格林沁請帝巡幸木蘭的密摺，命各王大臣閱看，迅速定議。從這種兩面作風，可以明顯看出咸豐性格的矛盾處來。

　　但從另一個觀點來看，戰不可，和亦不足恃，而京師又在英法威脅之下；僧格林沁要求咸豐巡狩木蘭，是面對着現實形勢來看的，則咸豐雖說親征，不過巡幸的飾詞，兩者是基於相同的政治意義的。但這一消息傳出，使得人心搖動，王公大臣紛紛反對，〔註44〕賈楨的言論最足代表，他說：

> 皇上欲親統六師直抵通州，……惟地異澶淵，時無寇準，非萬全之
> 道也。……至僧格林沁所奏木蘭之說，尤多罣礙，京師樓櫓森嚴，
> 拱衛周密，若以為不足守，豈木蘭平川大野，毫無捍蔽，而反覺可
> 恃？〔註45〕

但是載垣、端華、肅順等主戰派却贊成巡幸之舉。恭王的態度，雖不能明顯看出，但其地位已相當重要，當時賈楨奏疏上後，咸豐硃批：「巡幸之舉，朕志已決，惠親王天潢近派，行輩又尊，自必以國事為重。著與惇親王恭親王端華等速行是議具奏」，〔註46〕在這裡已可看出恭王的地位逐漸提高。賈楨又言：「一經遷徙，人心渙散，蜀道之行未達，土木之變堪虞！」〔註47〕言詞閃爍，隱約可以看出他們的顧忌所在。再看王大臣會銜上疏中言：

> 若使乘輿一動，則大勢渙散，夷人藉口安民，必至立一人以主中國，
> 若契丹之立石敬塘，金人之立張邦昌。〔註48〕

再者，潘祖蔭疏言：

> 向來巡幸必派留京，在平時凡百皆堪勝任，事起倉卒，委託無人，

〔註41〕《始末》，咸豐朝，卷六十，頁14b。
〔註42〕《始末》，同上，頁18，硃批。
〔註43〕同上，頁30b。
〔註44〕《文文忠公年譜》卷一，頁32～33。
〔註45〕《始末》，咸豐朝，卷六十，頁30b。
〔註46〕引自《清代通史》卷三，頁502，原出處待考。
〔註47〕同註45。
〔註48〕《中西紀事》，卷十五，頁16。

留鑰之司，設有居心思乘此時機，闇干天位，萬一鑾輿既出，竟有
修牋勸進之人，彼謂幸則爲唐肅宗明景泰，否則亦不失爲張邦昌劉
豫耳。〔註49〕

恭王主張留京議和，也許他們懷疑有此居心，因此亟亟相勸咸豐皇帝不要巡
幸木蘭，然從反面來看，也可見恭王在京城隱隱有左右形勢的力量，方可遭
這班王大臣的注意與猜防。

　　就以上所說，再申論三點：（一）當時一般王公大臣對戰爭已無勝算把
握，求和之心似已漸迫切，便是端華肅順亦傾向和議。（二）在傾向和議的
人士中，恭王很可能是最有影響力的一個，他主張留京與英法議和，不然潘
祖蔭、賈禎也不會那般對他顧忌了。（三）也因爲潘賈等的言論，加上咸豐
皇帝與奕訢的不和，對於恭王更有所防範，這在後來便看的更明顯了。

　　桂良恒福不能再膺重任，咸豐撤去其欽差之職，另派載垣、穆蔭籌辦撫
局，這是咸豐十年七月二十五日的事。巴夏禮輕車簡從到通州議和，〔註50〕
仍然堅持天津和約內所訂的條款。清廷以爲巴夏禮進京是爲了觀察路線，以
備英軍統帥額爾金來通州，因此雖遣怡親王載垣議和，暗地裏還是諭命僧格
林沁與勝保加緊備戰。載垣與巴夏禮在東嶽廟舉行兩次談判，反覆辯論，皆
未能談攏，依據英方記載，巴夏禮曾遞照會，內有英女王手書欲親遞咸豐皇
帝，載垣以事關國體，堅不應允，〔註51〕巴夏禮甚而劫持天津知府石贊清以
爲要挾，〔註52〕雙方談判宣告破裂，巴夏禮掉頭而去，載垣即知會僧格林沁，
將巴夏禮截拏解京，同時咸豐嚴飭統兵大臣，帶領各路馬步諸軍，要與英法
決戰，而且諭命：「無論員弁兵民人等，如有能斬黑人首一級者賞銀五十兩，
有能斬白人首一級者賞銀一百兩，有能拴斬著名洋將一人者，賞銀五百兩，
有能焚搶洋船一隻者，賞銀五千兩。」〔註53〕

　　咸豐以爲巴夏禮被俘，敵心必亂，因命恒福，焦祐瀛乘此聲威，激勵團勇，
一湧而上，痛加攻擊。〔註54〕不料英法聯軍久候巴夏禮等不歸，即進攻張家灣
僧格林沁大營，槍礮齊發，清兵死傷極多，僧王退守至八里橋，復遇交戰，僧

〔註49〕同上。
〔註50〕*British Parliamentary Papers*, 66:125
〔註51〕同上註，66:229。
〔註52〕《實錄》，卷三二七，頁 15a-b。
〔註53〕《實錄》，同上，頁 8a。
〔註54〕同上，頁 17b。

旅死者數千名，營盤器械盡失。〔註55〕咸豐皇帝大驚之餘，一面籌思關閉通商口岸，斷絕貿易，以洋商為利所趨，或可請額爾金止息兵戈；〔註56〕一面又重拾巡狩木蘭，暫避京城的念頭。〔註57〕他這種優柔寡斷的性格在徘徊和戰兩難之中，充分顯露出來，載垣、穆蔭便又成了他這種態度下的犧牲品，以辦理和局不善，被撤去欽差之職。〔註58〕

在這艱難時刻，咸豐乃命恭親王為欽差便宜行事全權大臣，督辦和局，他自己在此同時與后妃巡幸熱河，這是咸豐十年八月八日的事。隨駕的有惠王、惇王、醇王、孚王、鍾王、怡王載垣、鄭王瑞華、尚書肅順、穆蔭等一班權貴。〔註59〕至於京城則陷入一片混亂，人聲鼎沸，車馬喧囂，搶奪之爭，時有所聞。〔註60〕

恭王復起，夏燮却說是從夷志，〔註61〕這句話很值得推敲，據英人記載，英法聯軍本有求和之意，他們曾與載垣、穆蔭、肅順等不妥協之士接觸，〔註62〕然而那時正值主戰派當權，咸豐本身尤為熱衷於戰途，雙方毫不讓步，終啟兵釁。恭王奉命議撫，夏燮說是從夷志，可見他是傾向於和談的。不過，問題是恭王原先主戰，轉變到主和的關鍵何在呢？仔細分析來，可能的原因至少有四：（一）清廷不能戰的形勢十分明朗，唯有議和方能解除兵臨城下的危局。（二）由於不能戰的形勢愈趨明朗，在政治上相應的現象便是主戰派的失勢亦將趨顯明，則很可能主和派將代之而起，恭王久有心於政壇上重整旗鼓，此良機自不能失去。（三）桂良是恭王的岳父，桂良是相當主和的，那麼他對恭王的影響當不容忽視。（四）恭王治學的影響，這點我在第二章已討論過，此處不贅。〔註63〕

從恭王復起後，清廷與英法交涉走向和談一途，但還有一點是值得再提起的。咸豐與恭王不和，早有猜忌，因此恭王雖奉命督辦和局，咸豐對他是

〔註55〕見法欽差葛羅之照會，載《文獻叢編》第二十六輯（北平、故宮）。
〔註56〕《實錄》，卷三二七，頁27a。
〔註57〕《中西紀事》，卷十五，頁6。
〔註58〕《始末》，咸豐朝，卷六十二，頁34a。
〔註59〕孟森〈清咸豐十年洋兵入京之日記一篇〉頁1。載史學集刊第2期。
〔註60〕《文文忠公年譜》卷一，頁33b。
〔註61〕《中西紀事》，卷十五，頁7a。
〔註62〕 *Correspondence with Mr. Bruce Her Majesty's Envoy Extraordinary and Minister Plenipotentiary in China*, PP41～44.
〔註63〕第二章曾以〈恭親王奕訢的治學及其外交識見〉為題，載故宮文獻四卷4期。

時時加以防範與限制的。我們必須把握當時的情勢，細細揣度探索，才能體
會到那些筆記與史料的本意所在。

第四章　總理衙門成立與奕訢的處境

英法聯軍兵臨城下，咸豐皇帝倉皇北巡，恭親王臨危受命，這是彼此關聯而且相互影響的三樁變動，其為時都甚短暫，可是仔細分析起來，影響卻非常久遠，值得注意的有五點：

（一）從清開國以來對外交涉的措施，逐漸發生問題，從前「各國事件，向外省督撫奏報，彙總於軍機處」，但「近年⋯⋯外國事務，頭緒紛繁」而且還有駐京問題，「若不悉心經理⋯⋯必致辦理延緩」，〔註1〕然而如何應付改革，卻又成為衝突所在。

（二）咸豐深以京畿之危，春秋所恥，但戰又不可恃，乃被迫議和，在其心理上是很受屈辱的，〔註2〕因此欽派恭王，並不是政治上的動命；再者京城無主，深忌恭王有貳心，雖說不便遙制，〔註3〕但對恭王卻加意防範，從恭王與英法議和期間的企圖與努力，可以看出當時政情的駁雜與艱險。

（三）英法曾有意擁立恭王以取而代之，〔註4〕但恭王仍然守著受儒家思想洗禮的傳統觀念，未曾踰越君臣之分，然其政治上的野心卻未嘗稍怠，而且英法兵據京城，尚未退兵，對於恭王的聲望與影響力豈非更有幫助？咸豐遺命八大臣執政，恭王被擯於外，為爭奪政權，與慈禧攜手釀成政變。從這又可看出晚清宮廷內的隱憂。

〔註1〕《始末》，咸豐朝，卷七十一，頁 17。
〔註2〕《實錄》，咸豐朝，卷三二二，頁 14。
〔註3〕同上，卷三二八，頁 17。
〔註4〕胡思敬，《國聞備乘》卷三。又見法國公使布爾布隆夫人日記所載，參看吳相湘，《晚清宮庭實紀》頁 113（台北，正中）。

（四）清朝言路大開，外交政治上的暗流激盪，滋長了言官的議路之風，
　　　受到掌政柄者的利用，使得政情政制迭起糾紛，成爲晚清政壇上一
　　　個顯著的弊病。

（五）辛酉政變的成功却是後來乙丑恭王受讒被罷的伏線，從恭王在以後
　　　政治上的起伏升降，可以看出晚清新舊改革的遞轉軌迹。這五點都
　　　和恭王的政治經歷關係極深。

第一節　波雲詭譎的外交形勢

　　從咸豐十年八月恭王受命欽差督辦和局，似乎外交大權操諸恭王，但事
實並不盡然，試看咸豐給恭王的諭旨：

> 現在撫局難成，人所共曉，派汝出名，與該夷照會，不過暫緩一步，
> 將來往返面商，自有恒祺，藍蔚雯等，汝不值與該酋見面。〔註5〕

這道諭旨中的「不過暫緩一步」，語意微妙，似可看出咸豐屈和的矛盾，不過
最值得重視的是咸豐言恭王與英法照會，但不值與該酋見面的話，爲什麼不
值與英法見面呢？再引一段咸豐的諭旨來看：

> 諭僧格林沁等，即宣示洋人，令其停兵待和。恭親王奕訢，未便與洋
> 人相見，候其派委議和之人或恒祺或藍蔚雯等到後再與面議。〔註6〕

這道諭旨又說不便與之相見，從以上所引，可能的推論有二：一是咸豐以奕
訢爲親王之尊，故「不值」與洋人相見，但前此議和的載垣也是親王的身分，
何以便可與洋人見面呢？二是咸豐恐英人報復巴夏禮被囚而如法泡製，亦將
恭王擒去以爲要挾，因此「不便」與洋人相見，但爲何又不憂慮載垣、穆蔭
也有被擄的危險呢？總之，從這裏可以明顯看出咸豐的居心是要隔絕恭王與
英法接觸，以免相互乘機勾結。下面再引出一段翁同龢的記載來說明：

> 硃諭，派豫親王義導、全慶、桂良、周祖培留京辦事。文祥署步
> 軍統領，麟魁□□（附註：原文未排，但應爲慶英），署左右翼總
> 兵。命文祥、桂良駐海淀，周祖培駐外城。命恭親王專辦撫局，
> 住海淀善緣庵，會同文祥、桂良辦事。京官連名啓請恭邸入城，
> 不許，軍機章京照舊分班入園。署步軍統領文祥忠義奮發，周視

〔註5〕《始末》，咸豐朝，卷六十二，頁34。
〔註6〕《實錄》，咸豐朝，卷三二七，頁34b。

九門，守城兵不滿萬人，駐守各門者多滿州一二品大員，不受節
制也。〔註7〕

恭王雖受命全權便宜行事，〔註8〕但諭命「毋庸入城」，〔註9〕京城自有留守大
臣辦理事宜，兵權則操於僧格林沁等手中，甚至京城駐守各門的官員，亦「不
受節制」，恭王的全權便宜行事只是專辦撫局而已。

　　然而，恭王臨危受命，却實心實地與英法議和，他第一步照會英法聯軍，
他已被授爲全權大臣，即派恒祺，藍蔚雯等前往面議和局，因此要求聯軍暫息
干戈，以敷和好，〔註10〕但英法照會必須釋放被囚之巴夏禮，否則斷不能答會
兩軍息兵和談。〔註11〕這時候的恭王初膺重任，以爲擒住巴夏禮便可要挾聯軍
退出大沽海口，以圖轉圜，設或不然，便將巴夏禮立時正法，或有一線可爲，
〔註12〕可見他的態度相當堅決，並沒有委曲遷就的意向；另一方面英法亦皆堅
持三日之內必須放回被囚之人員，再議定進京換約之事後，方可退兵，不然「必
致立即復動干戈，……由英法兩國將軍領兵前進攻破京師而佔據之」。〔註13〕
雙方爭執的要點在巴夏禮身上，畫押換約反在其次了。不過恭王也拿捏得準，
英法確因巴氏被俘，心存顧忌，攻城較緩，而此時軍情報往熱河，咸豐已知道
僧格林沁的軍隊不可恃，〔註14〕議和的決定自然更堅強了。

　　在咸豐十年九月前，隨同恭王辦理和局的是恒祺與藍蔚雯二人，他們形同
恭王與英法聯軍間的橋樑地位，並無決定性的影響力，恭王隨時將辦理情形奏
報咸豐得知，但亦限於英法之間的交涉，於京城內的變動與朝命所在的決策，
並未參與。此時據僧格林沁所言京城內百物騰貴，住戶紛紛逃避，城外則土匪
四起，隨處搶劫，〔註15〕甚至守城兵已數日未領口糧，「內外城搬徒已空，大小
官員未去者僅十之一二」，〔註16〕情勢相當危殆，而恭王仍居城外，雖有步軍左

〔註7〕　翁文恭公日記（一），頁50。（趙中孚排印本）

〔註8〕　《實錄》，咸豐朝，卷三二七，頁30a。

〔註9〕　同上，卷三二八，頁10b。

〔註10〕　《始末》，咸豐朝，卷六十二，頁37。

〔註11〕　同上，卷六十三，頁5。

〔註12〕　同上，卷六十三，頁33。

〔註13〕　見《文獻叢編》第23期及26期，所載軍機處檔（北平故宮，民國24年5月）。

〔註14〕　《實錄》，咸豐朝，卷三二八，頁16b及頁17a。又見孟森，〈清咸豐十年洋兵
　　　　　入京之日記〉一篇。

〔註15〕　《始末》，咸豐朝卷六十三，頁14a。

〔註16〕　《文文忠公事略》卷上，頁32～33。

右翼總兵麟魁慶英審時度勢，奏請恭王入城，還是不獲允准，〔註17〕可見咸豐防範的心意何其昭然，但也可知恭王辦理撫局的艱難。

英法聯軍與恭王爭執巴夏禮事件相持不下之時，俄國又從中伸進一脚，意圖重劃地界，〔註18〕並且意爲中國不平，願代爲調停，〔註19〕恭王雖知其別有用意，也無可如何。清廷遂命恭王准俄使伊格拉提夫進城，不必拒絕其說合之意；〔註20〕清廷求和心切，甚至不惜引狼入室了（這點後面再討論）。俄國的加入，並不能形成對英法議和的助力，不過，同時期文祥辭去步軍統領之職，出城與恭王共同籌辦撫局，〔註21〕對恭王才是一大幫助。文祥的外交識見與恭王甚爲相近，皆「以和好爲權宜，以戰守爲實事」；〔註22〕再加上桂良，便形成了清廷議和的三巨頭。

俄人的企圖十分明顯，他們要求清廷批准璦琿條約，以作爲換取北京免於聯軍炮火洗劫的代價，清廷未遽行答應。據俄使的觀察，當時外交軍事與內政大權實受巡防處操縱，〔註23〕巡防處組成分子爲瑞昌、麟魁、肅順等一班滿洲親貴，（文祥雖爲其中之一，但後辭步軍統領之職，並無作用）皆昧於外勢，簇擁於咸豐周圍，致恭王等辦理撫局，受到許多牽制。而咸豐與恭王有一個共同誤解——過分重視巴夏禮對於聯軍的阻嚇作用（俄國曾指出恭王等錯用國際法對待俘虜的規定，但這是恭王所受到的時代限制，此時國際法尚未傳入中國），因此雖將巴夏禮從刑部放出，衣食供給豐美，不過仍拘於高廟，英法聯軍反步步進逼，從德勝門長驅直入。據劉毓南日記所載，僧王勝保兵紮小關，太平營，皆被焚，英法復向西直門開礮；恭王、文祥、桂良、奔赴長新店；僧王勝保則不知去向；沈兆霖、潘祖蔭等留京大臣本在園同飲，倉猝而逃；恒祺以事臨危急，將巴酋親送回營，且手執白旗，並以眷屬爲質。〔註24〕清廷失去了這個議和的憑藉，英法則除去了一個心理上的顧

〔註17〕《實錄》，咸豐朝，卷三二八，頁11a。

〔註18〕 General Sir Hope Grant, *Incidents in the China War of 1860*（London, 1875）PP. 37,136.

〔註19〕《始末》，咸豐朝，卷六十五，頁22b。

〔註20〕《實錄》，咸豐朝，卷三三〇，頁15b。

〔註21〕《文文忠公事略》卷上，頁34。

〔註22〕 參看王家儉：《文祥對於時局的認識及其自強思想》，載師大歷史學報，第 1 期，頁221。

〔註23〕 *Russia's China: An Account of the Diplomatic Relations Between Russia and China – the Treaty of Peking, 1860*. Post Arthur 1902; P.202

〔註24〕 孟森，前引文。

忌，即藉口被俘夷兵死了五人，縱火焚燒圓明園三山等處宮殿。

　　焚掠圓明園的主意是英軍統領額爾金提出的，法俄並不贊成；〔註25〕額爾金的念頭十分單純，一則報復清廷處置俘虜的失當，二則打擊咸豐的自尊，〔註26〕因此縱兵焚掠的以英軍為主，法國軍隊則似在附近守衛，未曾參與這個野蠻的舉動。英法的不和，並不自此始，至少在公元1858年時就有磨擦，他們在歐洲利益的衝突，宿怨未清，在遠東總算有共同的目標，但也是各懷鬼胎；法軍為了軍隊人數的不平均，首先提出異議，〔註27〕他們的著眼處很明顯，將來爭取利益時，誰憑藉的軍隊勢力強，要脅的也就更多。後來俄國又加入一腳，形勢愈趨複雜；由於法俄在中東的默契，使得他們在遠東也步調一致，聯合對付英國，圓明園事件不過其中一端而已。

第二節　內外交爭的困局

　　英法不和，清廷當可相機利用，恭王心裏未嘗不明白，〔註28〕只是他也有他的難處與限制。第一，他根本無法與英法接觸，只在城外「相機辦理」，而且身邊無侍衛，時受英法軍隊威脅，不得不常常遷轉行館，〔註29〕距京城雖愈近，但京城內諸事並不受其管轄，當時留京各王大臣，以事機緊迫，竟欲開城門與英法換約畫押，恭王除了奏報咸豐外，也無可如何。〔註30〕第二，他雖奉命駐在城外籌備和局，仍受到許多謠言的中傷，以為他心存畏怯，有意遷避。其時恭王與文祥、桂良奉命在圓明園如意門外善緣庵內設立公所，督辦和局；京城則由豫親王義道等負責掌管，竟懷疑恭王等移居城外，延宕和議，有意破壞撫局，將縱英法長驅直入木蘭朝命所在；言外之意，就不喻可知了。〔註31〕恭王等趕緊上奏辯白：

> 臣與桂良、文祥，仰蒙聖恩，昇以重任，果使夷情兇狡，萬無可為，
> 自應遵旨馳赴行在；儻有一線可乘之機，必當竭力籌辦，維持大局，

〔註25〕 *China Dispatches*, Vol 19, Dec.26 Ward to Cass, Nov.28, 1860

〔註26〕 H.B.Morse, *The International Relations of the Chinese Empire*, Vol.1. P 611.

〔註27〕 Mr Parkes to his wife, July 25, 1860. Lane-Poole, "life" 1, P.346.轉引自 H.B.Morse 前引書 Vol. P.609.

〔註28〕 《始末》，咸豐朝，卷六十六，頁11。

〔註29〕 《翁文恭公日記》，（一），頁50。

〔註30〕 《始末》，咸豐朝，卷六十五，頁22。

〔註31〕 同上書，卷六十四，頁23b。

　　斷不敢委之而去，辜負天恩」。〔註32〕
由此可見恭王的困惑與苦衷。第三，恭王最大的限制，還是在於他雖奉命籌
辦撫局，但權責並非「全權行事」，他的督辦和局公所只是軍機處的駢枝機構，
作為撫議的工具罷了。下面引一段恭王的奏摺，先來看看隨同他辦理和局的
組成分子：

> 臣等自八月初八日奉命辦理撫議，於召見時奏留軍機章京英秀等，嗣
> 因該夷狡詐百出，事務繁多，英秀等不敷差遣，因調轉前隨桂良赴天
> 津之內閣中書周家勳，並調步軍統領衙門委署王事成林等隨同差遣。
> 自二十二日沖散以後，英秀率同供事史醇等攜負文卷，徒步相隨，寢
> 食不遑……人人以撫局為畏途，率皆避匿遠出，而偵探尤關緊要，所
> 派營弁，畏縮不前，恐致貽誤事機，箚調後補參將長善等分路偵探，
> 適通永道德椿等至長新店，因其諳悉夷務，箚令隨同辦理。〔註33〕

從這道奏摺，雖可看出恭王手下似會集了各路精英，但他們分由各衙門調來，
並無專權，亦非常職，因此後來奏請獎勵時，也是分由各衙門酌獎，又回復
原位；由此可以知道恭王的和局公所只是臨時的性質，應運而生，並不是成
章內的機構。再據劉毓南的記載來看，咸豐離京時，軍機處並未隨行，〔註34〕
李慈銘雖說有八位章京後赴熱河，〔註35〕但京內至少尚有六位，〔註36〕而且
從咸豐的旨意來看，並無意將軍機處撤離，而且外省摺報，論旨傳鈔發寄，
照舊交由軍機章京辦理，〔註37〕可見軍機處仍在京城內擁有大權。此外，咸
豐又派豫親王義道、桂良、周祖培、全慶為留京王大臣，辦理巡防事務，恭
王的得力助手，除了文祥署理步軍統領仍在軍機處外，餘如恒祺、藍蔚雯、
崇綸等不過奔走於英法與清廷之間蹉商議和，形如居中傳言，何曾委以事權？
甚且，其調遣之事亦與巡防大臣等商議方行。〔註38〕從以上討論，可以明顯
看出恭王所受到的限制。不過，同時要注意到另一現象，恭王在咸豐離京之
時，是頗有意攬權在身的；我們看他調成林「委署主事」，又調轉內閣中書周

〔註32〕《始末》，咸豐朝，卷六十四，頁24a。
〔註33〕同上書，卷七十，頁22至21b。
〔註34〕孟森，前引文。
〔註35〕李慈銘，越縵堂日記補，辛集上，頁1（1861年2月十日記）。
〔註36〕孟森，前引文，頁182，他們的姓名是曹毓英、曾協均、方鼎銳、鐵應溥、王
　　　　拯、杜來錫等。
〔註37〕《始末》，咸豐朝，卷六十三，頁12a。
〔註38〕同上書，卷六十五，頁30b。

家勳，甚至可「箚調」候補參將長善等，這些事權皆不符律章，（只有軍機京英秀是奏留的，或許因爲其地位較高，不能擅自作主），關於這一點房兆楹先生也有相同看法。〔註39〕然而，由此正可說明恭王在政治上的企圖與野心。

上述恭王所遭遇到的困境，在圓明園事件發生後，有極大的轉變。第一，英法聯軍佔據圓庭，而且焚燒附近街市，形勢愈來愈危急，奉命與英法議和的恒祺已要求恭王入城，〔註40〕未獲允許，英法且徧貼告示，言恭王若不入城換約，「定行開炮攻打」，〔註41〕甚而連「留京王公促請恭邸入城」，亦不許，〔註42〕留京大臣眼看形勢更危，英法又堅欲進城，商議開城門畫押換約，恭王才不顧咸豐的疑忌上奏言：「倘蒙恩允，假以軍機……惟有冒險進城，與該夷理論」，〔註43〕以顧大局。咸豐恐撫局決裂，更怕「在城外畫押，該夷必不肯從」，因此方令恭王迅即入城。〔註44〕咸豐所定下毋庸入城的禁制便在此種情勢的轉變下打破了。第二，恭王入城後，與英法俄諸夷直接接觸，洞悉他們彼此間的利益衝突，逐漸發揮他以夷制夷的長才，〔註45〕對於和局談判有穩操主動的助益。第三，最值得注意的是恭王言：「倘蒙恩允，假以事權」的話，這句話有兩層意思：從正面看，就是恭王感覺事權未得，這一層我們在前段已分析過了。從反面引申來講，「如蒙恩允給以事權」，其實是必須恩允，給以事權的意思了。爲什麼必會有這層意思呢？因爲一個新的外交機構在恭王與英法折衝撙俎間產生了，它代表了清廷外交轉變的里程碑，而恭王由於風雲際會，成爲清廷對外交涉的中心人物，更成爲晚清政壇上領導權力的重心。從以上的討論，可以說明圓明園事件，在歷史上的新意義，尤其對恭王的政治經歷，更是具有「否極泰來」的樞紐地位。底下就逐層來分析這種大的轉變。

咸豐十年九月十一日（公元 1860 年 10 月 24 日）恭王入城，與英法磋商換約之事，這是他奉命督辦和局以來第一次與西方代表的接觸，下面是一段當時人的記載：

<hr>

〔註39〕參看《大清搢紳全書》，咸豐春十，卷一，頁 82。
〔註40〕辦理撫局檔案卷三，恒祺給恭王的信。
〔註41〕翁日記，咸十、八月二十八日。
〔註42〕同上，咸十，九月朔。
〔註43〕《始末》，咸豐朝，卷六十五，頁 22a。
〔註44〕同上書，卷六十五，頁 23b。
〔註45〕同上，卷六十六，頁 11b。

> 是日英國換約，以禮部爲公所，陳設華美。午刻，恭邸至，留京大
> 臣，内外城團防大臣咸集，巴夏禮先到，恭邸立而迎之，與坐有頃，
> 迎額勒金來，設鼓吹，乘八人彩輿，帶馬步隊各千，恭邸降階迎，
> 額酋見恭邸免冠鞠躬，賓主坐，額酋熟視良久，巴夏禮與恒祺皆立
> 侍，以和約彼此畫押，即登輿去，恭邸送之如初，巴夏禮先以六騎
> 周閱城樓，疑我設伏也。〔註46〕

在這裡，值得注意的有四點：

（一）其時清廷對外交涉仍由禮部主其事，〔註47〕因此雙方換約的地點
便在禮部。

（二）恭王的名望日隆，其地位已確定高於留京巡防大臣之上，非在城
外時可比，下面一段同時人的記載更可說明：

> 維時相陪者，賈禎、周祖培、全慶、陳孚恩、朱嶟、瑞常、沈兆霖、
> 綿勳、綿森、阿什渾布、宋晉、畢道遠、宜振、文祥、寶鋆、伊精
> 阿、文惠、以及三、四品京堂，武職等官。左右其間者：慶英、恒
> 祺、尹董醇。〔註48〕

從這裏還可以推論出一點，恭王的政治地位提高是建立在對外交情勢的影響
力之上的。

（三）就前面的記載可以看出英使對恭王態度「極稱恭順」（劉毓南語），
與英和約不過從申初到酉正便換畢；相隔一日，對法換約的完成也是從午刻
到申刻而已。〔註49〕這種兵不血刃，止息干戈的方法，〔註50〕讓恭王體會到
外交談判的作用。

（四）英法對恭王雖態度恭順，但也不期然而然流露出其猜疑之心，其
一，帶大兵前來換約；其二，巴夏禮恐再被俘，先以六騎出巡。

英法對恭王的猜疑，在他們的記載裏更明顯，根據北華捷報所載，在簽
約的前幾天，英法爲防範意外事件發生，在京城安定門設有野炮，沿此門到
禮部大堂的街道邊排列了兩千步兵來守衛，他本人在一百個騎兵重重簇擁

〔註46〕翁日記，咸十，九月十一，（一），頁55。
〔註47〕參看張忠紱〈清廷辦理外交之機關與手續〉，載文史雜誌第1期。（民國30
年，重慶）
〔註48〕孟森，前引文，頁186。
〔註49〕同上註。
〔註50〕翁日記（一），咸十，九月十八，法國已定退兵日期。

下，故意延遲兩三個鐘頭才到，〔註 51〕顯然是一副戰勝者的姿態，在這樣大兵雲集之下，訂立城下之盟，可知恭王心理所受的屈辱，但恭王的誠信有禮卻留給他們很深的印象，這也是後來外交關係轉變的一個重要原因。

在北京和約內，英法與恭王所爭執未決的有三：

（一）駐京問題。

（二）親遞國書。

（三）退兵。

英法聯軍的統領都明瞭北國風寒，不耐久駐，因此退兵之意甚切，但所求未應。又不能撤離，恭王也無法打開雙方僵局，因此俄人乘間從中作祟，一方面慫恿英法佔據京城要地，藉勢取利，一方面威脅清廷覆巢之下無完卵，難保京城。〔註 52〕恭王何嘗不知其居心叵測，但解鈴繫鈴，還在俄人手中，不得不虛與委蛇，他答應給還法國各省的天主堂與傳教士的墳塋，對於英國盡其所能賠償恤銀，以饜其求，另一方面，於俄國要求烏蘇里河的劃界問題與增添通商等事委曲允從。〔註 53〕我們可以清楚看到在恭王領導下正進行兩面外交作戰，一面是桂良與文祥對英法的交涉，一面是恒祺、崇綸與崇厚對俄的交涉，然其目的則一，要求退兵，以保京城安全。他乘英法有隙，巧用離間之計，欲使法國先退兵，則英夷之勢既孤，議撫即可有端緒，法國果然於簽約不久（九月十九日前）撤軍離開北京。〔註 54〕他對俄縱容，是「以便催令英酋退兵」，但對俄的防範，卻絲毫不鬆懈。至於駐京與親遞國書問題，牽涉到雙方觀念的差異與國家體制的不同，難以解決，但又不能決裂，以免再構兵啓怨，他的為難與苦悶可想而知，但我們看他的言論：

> 親遞國書一層，據該夷聲稱，係兩國真心和好之據，非此不足以昭美意，若不呈遞，難於覆命，察其情詞，似無詭謀，自前日該酋談論及此，經臣等以照會中有不盡此議，則不必呈上之語駁詰，該酋亦俯首無詞，復經恒祺、崇綸，以臣奕訢係持旨派辦撫議，即可交出轉遞，該酋搖首不答，窺其意似不遞亦可，斷不肯由他人轉呈，現飭恒祺等到津後設法消弭，如不允其請，該夷亦不至因此復起兵端。其屢求住

〔註 51〕 *North China Herald*（Nov.10, 1860）, reported date Oct.24, 1860

〔註 52〕《始末》，咸豐朝，卷六十六，頁 11。

〔註 53〕同上書，卷六十八，頁 14。

〔註 54〕同上，卷六十七，頁 55。

京者，總謂外省大吏，不肯將實情代奏，其意必欲中國以鄰邦相待，不願以屬國相居，內則志在通商，外則力爭體面，如果待以優禮，似覺漸形馴順，且該夷前曾有言，並非爭城奪地而來，實爲彼此無欺起見，臣等屢揣該夷詞意，諒不至必存叵測。且前月自開城後，該二國帶兵二萬餘，分踞京城，把守安定門，所有城內倉庫及各衙門，彼亦深知，儻有包藏禍心，勢必據爲己有，乃僅以增索五十萬現銀及續增各條爲請，其爲甘心願和，不欲屢啓釁端，似屬可信。〔註55〕

可以看出恭王的明察秋毫與求全苦衷。

上面的綜合敘述，是要引出兩點重要的推論：

（一）英法俄盤據北京，北京不啻成爲四國外交糾紛的中心，恭王縱橫其間，既無國際法的知識可爲援用，〔註56〕又無軍隊以資憑仗，而他依恃的是傳統的外交觀念，周旋在波雲詭譎的談判之中，不獨充分發揮其個人的機智與能力，且在折衝撙俎之中得到外交談判的經驗與國際法常識，更瞭解到條約的制衡作用，這些對於他產生了相當大的影響。

（二）恭王在北京主持對外交涉期間，其行事處置，已超越禮部的權責之上，他與隨同其督辦和局人員的公所組織，也替代了禮部的地位，但複雜的外交情勢並非即此而息，禮部當不能再應付這種處境，因此恭王等有種迫切的感覺，必須成立一個專門的機構來處理外交事務。

上面這些，可以說是總理衙門成立的內在原因。

外在的原因是英法等國的請求，咸豐十年四月間英人李泰國便曾向江寧布政使幫辦海口通商事宜的薛煥建議，中國應當在京師設立一個專司外交事務的機構，〔註57〕他的居心是自私的，但這種建議却可能是代表英法等人士的普遍要求。接著在北京和約簽押後，英國官方正式有此建議，英使勃魯斯於咸豐十年九月二十六日曾表示，他不願接受各省督撫可作爲代表清廷的外交大臣，他願意與像恭王這種京城的外交大臣（The Foreign Minister at the Capital）來交涉，〔註58〕他言中之意對恭王總理外交事務有推波助瀾的功用。

〔註55〕《始末》，咸豐朝，卷六十九，頁 1。

〔註56〕清廷正式將國際法譯傳應當以同治四年總署所出萬國律四卷爲始。參見 Immannel CYHsu, *China's Entrance into the Family of Nations, The Development Phase 1858～1880*, PP. 127～128

〔註57〕H.B.Morse，前引書，Vol. II. P31 以後

〔註58〕Elgin to Russel Nov.13, 1860, PP. Affairs in China P.255. Bruce to Russel , Nov.16,

而後額爾金表示的更明顯，他希望恭王等能成立一個永久的外交機構來處理外交事務。〔註59〕法使布爾布隆也在十月二十日致恭王的信中，提出更露骨的主張，希望見到新的外務部（Department of Foreign Affairs）成立。〔註60〕這種外在的情勢，對於恭王等奏請設立總理各國事務衙門的決心，有不可忽視的影響。不過，附帶要提到的是，英法等要求成立外務部，另外有一種居心，是想擁護恭王，以對抗咸豐及周圍的一班主戰大臣，這點牽涉到當時的政情，我們留在下章再來一併討論。

就以上所述，再申論四點：

（一）中國傳統那種萬邦來儀的優越意識，逐漸消失，代之而起的是各國平等相與往來的觀念。

（二）英國在華獨佔的局面也遭到嚴重的破壞，利之所趨，俄法相繼東來競爭，中國逐漸淪落為超級市場的地位。

（三）商人的操縱愈形顯赫，竟影響到政治上的變動。

（四）但是另一方面，清廷一般以恭王為首的有識之士，也感覺到變局的產生，瞭解國際外交的重要，對認識西方世界愈形渴望，當務之急便須解決雙方語言文字所產生的隔閡與誤解。最直接、最慘痛的教訓，是兵臨城下被迫訂約的恥辱，使恭王、文祥等這些與西方接觸的外交尖兵，更感覺到外交必須得到武力支持，中國傳統的城牆早已抵擋不住西方的堅船利礮，因此力圖自強，而自強必先練兵，方是根本之策。〔註61〕

這些認識與了解，對於恭王與文祥等所產生的影響是不容忽視的。這也是他們奏請設立總理衙門的基本背景。

第三節　清廷外交的新局面

咸豐十年十二月初三（公元1861年1月13日），恭王、桂良及文祥上給皇帝一道「通籌夷務全局」的奏摺，可以說恭王等督辦和局以來的全盤反應

1860, P.273.

〔註59〕Elgin to Prince Kung, Nov.8, 1860, P.257

〔註60〕Bourboulon to Prince Kung Dec 2, 1860 in Bourboulon to Thouvenel, No 90, Dec.13, 1860. *Correspondance Politiqrce Chine*, Vo.1.32.（以上三註得自 Masataka Banno, *China and the West*，頁332，特此誌謝）。

〔註61〕《始末》，咸豐朝，卷七十二，頁11a。

皆以此代表，他們悉心參度，綜計全局，擬定了六條章程：（一）京師請設立
總理各國事務衙門，以專責成。（二）南北口岸請分設大臣，以期易顧。（三）
新添各口關稅，請分飭各省，就近揀派公正廉明之地方官管理，以期裕課。（四）
各省辦理外國事件，請飭該將軍督撫，互相知照，以免歧誤。（五）認識外國
文字，通解外國言語之人，請飭廣東上海各派二人來京差委，以備詢問。（六）
各海口內外商情並各國新聞紙，請飭按月咨報總理處，以憑覈辦。〔註62〕從
這篇奏摺來分析，值得注意的有四點：

（一）恭王等雖請設總理衙門以專責成，但又分設南北口岸大臣，各省
且可辦理外國事件，可見總理衙門對於清廷的外交並不能總其成，只是辦理
外務機構其中的一個。

（二）奏摺中言「總理衙門以王大臣領之，軍機大臣承書諭旨，非兼領
其事，恐有歧誤，請一併兼營」，可見恭王的苦心，實欲將總理衙門納入行政
體制中，與軍機處平行，因此先借重軍機大臣的權威來兼營。而且「其（指
總理衙門）應設司員，擬於內閣部院軍機處各司員章京內，滿漢各挑取八員，
輪班入直，一切均仿照軍機處辦理」，更可見恭王等的居心，但下文言，「俟
軍務肅清，外國事務較簡，即行裁撤，仍歸軍機處辦理，以符舊制」，總理衙
門的性質不過是臨時的，〔註63〕只變成了軍機處的分支機構。

（三）恭王等要求天津通商大臣、上海欽差大臣以及各省，一切奏牘及
欽奉上諭事件，隨時咨報京城總理處，以歸劃一，可見恭王是有意要總攬外
交政策的制定權與執行權。但天津、上海與各省都有奏請皇帝的權力，與總
理衙門形同平行地位，因此總理衙門並不能擁有執行外交的壟斷權與制定外
交政策的專斷權。

（四）恭王等調查新定各國條約，以通商為大宗，因此認為「商情安否，
關繫地方，最為緊要」，從這裏可以看出恭王等的外交觀念還是以商務為主
的。〔註64〕

這道奏摺呈上後，恭王等即接軍機大臣密寄諭旨，並內閣鈔錄明發上諭，
〔註65〕對於其中「緊要之處」，不得不速行復奏，我們若綜合其諭旨與復奏來

〔註62〕《始末》，咸豐朝，卷七十一，頁17至26。王家儉先生說這道奏摺之主稿者
　　　　可能為文祥，推論合理，當屬創見，見王家儉，前引文，頁235，註8。
〔註63〕又可見周家楣，期不負齋全集上，頁12。
〔註64〕本段所引，俱見註62。
〔註65〕《始末》，卷七十二，頁19至22。又頁27～32。

看，可以知道爲什麼恭王要不得不速行復奏的緊要之處何在了，這也就是設立總理衙門所受到的限制。從下所分析的三點爭議可以明瞭：（一）恭王等原奏稱請設立總理各國事務衙門，雖以通商爲主，但非僅以通商爲限。但咸豐的諭旨改爲總理各國通商事務衙門，〔註66〕將其職權局限於通商項內，這雖可見咸豐外交觀念狹礙，但未嘗不令人懷疑咸豐處心積慮之處，便是要限制恭王等的權限。而且又命禮部頒給總理各國通商事務的關防，可見咸豐的意思，即使辦理外交事務，禮部還是在總署之上的。諭中又說，所有各國照會及一切通商事宜，由各省督撫隨時奏報，先咨行禮部再轉咨總署，可以看出二者間的關係與地位。但恭王等是想「將無甚關礙者仍由禮部轉咨，其事宜機密者，即令各該大臣、將軍、督撫、府尹、一面具奏，一面徑咨總理衙門，俟各國事務大定，再行統由禮部轉咨，以存撫綏藩之舊。」〔註67〕可見恭王等的苦心，並未獲得咸豐的贊同。（二）恭王等不僅是有野心將總署職權提高到禮部之上，甚至是想與軍機處平分秋色的，因此在原擬章程內，有請軍機大臣兼領其事之議，這是開創期中所採取的瞞天過海的手法。但是咸豐只准文祥一個軍機大臣兼領總署，不但總署在清廷行政體制中的權威降低了，外國也不會看重總署的權力。〔註68〕再者恭王等在原擬章程中，奏請總署的司員是於內閣部院軍機處各司員章京內，滿漢各挑取八員輪班入值，但諭旨只准挑取章京各四員，而且只是作爲總理衙門的額外行走，不必常川到衙門上班，非常明顯的是要把總署歸爲軍機處的旁支機構。而各省機密事件；照例奏而不咨，甚至事關總理衙門者，亦由軍機處隨時錄送知照，「無庸由各口先行咨報總理衙門」。〔註69〕總署地位的旁落可想而知。對於政務的推行，更發生了許多的窒礙。〔註70〕（三）恭王等原請總理衙門的經費，由天津、上海酌提關稅解送總署，但咸豐諭令總署所需每月銀兩由戶部關支，不敷之處，亦奏明後，由戶部支領；〔註71〕意在由經費的限制，來抑制總署的權力擴張。

〔註66〕同上書，卷七十二，頁 1b。
〔註67〕同上書，卷七十二，頁 20a。
〔註68〕同上書，卷七十二，頁 20b。
〔註69〕同上書，卷七十二，頁 35b。
〔註70〕見註68文祥之言。關於前兩點的分析討論，可參見 S.M. Meng：*The Jsungli Yamen, its Organization and Functions*（Harvard University, 1962）PP.21～33。又參見王師曾才 *Tradition and Change in Chinas Mangement of Foreign Affairs* PP.107～109（Taipei,1972）及《清季外交史論集》頁 136～137。（台北，商務）
〔註71〕始末，《咸豐朝》，卷七十三，頁 10b。

〔註72〕

　　綜上所述，固然可明瞭總理衙門所受到的阻礙與限制，但從另一個角度來看，這也是恭親王所遭遇的阻礙與限制。咸豐所發的諭旨明言是與惠親王、總理行營王大臣、御前大臣、軍機大臣等商議後明發，換句話說，當時政策的操縱權還是在熱河那些環繞於咸豐周圍的人手中。我們雖不能肯定說當時有兩元政治系統的出現，但至少可說恭王與熱河行營之間確有相當程度的政治衝突與磨擦存在。我們前面曾說過，恭王受儒家政治思想影響甚深，對於君臣之分毫不踰越，但其政治上的野心却非常強烈，君在，恭王謹守規矩；君不在，恭王何甘雌伏？因此在這段期間，恭王雖以親王之尊領銜總理衙門，其權責地位仍然有限；但是政治上的衝突與磨擦，愈形激烈，再加上外來的干預，逐漸醞釀產生政治上的大風暴。恭王在政治上攘奪大權成功，也就是總署在外交上升高地位，能夠發揮影響作用的成功所在。

〔註72〕參閱陳文進，清代之總理衙門及其經費，載〈中國近代經濟史研究集刊〉，第一卷第 1 期，頁 49 至 59，（1932 年 11 月）

第五章　辛酉政變新探

　　清咸同之際的辛酉政變，影響政局十分鉅大。慈禧的掌政與恭王奕訢的掌權，莫不以此為關鍵樞紐。歷來學者研究，多偏重於慈禧這個角色的分析。比較忽略奕訢所發揮的作用。本章即嘗試從恭王的角度來看政變的發展與影響，以確定其真相。

第一節　恭王掌權與咸豐對恭王的猜忌

　　關於這段歷史，自以王闓運的記載為最權威的資料。《祺祥紀事》載：孝欽、孝貞與恭王密謀除肅順等人，

> 恭王對：「非還京不可。」后曰：「奈外國何？」王奏：「外國無異議，
> 如有難，惟奴才是問。」后即令王傳旨回鑾，令肅順護梓宮繼發，
> 既至京，即發詔，罪狀顧命八人，俱拿問。〔註1〕

王氏此記是事後回憶的。我們再引另外一段當時人的書信，談到此事：

> 后問到京之後，英法洋人，能否相安？邸力保無事，又堅請速歸。
>
> 〔註2〕

從這兩段相同的記載，可以得到下面兩個合理的推論：（一）恭王堅請回京，而且力言在京城方能懲辦，這樣看來，北京似已在他的勢力籠罩下。（二）孝欽以夷務相問，自是恐懼英法的干預，恭王卻又力保無事，想見恭王已得洋人支持，有恃無恐。這兩點推論的存在，事實上是襯出恭王政治生涯的兩個轉變，第一，道咸以來，夷務逐漸成為清廷命脈之一，恭王掌握外交大權，

〔註1〕　〈祺祥記事〉，東方雜誌卷十四，第十二號，頁95。
〔註2〕　〈清宮秘史〉，東方雜誌卷九，第一號，頁4。

成爲他個人最大的政治資本，以此圖謀，便是仕途蹭蹬，又何能奈何？第二，
北京爲清廷朝命所在，天下根本，咸豐棄之而去，恭王却力保危城，其意義
影響何其深遠，再說英法聯軍未退出京畿，清廷安危仍繫於恭王身上，此更
有助於提高他的聲望與勢力，恭王雖爲親王之尊，但並未入值軍機，而京城
內的巡防大臣等却聽命於恭王調遣，北京不啻成爲恭王政治發展的根據地。
這些可說是辛酉政變成功的基礎，我們先從此分析。

　　總理衙門成立後，英法對清廷交涉的對象便轉移到總署身上。在行政體
制上，總署只不過落到軍機處的駢屬地位，但客觀情勢的影響，總署實際上
掌握了清廷的外交大權，自然而然其重要性顯著增高。恭王領銜總署，總署
幾乎在其全權控制下。底下引一段威妥瑪（Thomas Wade）歸國後的回憶說明
這種情形：

　　（總署）雖然事權不歸一，然大臣仍不敢各抒己見，每使臣發一議
　　論，則各人以目相視，大臣視親王，新入署的大臣又視舊在署之大
　　臣，若王一發言，則各人轟然響應，亦莫非是言。〔註3〕

這段記載出於外人之手，筆觸間容或有調笑之意，但亦不無令人深省之處。
以此分析，有兩個層面可注意：第一，恭王是有意以總署爲推動新政的大本
營，而並非以辦夷務爲限的，但其所受的箝制，大違恭王的本意；（這一點
在第四章已有討論分析，此處不贅）再者，總署的大臣，多選自六部堂官或
軍機大臣，他們大都是充滿了濃厚的守舊色彩，使得恭王意想中的一個新政
發祥的機關，逐漸喪失其創意與功能。也因此，威妥瑪的譏笑不是沒有根據
的。但這一點牽涉到同治中興時期的政局變動，〔註4〕不在本文討論範圍內。
恭王在咸同之際的最大野心目標是政治上的權力與地位，並不願拘束在總署
這個池中，因此從外國人的角度來觀察，一方面以爲恭王高高在上，他的精
神與舉動整個籠罩了總署（如威妥瑪所云），另一方面却又說恭王虛掛其名，
不過領銜而已，實際主腦是文祥。〔註5〕但恭王也曾對法國教士莫理說過，
他信賴文祥如同第二個他自己，〔註6〕是很明顯的自居於首的語氣，可見其
涵意並不是說文祥能取代他的地位。外國人的這些觀察不免失之於偏，這個

〔註3〕《清朝野史》（中華）卷四，《清朝史料》，頁 269～270。
〔註4〕 王德昭，〈同治新政考〉，頁 23～26。載《文史雜誌》第一卷第 4 期（香港，
　　　　民國 30 年 5 月）。
〔註5〕 *Wade to Bruce*, Peking, January 23, 1861.
〔註6〕 A. Thomas, *Histoire de la Mission de Pekin*（Paris, 1923~1923,）II, pp 395～396.

問題當從整個政治層面來觀察，不能局限於總理衙門一個組織之內。

恭王的政治野心，英法是否了解，依所得的文獻資料來看，未敢確定，但英法支持恭王的居心是很明顯的。英法原來企圖選擇拉攏太平天國，然一則恭王求和的外交政策深獲英法之心；〔註7〕二則恭王服從法律與秩序，〔註8〕接受了西方那套條約制度（Treaty System），〔註9〕博得英法信賴；三則恭王與英法交涉期間，不得不慷慨答應了許多英法夢寐以求的特權，〔註10〕利之所趨，更奢望恭王長久主掌外交大權。〔註11〕至少有這些因素存在，使得英法「避開那隻懶狗（指太平天國），轉而支持攝政者（指恭王）」〔註12〕（當然也不可忽視太平天國本身給予英法的失望，如仇外的心理，政治秩序的混亂等。）英法態度的轉變，明顯地表現在外交上，暫時停止炮艦策略（gun-boat policy）的脅迫。〔註13〕又據坂野正高的研究，不僅英法支持恭王，即美俄也是同樣的態度。〔註14〕恭王有此憑藉，方得大展鴻圖的。

但我們換另一個角度，再來看看咸豐巡幸木蘭的情形。咸豐倉皇北行，驚魂甫定，即耽沈於逸樂之中，載垣、端華、肅順一班人，環侍左右，進奉聲色，居然是一片歌舞昇平的氣象。茲引據昇平署雜項總檔及清代伶官傳的記載，可見咸豐隔二、三日即觀劇自娛，甚而上午花唱，復傳旨响午還要清唱，這是咸豐十一年二月十八日的事。四月十五日傳旨：「初六，初七烟波致爽花唱」，四月十二日的戲單是教子，二十六日硃筆雖撤了夜看春秋的戲，卻添了琴挑一齣，六月初八、初九於福壽園伺候萬壽戲。〔註15〕從這些記載可以看出木蘭與北京強烈的對比。

在北京，中外繼續辦理交涉，英使勃魯斯於二月十五日抵達北京，〔註16〕法使布爾布隆於次日入城，〔註17〕相繼赴總署謁見恭王，陳說雙方永遠和好

〔註7〕 請參閱 Mary C. Wright, T*he Last Stand of Chinese Conservatism*, P.21.
〔註8〕 N. C. H. 30, 1861.
〔註9〕 參考 Mary C. Wright, opcit, P. 232.
〔註10〕 D. F. Rennie Pennie, *Peking and The Pekingese*.
〔註11〕 Elgin to Prince Kung Nov. 8, 1860. Affairs in China P. 257.
〔註12〕 N. C. H. Pec. 7, 1861.
〔註13〕 Mary C. Wright, opcit P.30.
〔註14〕 Masatake Banno, *China and West*, P.243.
〔註15〕 昇平署雜項總檔，原藏北平故宮文獻館，此項材料轉引自吳相湘，《晚清宮庭實紀》頁49。特此誌謝。
〔註16〕 《始末》，咸豐朝，卷七四，頁24。
〔註17〕 同上引。

之意。〔註 18〕俄國的新使節巴里玉色克（L. de Balliuzek）亦於六月一日進駐北京，〔註 19〕並且美國使節蒲安臣（Anson Burlingame）亦將來中國，（其於同治元年六月十六日抵達）。〔註 20〕京城內瀰漫着和談的空氣，人心逐漸安定，因此恭王再奏請咸豐回鑾，咸豐方頒上諭於二月十三日返京。〔註 21〕恭王曾於前一年（咸豐十年）九月上奏請咸豐回京，但咸豐以爲夷性詭譎，何能兵退即回鑾？〔註 22〕頗有責恭王輕躁之意，但很可能也懷疑恭王有誘其入殼之心，我們看十月間恭王會同留京大臣上奏又言：「京師夷兵現俱撤盡，市肆漸安」，似有安定咸豐疑忌的用心存在，底下又言：「巡幸之初，尙在秋間，今已時屆冬令，塞外寒冷較甚，迥非京城氣候可比，久居似非所宜」，〔註 23〕字裏行間充滿堅請之意，但咸豐仍說暫緩回鑾，且責該王大臣「不准再行瀆請」。若細細分析咸豐的意思，還是顧忌着：第一，夷務未定，京師尙有夷酋，恐再受挾制，又得去而復返；第二，親遞國書尙未解決，恐回京後，夷人再來曉舌。〔註 24〕因此下旨拖到明年再說。咸豐前後的憂慮是一致的，而且也有那種天顏不屑與夷人相見的觀念作崇，但咸豐的這層疑懼被勝保的直言點破了，勝保奏疏中言：「欲皇上之留塞外者，不過左右數人，而望皇上歸來者，不啻以億萬計，我皇上仁明英武，奈何曲徇數人自便之私，而不慰億萬來蘇之望乎？」〔註 25〕所謂左右數人，便指的是載垣、端華、肅順等，但咸豐並不爲所動。十一年正月下諭二月十三日回京，蹕路經行且已安排妥當，〔註 26〕不料，臨行前「偶抱微疴」，改爲二月二十五日啓鑾，〔註 27〕後又降旨「暫停回鑾」。〔註 28〕恭王與文祥得旨，本欲赴行在祗問起居，但咸豐言：

> 近日身體違和，咳嗽未止，紅痰尙有時而見……朕與汝棣萼情聯，見

〔註 18〕《始末》，咸豐朝，卷七五，頁 4。

〔註 19〕同上，卷八十，頁 6。

〔註 20〕同上，《同治朝》，卷七，頁 51。

〔註 21〕《文宗實錄》，卷三四〇，頁 2。

〔註 22〕《始末》，咸豐朝，卷六八，頁 11。

〔註 23〕同上，卷六九，頁 3。

〔註 24〕同上，卷六九，頁 4。

〔註 25〕《始末》，勝保奏疏，卷六八，頁 28。

〔註 26〕《文宗實錄》，卷三四〇，頁 16。

〔註 27〕同上，卷三四二，頁 22。

〔註 28〕同上，卷三四四，頁 5。

面時廻思往事，豈能無感於懷，實於病體未宜，況諸事妥協，尚無面
諭之處，統候今歲回鑾後，再行詳細面陳，著不必赴行在。〔註29〕

表面上是藉口病體違和，不可受打擾；事實上，明顯的要隔斷恭王與他的
關懷。但諭中有一曖昧之處；究竟廻思什麼往事，會增加感懷呢？從上文
有「朕與汝棣萼情聯」的話來看，可見咸豐對早年共在書房習武，而後來
失和的事還是耿耿於懷的。再據祺祥紀事載：這年七月，咸豐病篤，恭王
奏請省侍，肅順進讒，言恭王欲聯合外人挾制，可能有反意，咸豐諭言：「相
見徒增傷感，不必來覲」。〔註30〕綜上所述，可推論咸豐猜疑恭王有貳心，
故不欲相見，免生感懷。因此咸豐遺命，未召恭王贊襄政務，其防範之意
是昭然若揭的。

第二節　恭王與肅順的權力衝突

但另一方面，我們再看肅順在政治上的起伏，便更可瞭解恭王意圖醞釀
政變，攘奪大權的可能性。下面是從敬事房辛酉十一年熱河日記檔冊抄錄來
的記載：

> 新正初一日請駕後，淨面冠服畢，伺候三陽開泰果茶，上前官陛座，
> 章京希拉緋阿用木櫻奶茶盌呈送奶茶，肅中堂揭盌蓋。
>
> 三月廿四日：醇郡王、鍾郡王、孚郡王，上書房每位一個月用普洱
> 茶六兩。
>
> 四月六日：硃諭著肅順將阿哥曾經服用過，或綢袍或綢衫一件，派
> 員送至京城。
>
> 廿六日小太監金環交下硃筆一件，因為金叉子內 x 字寫錯，隨硃筆
> 給寫叉字樣一件，着此後照此樣寫，欽此。
>
> 廿九日小太監圖里傳旨：每日伺候五大鍾果盒，改為每日午正二刻
> 伺候。
>
> 五月十四日小太監如意傳旨：伺候果盒七盒內，上用一盒。
>
> 六月十七日上諭，肅順仍帶內務府印鑰。

〔註29〕同上，卷三四五，頁 21。
〔註30〕〈祺祥記事〉，頁 94。

七月初一日小太監如意請旨明日立秋炒麵，照舊伺候。

七月十二日諭肅順署正黃旗領侍衛內大臣。〔註31〕

從以上的簡略記載，值得注意的有三點：一、咸豐日常起居進食皆佳，不像他給恭王諭摺內說的那般淒涼。二、宦官得勢，環侍左右，照料飲食起居，甚至傳送諭旨。三、肅順得寵，權勢薰天，不但總管內務，又掌握朝命所在的兵權，與留守京城的恭王自然形成對立的狀態。我們再看祺祥記事內記載肅順的跋扈，連后妃也不在眼中。而造成肅順這種情勢的原因，一則與他總管內務，掌握兵權大有關聯；二則很可能的是由於熱河行宮本為臨時朝命所在，宮中府中禁防不嚴，因此肅順等出入甚便，與咸豐更能朝夕相處，〔註32〕權柄自然下移。這種形勢發展到咸豐死後，達到極致。翁同龢日記載：

> 是日（指七月十八日）恭聞內閣奉硃諭，皇長子立為皇太子，又奉硃諭皇長子視立為皇太子，著派載垣、端華、肅順、景壽、穆蔭、匡源、杜翰、焦佑瀛，盡心輔弼，贊襄一切要務。〔註33〕

詔中並未邀恭王顧命。這道遺詔，恭王後來責其為矯詔，贊襄政務大臣亦由肅順輩自署，並非接欽命著派。〔註34〕其實，這個問題不難解決。下面且引一當時的書札記載此事：

> 十六日午後暈厥，囑內中（按，指內廷行走之王大臣及軍機大臣）緩散，至晚甦轉，始定大計。子初三刻是時，傳諭清楚，各位請丹毫（按，指硃筆），諭以不能執筆，著寫來述旨，故有承寫字樣。八位共矢報效，（按，由此可知前所謂內中，當指此八位）大異以前局面。〔註35〕

從這段記載可以明顯看出，咸豐雖然病篤，神智尚清，因此詔書雖非硃筆親寫，但旨意由其所授，他人承寫後，也一定經過目後發寄，顯非矯命可得。綜合上面的分析，未託孤於恭王是可以肯定為咸豐的遺命了。

但咸豐死後，恭王奏請赴梓宮，據薛福成言肅順等「擅遏禁留京王大臣恭親王等不得奔喪，自是詔旨，皆出三奸之意，口授軍機處行之，多未進呈

〔註31〕此項檔案現藏北平故宮，轉引自吳相湘前引書，頁52～54。

〔註32〕薛福成，《庸盦筆記》（臺北、廣文）、卷一，頁11。

〔註33〕翁日記（一），咸十一年七月十八日。

〔註34〕薛福成，前引文。

〔註35〕〈清宮秘史〉，頁2，此載東方雜誌第九卷第三號。

御覽，中外惶惶。」〔註36〕依情勢推論，似乎很有可能，不過仔細分析來却不合情理。恭王是親支重臣，不論他與咸豐間的感情罅隙有多大，但手足之誼總還是存在的，他奏請叩謁，並不是肅順輩所能阻擋，所謂過止奔喪的詔旨，很可懷疑。至於清實錄則有恭王請赴熱河，爲上所允的記載，〔註37〕日期是七月二十三日，照清廷驛郵的行程來推算是相當合理的。另一個堅強的證據，是祺祥紀事亦曾記載恭王曾來熱河，且與慈禧相見的事。（但王湘綺卻以爲是慈禧召恭王來，這是不確的，見下段的討論）。

至於政變的發動者是恭王呢？還是慈禧？這是個頗饒興味的問題。依當時的情勢來推斷，出於慈禧之意的可能性較小，有幾個理由可證明：第一、祺祥紀事曾記載御史高延祜奏請垂簾，正合慈禧心意，但爲肅順反對，慈禧因命醇王召恭王來熱河就商一事。據孟心史考證，高延祜並未奏請垂簾，〔註38〕當係董元醇之誤。不過，董元醇奏請垂簾是八月十日以後的事，而恭王赴行在的日期，實錄載允其奏請是七月二十三日，依翁同龢日記記載爲八月一日到灤奏對，〔註39〕再看當時人密札，亦爲八月一日到達，〔註40〕離去時期翁日記亦有載爲八月十二日。〔註41〕可見恭王赴梓宮在先，而董元醇上奏請太后垂簾事在後，兩者並無因果關聯，祺祥紀事所載慈禧邀恭王入宮雖與薛福成所言相同，但皆不合事實。第二、還有三個證據可說明慈禧等不可能召恭王，一是慈禧、慈安爲肅順所欺凌，嘆問醇王福晉：「我家獨無人在乎？」福晉言：「七爺在此」；孝貞喜曰：「可令明晨入見」。〔註42〕但從劉毓南的日記，可知咸豐倉皇北巡時，隨駕者便有醇王在內，〔註43〕慈禧、慈安怎會不知醇王在熱河，而必須等見到醇王福晉時，方知醇王亦隨駕在梓宮呢？二是祺祥紀事載醇王受命召恭王，三日後即歸，但熱河與北京相距四百華里，來回當有八百華里，根據翁心存日記所載內閣發表遺詔，由驛遞急傳，亦必須兩日後方到北京，則醇王何能三日便

〔註36〕 薛福成，前引文。

〔註37〕 《穆宗實錄》，卷一，頁27。

〔註38〕 見孟森，〈高延祜請垂簾考〉，載劉厚生張謇傳記附錄二，頁6。（上海龍門，1958年）

〔註39〕 翁日記（一）。咸十一年八月初八日記。

〔註40〕 清宮秘史密札原書九月一日，吳相湘引吳慶坻蕉廊脞錄木刻本卷一，第15頁，改正爲八月一日，見吳相湘，〈史料考異〉，載《晚清宮庭實紀》，頁239。

〔註41〕 翁日記（一）、咸十一年八月十二日記。

〔註42〕 〈祺祥記事〉，頁94。

〔註43〕 孟森，清咸豐十年洋兵入北京日記一篇。

走了個來回？〔註44〕三是實錄曾載七月二十三日允准恭王叩謁梓宮的奏請，則其奏當在七月廿日前交寄，但內閣發八大臣顧命的上諭爲七月廿日，可見恭王奏請叩謁是直接出於他自己的心意，不是應慈禧假由醇王的召命，再說時日這樣衙密，慈禧也不可能來得及讓醇王去宣召。第三、祺祥紀事雖把奏請垂簾的御史董元醇誤爲高延祜，但此事總還是有的，不過奏上後，「慈禧以示顧命臣，肅順言：『按祖制當立斬』，孝貞心炸焉。」〔註45〕再看密札載：

> 玄宰（按，指董元醇）摺請明降垂簾旨，或另簡親王一二輔政，發之太早，擬旨痛駁，皆桂翁手筆也（按，指焦祐瀛）。遞上摺旨俱留，又叫有兩時許，老鄭（按，指鄭親王端華）等始出，仍未帶下，但覺怒甚。次早，仍未發下。復探知見面大爭，老杜（按，指杜翰）尤肆挺撞，有若聽人言，臣等不能奉命，太后氣得手顫。」〔註46〕

清朝傳統，母后不能臨朝，因此肅順等有此仗恃，顯得慈禧更爲心虛。而慈禧聽到肅順的堅決反對後，其反應不過怒形於色，但在清廷禁絕母后干政的傳統下，慈禧縱有野心，豈能率先蠢動？第四、從祺祥紀事與密札的內容綜合來看，慈禧與肅順等不合的癥結，在於肅順等恃寵而驕，但其行權並未違咸豐之遺命，似乎也未踰越行政的體制；換言之，他們在政治上並沒有絕對的衝突存在。慈禧及皇帝的兩行大印並列諭旨上，可見雖無垂簾之名，已有聽政之實，而且還可看出，顧命八大臣的行事，「均愜人意」；從此意義而論，慈禧會有可能甘冒清朝家法的大不韙而率先掀起軒然大波的可能嗎？第五、再根據祺祥紀事及密札來看，慈禧面對顧命王大臣的氣勢，實顯得孤立無援，甚至與慈安也並不太和，她憑藉什麼起意來發動政變呢？她毫無依恃，難道會冒冒失失的先就去傳命恭王相商政變嗎？即或不然，她召來了恭王，難道會先吐露其有推翻顧命大臣贊襄政務的企圖嗎？

但是，恭王與肅順等人在政治上卻有基本的衝突存在，他們無法容許雙方對立，因而互別苗頭，是不可避免的現象。肅順爲了掌握軍機處而剷除了大學

〔註44〕關於此點與翁心存日記轉引自劉厚生、〈祺祥紀事以外之參考史料〉，載《張謇傳記》，頁20，翁心存日記今藏北京故宮，無刻本傳世。原引爲「七月十九日，內閣發表十六日之諭，立大阿哥載淳爲皇太子，七月二十日內閣發表七月十七日大行皇帝之遺詔，立皇太子載淳爲嗣皇帝，載垣、端華、肅順等八人受顧命爲贊襄政務大臣。同日內閣發表大行皇帝於七月十七日寅時，龍馭上賓。」

〔註45〕〈祺祥記事〉，頁94。

〔註46〕〈清宮秘史〉，頁1。東方第九卷第一號。

士柏葰（所謂戊午科場之獄），與恭王得勢亦欲除去肅順，是積於相同的政治因素的。恭王的動機很明顯，但他絕不是輕率而為，第一、京城在他控制下，第二、英法俄美的支持，都是使他有恃無恐的原因。不過，恭王却有一個不可忽視的顧忌存在，他是個受傳統支配極深的人，對於君臣之分的觀念相當執着（見第二章的分析討論），咸豐雖死，但遺命有皇太子，這種體制他是不可能推翻的；換言之，他絕不會有取而代之的念頭。從另一個角度來說，肅順等人的贊襄政務却明明白白是出於咸豐的遺命，他雖有除肅順等的動機，但不能明目張膽由其一人主動，若是得到朝命的諒解，甚至默許來進行，不是更合心願？就此意義而論，密札說董元醇奏請垂簾，或另簡親王一二輔政的話，則很明顯的是一種試探了。依李慈銘的記載，天子與慈禧、慈安兩宮太后皆不滿肅順的跋扈，甚且憂慮難保全性命，〔註47〕可想見慈禧與天子等當會有除去肅順的心意，若知恭王亦夙有此心，怎會不相互合作？從上面的分析看來，是可以推論恭王與慈禧相見時，是恭王先透露其心意，而後慈禧方表示合作的。慈禧的參與使恭王獲得政治上的號召，恭王的主謀與支援給予慈禧心理上的安全；恭王深恐觸犯傳統君臣之分觀念的顧忌，由於慈禧、慈安的首肯也因而得到合意的解決。另外還有一些阻礙是軍隊是否支持，最主要是勝保的態度有相當決定性的影響，不過，這對於恭王是不難解決的，勝保的軍隊虛張聲勢當然綽綽有餘，但面對夷軍則望風披靡深懷懼心，而恭王却有足夠的能力來擺布英法諸夷，對於勝保當可收壓制的作用，從夷務始末可以明顯看出勝保是相當順附恭王的。他的軍隊環守京師，對於英法軍隊未必有效，但用來恐嚇肅順等則可說是「殺雞焉用牛刀」。再一個阻礙是肅順何嘗不知恭王有反意，他們亦曾極力阻絕恭王來梓宮，既來之，對恭王防範甚緊，但載垣與端華却無此警覺，恭王以梓宮必須回鑾，迫肅順等還京，引其入毂，而載垣、端華仍然顧盼自雄，竟辭步軍統領等職，〔註48〕為慈禧所制，奪其兵權，肅順也難能回天了。〔註49〕後來他們三人被拿問宗人府，肅順責叱載垣、端華說：「若早從吾言，何至有今日」，〔註50〕這話是有很深的感慨的。

　　綜合以上的討論，似可以肯定政變的主謀與推動人物還是在恭王身上。

〔註47〕李慈銘，《越縵堂日記補編》，辛集上，頁7。
〔註48〕《穆宗實錄》，卷四，頁5。
〔註49〕同上。
〔註50〕薛福成，前引書，頁13。

再比較慈禧在熱河與北京前後態度的轉變，更可瞭解恭王在政變中所扮演角色的重要性。從祺祥紀事與密札的記載來看，慈禧對於肅順的跋扈，反應得相當軟弱，但至京城後，咄咄逼人，傳旨拿問載垣、端華，〔註51〕械繫肅順，試問慈禧這種態度由軟弱趨向強硬的轉變，憑藉何來？若從實錄所載關於處置肅順等三人的諭旨莫不由恭王傳諭來看，很可以推斷出恭王對於慈禧產生了多大的依恃作用。不過，從此意義而論，卻還有兩點現象值得注意：第一、咸豐雖遺命載淳為皇太子，但其冲齡即位，不足以言統御朝臣，兩宮垂簾聽政，事實上是由慈禧掌握政令發諭的大權，「挾天子以令諸侯」，便逐漸造成慈禧在晚清政壇上的操縱者地位。第二、但咸豐未曾託孤於母后，遺詔顧命八大臣贊襄政務，慈禧縱有號令天下的野心，尚不敢擅權踰越詔命，獨專政壇，再者清朝家法的限制，慈禧亦有顧忌，因此垂簾如何行之的儀式，尚須藉由近支重臣會議，以明臣工的心迹，〔註52〕而在政變之後，更要借重恭王輔佐，以顧全咸豐的詔命之意，〔註53〕這是慈禧不得已的苦衷，換言之，這也可說是恭王在政治上雄飛而折翼的隱憂所在。

第三節　慈禧與恭王權力的消長

再深入一層來看，政變之後，恭王似已得償夙願，一面肅順、載垣革去爵職，交宗人府議罪，甚至到後來皆不免一死，在政治上除去了心腹之患；一面封寵拜賜，青雲得志，十月初授恭王為議政王，在軍機處行走（這是自從咸豐四年被罷後的再度入值），〔註54〕且為宗人府宗令，〔註55〕總管內務府大臣，並管宗人府銀庫，〔註56〕宮中府中皆在恭王股掌之上。後又命恭王世襲罔替，厚賞封拜，使得恭王灑涕固辭，慈禧方傳諭俟皇帝親政後再辦，但先賞食親王双俸，〔註57〕繼又賞在紫禁城內坐四人轎，以示優異，〔註58〕甚

〔註51〕《穆宗實錄》卷五，頁39。

〔註52〕翁日記（一），咸十一年十月朔。

〔註53〕《穆宗實錄》卷六，頁27，諭有言：「朕奉兩宮皇太后旋蹕以來，即派恭親王奕訢為議政王，在軍機處行走……痛惟先帝遺言在耳……曷敢不仰承先志……因於召見恭親王奕訢時宣示此旨……用慰在天之靈，非予一人之私願也。」

〔註54〕《穆宗實錄》，卷六，頁4。

〔註55〕參前註。

〔註56〕同上，卷六，頁8。

〔註57〕翁日記（一），咸十一年十月初九。

至超越禮法，竟封恭親王長女爲固倫公主，〔註59〕（慈禧的垂簾也是越清之禮法的）。如此封寵厚賜，可見慈禧籠絡的手段。翁文恭公曾有一段記載，咸豐十一年十一月廿四日，即慈禧垂簾後二十四日，隨其父入宮：

> 辰正引見於養心殿，兩宮皇太后垂簾（用黃色紗屏八扇）皇上在簾前御榻坐，恭邸立於左，醇邸立於右，吏部堂官遞綠頭籤，恭邸呈案上，是日引見才二刻許即出，仰瞻闕庭，俯覽禁聞，不自知其悲來橫集。〔註60〕

恭王終於議政於上，何能不躊躇滿志，但宦海風波，又豈能就此止息？

載垣、端華初被革職拿問，交宗人府議罪，尚未定刑，但從肅順被抄家產，却可得一暗示，將不免一死。我們看慈禧所下諭旨中肅順的罪狀：

> 前因肅順跋扈不臣，招權納賄，種種悖謬，當經降旨將肅順革職……交宗人府議罪，乃該革員於接奉諭旨之後，咆哮狂肆，目無君上，悖逆情形，實堪髮指。且該革員恭送梓宮由熱河回京，輒敢私帶眷屬行走，尤爲法紀所不容。所有肅順家產除熱河私寓令春佑嚴密查抄外，其在京家產，著即派熙拉布前往查抄，毋令稍有隱匿。〔註61〕

從這諭旨來看，肅順被抄家，是因爲違犯法紀，而慈禧干政，難道不是違犯了家法？可見慈禧並不眞正是僅爲此名目而樹威，再看另一道諭旨指稱肅順的罪狀：

> 載垣、端華、肅順朋比爲奸，專擅跋扈，種種情形，均經明降諭旨，示知中外。至載垣、端華、肅順於七月十七日皇考升遐，即以贊襄政務大臣自居，實則我皇考彌留之際，但面諭載垣等立朕爲皇太子，並無令其贊襄政務之諭，載垣等乃造作贊襄名目，諸事並不請旨，擅自主持，即兩宮皇太后面諭之事，亦敢違阻不行。御史董元醇條奏皇太后垂簾等事宜，載垣等非獨擅改諭旨，並於召對時有伊等係贊襄朕躬，不能聽命於皇太后，伊等請皇太后看摺，亦係多餘之語，當面咆哮，目無君上情形，不一而足。且每言親王等不可召見，意

〔註58〕《穆宗實錄》，卷十五，頁2。
〔註59〕翁日記（一），咸十一年十二月十一日。
〔註60〕同上，咸十一年十一月二十四日。
〔註61〕《穆宗實錄》，卷六，頁2至3。

在離間，此載垣、端華、肅順之罪狀也。肅順擅坐御位，於進內廷當差時，出入自由，目無法紀，擅用行宮內御用器物，於傳取應用物件，抗違不遵，並自請皇太后，於召對之時，詞氣之間，互有抑揚，意在撟橫，此又肅順之罪狀也。〔註62〕

從這裡可以看出肅順等的罪狀有二，第一、擅擬咸豐遺命，自居贊襄之職，把持政務。第二、冒犯皇太后威顏，君臣不分。就論言第一罪而論，實為虛織的羅網，前面曾分析過，顧命大臣的遺詔，雖非硃筆，但確實經咸豐授意的。據薛福成的筆記載：恭王奉詔宣示載垣等的罪狀時，「戴垣端華二人厲聲曰：『我輩未入，詔從何來？』王命擒出，復呵曰：『誰敢者？』已有侍衛數人，前來裭二人冠帶，擁出隆宗門，遂跟蹌擁至宗人府幽之」。〔註63〕薛福成是傾向慈禧的態度，從這段筆記，透露兩點值得注意：一是詔旨下來，載垣端華並不知情，且反問詔從何來，可能疑其不合程序，若非其有憑藉，當不致如此責問。二是恭王早已埋伏人手，並未答其所問，即挾持載垣、端華而去，這種以力強人的手段出自恭王，暗示他本知曉內情，其實他也是政爭漩渦中的主角，自然不須過問。再從密札來看：

十七日以後，貴處公文，用贊襄政務王大臣字，嗣覺沒去軍機字樣，不合廷寄格式，遂加三字於贊襄上，兩者二而一之（按，令印文為軍機處贊襄政務王大臣）。〔註64〕

可見其用贊襄政務名義發文，自七月十七日即已開始，如果真是造作名目，為何要等到三個月後再來構罪？因此曾國藩聽說肅順處死，慘然說：「此冤獄也」不是沒有道理的。〔註65〕就其第二罪狀而言，恐怕才是真正致命之處。從祺祥紀事與密札來看，慈禧必不能容忍肅順的掌權是很明顯的。前面也討論過，恭王與肅順在政治上無法相容也是不可避免的。雙方皆「心有憾憾焉」，自然深文周納，羅織入罪，務除肅順等人。但試想，慈禧的野心既不能容肅順的擅權，又如何能容恭王的專斷呢？

祺祥紀事載：

孝欽御前監小安，頗有寵，多所宣索。王（按，指恭王）戒以國方

〔註62〕同上，卷六，頁 15a 至 16b。
〔註63〕薛福成，前引書，頁 13。
〔註64〕〈清宮祕史〉，頁 2。東方第九卷，第二號。
〔註65〕尚秉和，《辛壬春秋》卷二六，頁 4，附註。

艱難，宮中不宜求取。小安不服曰：『所取爲何？』王一時不能答，
即曰：『甕器杯盤，照例每月一分，計存者已不少，何以更索？』小
安曰：『往後不取矣。』明日進膳，則悉屏御覽，盡用村店粗惡者。
孝欽訝問，以六爺責言對，孝欽慍曰：『乃約束我日食耶？』於是蔡
御史聞之，劾王貪恣。他日詔王曰：『有人劾汝』，示以奏。王不謝，
因問何人？孝欽言蔡壽祺。王失聲曰：『蔡壽祺非好人』於是后積前
事，遂發怒。罪狀恭親王有曖昧不明，難深述之語。朝論大驚疑，
而外國使臣，亦詢軍機諸臣所由，用是得解。」〔註66〕

這段記載是關於同治四年恭王被罷議政王的事，茲分成數端來討論：第一、
吳相湘先生曾考證宮中瓶器盃盤更換並無一月供一分之事，故可知王湘綺誤
記。〔註67〕但他又說，因咸豐十一年十月初五日上諭曾責肅順「於傳取應用
物件抗違不遵」，而政變後恭王多所增補御用物件，怎會重蹈其覆轍，因此懷
疑此則牽涉肅順，非指恭王。然從另一角度來看，兩事相距四年之久，又顛
倒了兩個如此重要的人物，豈非錯得太離譜？不過，這段記載最重要的關鍵
還是下文說蔡壽祺因此彈劾恭王貪恣，可見若眞有此事，慈禧不過以此爲引
子，蔡壽祺的疏劾才是正戲，試看蔡壽祺彈劾恭王的四大罪狀：

近來竟有貪庸誤事因挾重貲而內膺重任者，有聚斂殃民因善夤緣而
外任封疆者，至各省監司出缺，往往用軍營驟進之人，而夙昔諳軍
務通達吏治之員，反皆棄置不用，臣民疑慮，則以爲議政王之貪墨。

自金陵克復後，票擬諭旨多有大功告成字樣，現在各省逆氛尚熾，
軍務何嘗告竣，而以一省域之肅清，附近疆臣咸膺懋賞，戶兵諸部
胥被褒榮，居功不疑，羣相粉飾，臣民猜疑，則以爲議政王之驕盈。

……近年部院各館差使，保舉每多過分，而利害緘口，臣僚疑懼，
則以爲議政王之攬權。總理通商衙門保奏更優，並有各衙門不得援
以爲例之語，臣僚疑惑，則以爲議政王之徇私。」〔註68〕

以上所引，蔡壽祺所指稱恭王的罪狀有四：貪墨，驕盈，攬權，徇私。御史
風聞言事，每多捕風捉影之論，但渲染誇張或可有之，虛擬構讞則恐未必。
再看諭旨所言：

〔註66〕　〈祺祥記事〉，頁95〜96。
〔註67〕　吳相湘，前引書，頁251。
〔註68〕　軍機處摺包檔案原件，現藏故宮南京分院倉庫，轉引自吳相湘前引書，頁101。

> 恭親王議政之初，尚屬勤慎，迨後妄自尊大，諸多狂傲，倚仗爵高
> 權重，目無君上，視朕沖齡，諸多挾制，往往暗使離間，不可細問；
> 每日召見，趾高氣揚，言語之間，許多取巧妄陳：若不及早宣示，
> 朕親政之時，何以用人行政？……恭親王者毋庸在軍機處議政，革
> 去一切差使，不准干預公事，以示朕曲為保全之意。〔註69〕

與蔡壽祺疏劾兩相對照，可知恭王爵高權重，實遭人之忌。其他責備恭王者，
就如王湘綺所言，曖昧之處，難以懸揣，而且動輒革去一切差使，無乃過分
之舉措乎？慈禧的政治野心實欲獨攬大權，臥榻之旁，豈容他人酣睡？第二、
祺祥紀事中說恭王被罷，「外國使臣亦詢軍機所由，用是得解」，這段記載顯
示了一個疑問，外國是不是干涉了清廷的內政，甚而竟影響到朝命？前面曾
討論過英法等國與清交涉，以通商與傳教為主，而且英法方駐京不久，就牽
涉到宮廷政治，甚至有所影響，不是太不可能了嗎？下面引一段北華捷報的
記載，透過了一個記者的觀察：

> 清朝的崩潰只是時間的問題，遲早總是會來到的。〔註70〕

但不久却說：

> 北京的政治有一個有利的轉變，恭王掃除了陰暗氣氛……他拜訪了
> 各國使節，扭轉了整個國際外交的形勢。〔註71〕

從這裏可以看出恭王在清廷對外交涉中的地位。也由於這種原因，慈禧雖罷
恭王議攻的權力，却始終不敢搖動他在外交上的王位。第三、從祺祥記事可
以看出御史的地位提高了，他們的言論可以影響如恭王一般地位的人物。但
我們看翁同龢日記所載諭曾言：

> 以後如有以載垣等專擅不臣者，王大臣科道等即行參奏，不准仍落
> 緘默。〔註72〕

可見慈禧早已以言路為政爭鬥爭的利器，難怪恭王變成了它們的犧牲品。

　　總結來說，恭王可說是政變的播種者，慈禧却是收穫成果的人。恭王受
到儒家理論的影響，執着於君臣之分的觀念，固可見其修養，但在政爭之中，
也變成了他的一種限制，因而註定了他後來在政壇上錯綜起伏的悲劇命運。

〔註69〕《穆宗實錄》，卷一三三，頁21～22。
〔註70〕N. C. H. Nov. 3, 180「……its（指清）fall is merely a question of time—sooner or
　　　　later it must come」。
〔註71〕N. C. H. Dec. I, 1860.
〔註72〕翁日記（一），咸十一年十月初九記。

第六章　結　語

　　咸同之際的清朝，不論從外交上或政治上來觀察，都面臨著劇烈的變動。中國傳統的夷夏觀念不斷的調整適應新的世界局勢，是外交上最具特色的轉變。恭王無疑是一個典型的代表人物，他的外交思想事實上並不能超越「以夷制夷」的窠臼，但他發陳出新，在舊有的基礎上推進了一大步，更重要的是他能從實際的折衝樽俎中，吸收了新的知識與觀念，從惡劣的形勢裏鍛練出智慧與胸襟，才能踵事增華。我們若評價恭王在咸同之際外交變局中的表現，不能站在現在這個時代的立場，來責備他沒有提供現代所要求的東西，而是要根據他是不是比他以前的人提供了新的東西。從這個觀點來看，恭王是有相當傑出功績的，他從儒家思想的基礎上，發揮弭兵與和平的觀念，行用於十九世紀的外交局勢中，一樣有它無往不利的功效；至少挽回了北京陷落後的危局，他周旋英法使臣之間，對於國家主權與國際公法有較清楚的認識，因此縱橫捭闔，更有仗恃；他在這方面的成就的確超過了耆英與肅順，而且從以夷制夷的立足點出發，瞭解外交的憑藉是軍隊的艦炮力量，因此主張練兵，師夷長技以制夷，創設總理衙門，便是要以此為革新運動的發祥機關，從這裏可以看出他的外交觀念並不限於條約的簽訂上，但也可說明他的野心不僅僅是以外交為局限的。

　　從政治上來觀察，恭王的遭遇非常曲折。他與咸豐的早年失和，使他在仕途的發展先天不良，以後肅順當道，更難以暢所欲為，再者，他過份執着於君臣之分的觀念，也是他在政壇上所受到的基本限制之一。咸豐晚年面臨英法北犯，倉皇出京，由於外交形勢的刺激，引起政治上的大變動，恭王臨危受命，力挽狂瀾，他是以外交上的成功而再度步入政壇恩怨之中，咸豐對

他嫌隙日深，成為肅順等防範他的最佳憑藉，他在京城和談圓桌上的得意，更成為肅順等排擠他的最大口實，恭王幾番試探，却屢被打消，伏櫪京城的心情是相當苦悶的，咸豐死後，他終於攘臂而起，其有所圖謀久矣，但他太拘泥君君臣臣的傳統觀念，與慈禧聯手發動政變，却因此埋伏後來折翼的種子。慈禧的野心不容他獨專政壇，而有同治四年的乙丑被罷，使他又現消沈，但因為他在外交上的特殊地位，因此在政治上雖遭躓跰，仍然不會革職隱退，我們若評價恭王在政治上的功過得失，應當從政治措施與政治作用這些觀點出發，不應該從他的私生活方面來看，也就是拿政治這個尺度來衡量，那麼恭王的成就一樣是相當傑出的，本篇未遑多論他在政治上的應變措施，但從他在政治衝突中表現出來的作為。可以看出，乃是有遠大的政治藍圖為本，並不是以攘權為唯一目的。他在政變中所發揮的作用，尤其是英法等國對他的仰重，更可說明他在政治上炙手可熱的權力來源，慈禧在政變後對恭王封拜厚賞，借重他參議於朝廷，自有政治上的號召力量為背景，但因而使慈禧對恭王有戒心，也是很顯然的。被罷議政王後，恭王在政治上的制衡力，大受抑制，他也逐漸消沈。我們從恭王的政治經歷，看到清議日熾，使得政壇上的風雲人物屢屢受屈，政治措施亦遭束縛，而毋后臨朝的局面已定，權力一尊，因此政情雖趨迂緩，但清廷國勢反而愈變愈壞，終於一敗而塗地！

徵引書目舉要

一、中文書目

1. 《清實錄》，道光朝、咸豐朝、同治朝，台北華文書局。
2. 《籌辦夷務始末》，咸豐朝、同治朝，民國 52 年影印，台聯國風出版社。
3. 《清朝續文獻通考》，劉錦藻私撰（宣統二年呈），台北新興書局。
4. 《清史稿》，趙爾巽等修，民國 16 年修成。
5. 《清史列傳》，台北中華書局。
6. 《樂道堂集》，恭親王奕訢，內有文鈔四卷，廣四時讀書樂詩試帖一卷、豳風詠一卷、正誼書屋試帖詩存二卷、樂道堂古近體詩二卷、台大研圖聚珍本。
7. 《皇朝道咸同光四朝奏議》，台北商務印書館。
8. 《文獻叢編》，故宮文獻館，現藏台大研圖。
9. 《四國新檔》，辦理撫局檔案，中研院近史所。
10. 《文文忠公事略》，文祥，台北文海出版社。
11. 《還讀我書室老人手訂年譜》，董恂，文海出版社。
12. 《夷氛紀聞》，梁廷枏，文海。
13. 《中西紀事》，夏燮，文海。
14. 《曾文正公書扎》，曾國藩，文海。
15. 《校邠廬抗議》，馮桂芬，文海。
16. 《清代二百家軍政名牘彙編》，劉鐵冷輯，上海崇新書局。
17. 《松龕先生奏疏》，徐繼畬。
18. 《清代通史》，蕭一山，台北商務。

19. 《曾惠敏公出使英法日記》，小方壺輿地叢鈔第十五本，台灣廣文書局影印南清河王氏版。

20. 《國聞備乘》，胡思敬，故宮文獻館。

21. 《翁文恭公日記》，翁同龢，趙中孚排印本，台北中文資料中心。

22. 《越縵堂日記補編》，李慈銘。

23. 《期不負齋全集》，周家楣，台北廣文書局。

24. 《清季外交史論集》，王曾才，台北商務。

25. 《清朝野史大觀》，台北中華書局。

26. 《晚清宮庭實紀》，吳相湘，台北正中書局。

27. 《庸盦全集》，薛福成，台北華文書局。

28. 《海國圖志》，魏源，文海。

29. 《張謇傳記》，劉厚生，香港龍門書局。

30. 《郭嵩燾先生年譜》，郭廷以編定，中研院近史所。

31. 《李鴻藻先生年譜》，李宗侗劉鳳翰合著，中國學術著作出版。

32. 《辛壬春秋》，尚秉和，台北文星書店影印本。

33. 《近代中國史事日誌》，郭廷以編著，中研院近史所。

34. 《史料旬刊》，故宮文獻館，台大研圖。

35. 《近代中國外交史資料輯要》，蔣廷黻輯，台北商務影印。

36. 《飲冰室合集文集》，梁啓超，台北中華書局。

37. 《中國近百年史資料初編及續編》，左舜生輯，台北中華。

二、論 文

1. 〈祺祥紀事〉，王闓運，《東方雜誌》十四卷 12 期。

2. 〈清宮秘史〉，《東方雜誌》九卷第 1 及第 2 期。

3. 〈清咸豐十年洋兵入京之日記一篇〉，孟森，《史學集刊》第 2 期。

4. 〈高延祜首請垂簾考〉，孟森，《張謇傳記》附錄二。

5. 〈四國天津條約的成立之經過〉，陳恭祿，《金陵學報》一卷 2 期。

6. 〈清廷辦理外交之機關與手續〉，張忠紱，《文史雜誌》第 1 期香港龍門影印。

7. 〈清代之總理衙門及其經費〉，陳文進，《中國近代經濟史研究集刊》一卷 1 期。

8. 〈同治新政考〉，王德昭，《文史雜誌》一卷 4 期。

9. 〈文祥對於時局的認識及其自強思想〉，王家儉，《師大歷史學報》第 1 期。

三、英文書目

1. Wang, Tseng-tsai British Parliamentary Papers（House of Lords and Commons）1860, No.69 Correspondence with Mr. Bruce, Her Majeesty's Envoy Extraordinary and Minister Plenipotentiary in China 1861, No.66. Correspondence Respecting Affairs in China, 1859～1860.

2. The North China Herald and Supreme Court and Consular Gazette, Shang-hai, weekly, for the years 1857～1870.

3. Frederic Wakeman jr. *Strangers at the Gate: Social Disorder in South China 1839-1861* California University Press, 1966; 276 PP.

4. Masataka Banno *China and The West: The Origins of the Tsungli Yamen 1858-1861* Harvard University Press, 1964; 367 and XIV PP.

5. Meng, Sru-ming, Hsu, Immanuel C. Y. *China's Entrance into the Family of Nations: The Diplomatic Phase 1858-1880* Harvard Univer-sity Press, 1960; 255 and xxxvi PP.

6. Meng Ssu-ming *The Tsungli Yamen: Its Organization and Functions* Harvard University Press, 1962; 146PP.

7. Wright, Mary C., *The Last Stand of Chinese Conservatism* Standford University Press, 1957; 429 PP.

8. Morse, H.B., Hummel, Arthur W,ed. Eminent Chinese of the Ching Period 2 vols; Cheng-wen Publishing CO. 1970

9. Morse H.B. *The International Relations of the Chinese Empire* 3 Vols, London

10. Wang Tseng-tsai. Tradition and Change in China's Management of Foreign Affairs: Sino– Bntish Relations 1793～1877 Published by China Committee for Publication Aid and Prize Awards under the auspices of Soochow University, 1972; 306 PP.

宣統朝的政治領導階層

（1909～1912）

詹士模　著

作者簡介

詹士模，臺灣省嘉義縣人，1953 年生，臺灣大學歷史系畢業，臺灣大學歷史研究所碩士，中正大學歷史研究所博士，曾任成功大學歷史系兼任講師、助理教授，嘉義農專共同科講師、副教授，嘉義技術學院共同科副教授，現任嘉義大學史地系副教授。著作有：《宣統朝的政治領導階層》、《漢初的黃老思想》、《反秦集團滅秦與分裂戰爭成敗之研究》及《秦楚漢之際軍事史研究》等書。

提　要

　　光宣之際，政權雖然和平轉移，但是宣統朝政治領導階層的結構缺陷——滿族親貴識見與能力不足，卻種下了清朝滅亡的禍根。宣統朝兩位最高領導人——隆裕太后與監國攝政王戴灃，皆庸弱無能，導致滿州親貴紛紛掌權。

　　本文運用政治學的菁英理論分析宣統朝的政治領導階層，探索其政治派系與權力鬥爭；政治菁英的流動與變遷，及其對宣統朝政局的影響。

　　探討政策與決策時，利用政治學的決策理論，分析宣統朝中央政治的決策者與決策過程。討論宣統朝兩項基本國策——中央集權與預備立憲，並探究領導階層政治態度轉趨保守及其後果。

　　本文最後探討宣統朝政治領導階層應變能力與清朝覆亡的關係。川路風潮清政府處理失當，促成四川人民武裝抗爭。武昌起義後，清政府未能速滅革命軍，造成革命聲勢壯大。本身之兵力與財力亦不足對付各省獨立。攝政王載灃為了平亂，不得已重新起用袁世凱，袁世凱卻運用權術與軍隊逼迫攝政王與清帝退位。

謝　誌

　　本論文得以順利完成，首需感謝李守孔老師的悉心指導，提供研究方向與資料，並在文章章節及內容方面多所啓迪與匡正，謹於卷首深致謝意。

　　論文構思階段，承蒙中央研究院近代史研究所張玉法教授提供意見，指點研究方法，使筆者獲益匪淺。此外，又蒙師大王家儉教授、政大王壽南教授、中研院張朋園教授、台大古偉瀛教授的啓發或提供寶貴意見，筆者在此由衷感激。另外，又蒙台大農推研究所胡忠一君指點社會及行爲科學研究方法，台大政治研究所郭崇倫君、楊志恒博士提供政治學研究方法、觀念及資料，台大歷史研究所博士班研究生沈松僑君、歷史研究所紀欽生碩士、研究生葉泉宏君提供意見及台南大學陳坤宏博士的幫忙，更是本文得以完成的重要因素，筆者在此一併致謝。

目

次

序　言

　　大清帝國兩百六十八年江山亡於宣統朝，清朝的傾覆更是中國數千年來未有之大變局。數年來，一直對清朝的滅亡感到興趣，一直想多瞭解此問題，可是大學的歷史教科書，對於宣統朝的記載，實在太簡略，往往三、五頁即交待過去。學者論及宣統朝的史事，又多自革命黨人方面觀察析論，多強調革命黨對辛亥革命成功的貢獻。近十五年來，間有學者從立憲派方面來探討立憲派與辛亥命的關係，肯定立憲派在辛亥革命中的角色地位〔註1〕。更有學者對晚清的立憲運動，做了總評價〔註2〕。但這些研究不是強調革命即是強調立憲，對於清政府內部的政治運作，反而很少注意到。

　　雖然立憲與革命是宣統朝的兩大問題，從這些方面來看，亦可窺知一些辛亥革命成功的原因，但究竟有所偏向，不足以掌握清朝滅亡的全貌。清朝的滅亡，惟有從清政府內部來看，較能釐清其滅亡的內在理路。基於此因，清政府本身實在值得探討。

　　當時滿清的式微，雖不可否認，但不證明清朝的無可救藥〔註3〕。儘管內憂外患交逼而來，革命危機日漸加深，只要中樞領導階層有英明幹練的人才，

〔註1〕 張朋園，《立憲派與辛亥革命》（台北：中央研究院近代史研究所專刊，1969年10月出版）。

〔註2〕 張玉法，〈學者對清季立憲運動的評估〉，載於中央研究院近代史研究所，《中國近代的維新運動——變法與立憲研討會論文集》（台北：1981年8月出版），頁135～161。

〔註3〕 Michael Gasster 原著，古偉瀛節譯，〈中國政治近代化運動中的改革與革命〉，載於林能士，胡平生合編，《中國現代史論文選輯》（台北：華世出版社，1980年9月再版），頁82。

時局仍不致太壞。如果此時統治階級採取適當的步驟，重整舊有的秩序，革命危機可以消弭於無形〔註4〕。金梁《光宣小紀》一書也說，清政府「如能提前迅決，頒（立）憲開（國）會，先機和緩，未嘗不可暫消（革命）隱患。」〔註5〕因此，革命並不可怕，只要政治領導階層有見識、有才能，能當機立斷，及時作大刀闊斧的改革，以收民心，必可消弭革命，至少亦可減輕革命之威脅。

在此情形下，政治領導階層就顯得非常重要，因為「政府活動是政治活動的中心」〔註6〕，而政治領導階層則操縱政府活動。政治領導階層是政局演變的主動者，它可以力挽狂瀾，扭轉政局，維持政權於不墜；亦可消極保守，反潮流，違反民意，激怒人民。佛家亦說，正報可以改變依報，心淨則國土淨，心穢則國土穢。意思是說，人可以改變外在環境，主動權操縱在人本身。因此，從「宣統朝政治領導階層」本身來探討，似乎較能掌握清朝滅亡的原因與全貌，這是本文探討宣統朝政治領導階層的動機與目的。

關於「宣統朝政治領導階層」這個問題，在國內尚無學者研究，在國外也沒有。不過，魏鏞先生有一篇論文：《政治領導階層的登進與政治危機：清朝政治領袖的研究》（Wei Young, Elite Recruitment and Political Leaders of the Ching Period, 1644~1911, University of Oregon; 1970），與本文似乎有一點關係，魏鏞這篇論文是 1970 年，他在美國奧勒岡大學政治學研究所的博士論文，在美國與國內均未出版，這篇論文以清朝二百六十八年為範圍，重點在論政治精英登進與政治危機的關係，雖包括宣統朝，但並非其重心；且其目的是探討政治精英的社會流動，故對本文的幫助不大。另外，馬許教授《儒吏：中國『領導階層』之流動》（Marsh, R, M, The Mandarians: The Circulation of Elite in China, 1600~1900, New York, The Free Press, 1961）與何炳棣的《明清社會史論》（Ho Ping-ti, The Ladder of Success in Imperial China: Aspects of Social Mobility, 1368-1911, New York, Columbia University Press, 1962），其重點皆在領導階層的社會流動，與本文主題性質不太一樣，故無甚幫助。

宣統朝政治領導階層的涵義：是指宣統朝具有政治影響力或政治地位，而能參與中央政治事務、政策制訂或決策的人士。

〔註 4〕 同註3，頁 67。
〔註 5〕 金梁，《光宣小紀》（台北：文海出版社影印，1974 年），「立憲」一條，頁 108。
〔註 6〕 華力進，《政治學》（台北：經世書局，1980 年 11 月出版），頁 22。

本論文的研究方法：

一、技術層面

在皇族、宗室、王公與中央政府重要官員（例如：軍機大臣、內閣各部閣員），能與參中央政治的督撫及資政院有影響力的議員等幾個政治集團中，選出本文涵義的四十七位政治精英，組成「宣統朝的政治領導階層」。

二、理論層面

將歷史研究與社會科學研究相結合，也就是以政治學、社會學的研究成果來幫助歷史問題的探討：

（一）利用政治學的「精英理論」（The Theory of Political Elite）來分析宣統朝的政治領導階層，並作簡單的量化，以探求領導階層的共同性與相異性，並進一步探討不同特性導致的政治行為及其對政局的影響。

（二）利用社會學的「社會階層化」（Stratification）理論來分析宣統朝政治領導階層的「社會流動」（Social Mobility）。

（三）利用政治學的「決策理論」（The Theory of Decision Making）來分析宣統朝政治的決策者與決策過程。

（四）利用政治學對「革命」（Revolution）的研究，來探討清朝滅亡與辛亥革命成功的原因。

本論文除序言、結論外，共分四章：

第一章光宣之際政權的轉移：宣統朝的政權雖然和平轉移，卻種下了清亡的禍根，尤其是政治領導階層的結構缺陷，亦於此時已種下了，因此，光宣之際的政權轉移變成很重要。本章首先探討溥儀嗣立的政治背景，接著討討立溥儀的決策過程，第三節探討政權轉移過程所暴露的嚴重問題。

第二章宣統朝的攻治領導階層：首先界定宣統朝政治領導階層的涵義與範圍。接著討論宣統朝兩位最重要的靈魂人物——隆裕太后與監國攝政王載灃的見識與才能。第三節利用政治學的精英理論來分析宣統朝的政治領導階層。第四節探討宣統朝政治領導階層的結構，美國政治學者白魯恂（Lucian W. Pye）曾言：「派系是中國政治文化的傳統性面貌。」〔註 7〕本節首先探討宣統朝的政治派系與權力鬥爭；接著利用社會學的社會階層化理論來分析宣

〔註 7〕唐光華，《政治文化的沈思者——白魯恂》（台北：允晨文化事業有限公司，1982 年出版），頁 183。

統朝政治領導階層的社會流動。第六節則探討光緒末年與宣統朝權力核心領導階層的比較，以瞭解權力核心領導結構的變遷，及變遷所顯示的政治意義。

第三章政策偏向與危機升高：首先利用政治學的決策理論來分析宣統朝政治的決策者與決策過程。接著討論宣統朝的兩個基本國策——中央集權與預備立憲。宣統朝的中央集權可從六個面向來看：（一）軍事方面；（二）財政與鹽政方面；（三）政治方面；（四）外交方面；（五）司法方面；（六）鐵路方面。關於預備立憲，首先討論預備立憲國策的形成，接著討論宣統朝預備立憲的進展，第三部份則探討政治態度轉趨保守及其後果。

第四章政治領導階層的應變能力與清朝的滅亡：宣統朝的大動亂從川路風潮而起，因此，第一節首先探討川路風潮的擴大與清政府的對策；緊接著武昌新軍起義，來勢洶洶，清政府驚慌失措之際，採取了緊急應變的對策，可是革命勢力愈來愈盛，各省紛紛獨立，清政府面臨了兵力不足與財政的困難，危機重重，到底清政府又採取何種對策呢？這些問題均於第二節探討。武昌起義後被罷黜的袁世凱又復出了，袁世凱復出對往後的政局有何影響？袁世凱的重新掌權，與清朝的滅亡，有何關係？這些都在第三節討論。

結論則歸納以上各章，簡明扼要地指出光宣之際政權的轉移及宣統朝政治領導階層與清朝滅亡的關係。

第一章　光宣之際政權的移轉

　　光宣之際政權的轉移是中國近代史上的關鍵性時刻。中國歷史上的政權轉移，往往容易發生變亂。每當新君初立，威勢未建，或皇朝式陵，君威衰退之際，最易發生篡弒〔註1〕。宣統朝雖是和平方式的政權移轉，但政權轉移過程早已伏下了清朝滅亡的禍根。

第一節　載湉逝世

一、慈禧不立長君的原因

　　慈禧為何要反對擇立年長之皇子入繼為君？可能有兩點原因：

　　（一）立長君將來可能對自己不利，且不容易控制：這一點，似與其內在意識中之安全感與權力慾有關。我們在討論此點時，必須將明朝歷史上與此相似的一件往事，提出來作一比較。

　　明朝的武宗皇帝，年號正德，乃孝宗之子，十五歲即帝位，性好槃遊逸樂，所傳微行軼事極多。他死於三十一歲，無子。當明武宗在豹房晏駕時，皇太后張氏，召集首輔大學士楊廷和等人商議皇位繼承問題。楊廷和以為，皇帝無子，而孝宗別無次子，依倫序，當迎立孝宗親弟興獻王祐杬之子，興王厚熜為帝。皇太后張氏同意了楊廷和的意見，當即以皇帝遺詔的名義說明此意，遣大學士梁儲，定國公徐光祚等，詔前賚往湖北安陸，將厚熜迎回京師，立為皇帝，是為明世宗。但厚熜雖因張太后之善意贊同而得立為帝，他

〔註1〕朱堅章，《歷代篡弒之研究》（台北：嘉新水泥公司文化基金會，1964 年 12 月出版），提要第 2 頁。

對張太后並不感恩。即位之後，首先聲明他是繼孝宗爲帝，並非承嗣武帝所遺的天下。其後即援「父以子貴」之義，欲尊其父興獻王爲帝，而稱孝宗爲伯。這就是明代歷史上有名的「大禮議」。擾攘甚久之後，方才決定奠其父爲興獻帝，尊封母妃蔣氏爲興獻太后，而尊張太后爲皇伯母。等到興獻太后亦由安陸來京之後，由於禮數的問題，與伯母張太后發生了不愉快的爭執，厚熜就拿出了皇帝的威權，借事將張太后之弟張延齡下獄論死。張太后窘迫無計，多方請求，亦不獲允許。不久，另一弟張鶴齡亦被逮下獄，張太后至於穿了破衣到皇帝宮前席藁請罪，哀求厚熜不要殺延齡、鶴齡兄弟，而厚熜竟漠然無動於衷。其後，張太后以憂憤致死，而張延齡仍然被殺，張鶴齡亦死於獄中，張氏竟至破家，張延齡、張鶴齡兄弟之死，雖說是由他們作惡太多，咎由自取，而當張太后爲兄弟祈乞免死而向世宗苦苦哀求時，世宗竟然毫不顧念張太后爰立之功，其冷漠絕情之處，也實在使人覺得太寒心了。當明宗武宗崩駕時，應由何人繼立爲帝，權在太后。假如張太后不允厚熜入嗣，厚熜就不可能登上皇帝寶座。然而他後來卻毫不感恩，豈不太令人感覺意外？慈禧之不願迎立長君，可能亦恐怕蹈張太后覆轍之顧慮〔註2〕。這是從安全感方面來看。

另外，我們再從權力慾方面來看，慈禧的權力慾很重，此點可由同治、光緒朝的史事，證明慈禧對於攬持國柄，始終富有極大的興趣。光緒三十四年（1908）十月，慈禧病重臨死前幾天，她還不認爲自己會一病不起，所以心中可能仍有垂簾聽政的權力慾望，所謂垂簾聽政，即名義上雖有一個小皇帝在做幌子，又立一個懦弱的攝政王，慈禧仍可控制攝政王，獨攬政柄，做著大清帝國事實上的主宰。慈禧既有此強烈的權力慾，自不願政權落入年長皇帝的手中，更何況還有明世宗與張太后的往事可鑑。此所以立長之說不能行之原因。她在宣佈溥儀爲嗣皇帝的那天，還不認爲自己會一病不起，所以光緒死後兩個小時，他還授命監國攝政王：「所有軍國政事，悉秉承予之訓示裁度施行。」〔註3〕到次日，才說：「現予病勢危篤，恐將不起，嗣後軍國政事，均由攝政王裁定。遇有重大事件，必須請皇太后懿旨者，由攝政王隨時面請施行。」〔註4〕他在確定了光緒的最後命運之後，從宗室中單單挑選了這樣

〔註2〕 莊練，《中國近代史上的關鍵人物》（台北：四季出版公司，1980年2版），中冊，頁176～177。

〔註3〕 《宣統政紀》（台北：華文書局發行，1964年），卷一，頁5～6。

〔註4〕 同註3，卷一，頁6。

一個年幼的嗣皇帝和攝政王，也正是由於當時她還不認為自己會死得這麼快。在慈禧來說，當了太皇太后固然不便再替皇帝聽政，但是在她的小皇帝之間有個聽話的攝政王，一樣可以為所欲為〔註5〕。所以說慈禧至死不想放手，根本沒有立長君的打算〔註6〕而且，幼兒皇帝，性向未定，可以依照她所希望的形式加以塑造〔註7〕。不但容易控制，更不會去翻她從前的舊案了。〔註8〕

（二）慈禧顧慮到同治、光緒並無子嗣，立幼君可承繼穆宗毅皇帝（同治）為嗣，並兼承大行皇帝（光緒）之祧〔註9〕：這在慈禧看來是兩全其美的辦法。而載灃、載澤與載洵一樣，同為載淳之兄弟輩，並不相宜，所以還是決定立年幼的溥儀為帝，而以載灃為監國攝政王。

不過，「國有長君、社稷之福」〔註10〕，慈禧太后如果為了國家的穩定及宗社著想，此時應在載澤、載灃、溥偉等諸近支宗室中，擇其賢長者，立為皇帝，使生民有賴，國社有託，這才是正當的舉措。如果說，繼立之人應該作為同治的子嗣，不能在同治的兄弟輩中去選擇，則溥倫亦是很理想的人選。但慈禧既不肯在光緒兄弟輩中擇立賢長，亦不肯在溥倫一系中擇立一人作為同治的子嗣，偏要以載灃年僅三歲的溥儀入繼，顯然只是她個人的私心，全不顧及宗社大計及承嗣的倫序。

慈禧立幼君的舉措，對宣統朝政局有很大的影響，甚至影響清朝的滅亡，此點留待第三節討論。

二、溥儀嗣立的政治背景

溥儀嗣立的政治背景，可以從慈禧與醇王府及榮祿的關係看出來。慈禧之妹嫁給老醇王奕譞為正福晉（夫人），載灃則為老醇王奕譞的側福晉所生，於慈禧為姪輩。但因光緒係載灃親兄之故，所以載灃於慈禧雖為姪行，其關係卻要比其他的姪兒如載澤、載瀛要顯得親密些。慈禧更將其親信忠臣榮祿之女指婚予載灃。王照的《方家園雜詠記事》一書有一條說：

〔註5〕溥儀，《溥儀自傳》（台北：金川出版社，1976年3月再版），頁18。

〔註6〕惲寶惠，〈清末貴族之明爭暗鬥〉，收於《晚清宮廷生活見聞》（台北：木鐸出版社，1983年9月出版），頁65。

〔註7〕同註2，頁179。

〔註8〕載濤，〈載灃與袁世凱的矛盾〉收於《晚清宮廷生活見聞》，頁80。

〔註9〕《宣統政紀》，卷一，頁1。胡思敬，《國聞備乘》，「孝欽臨危定策」一條，慈禧云：「不為穆宗立後，終無以對死者。」（台北：文海出版社影印，1970年），頁1916。

〔註10〕《宋史》，卷二四二（台北：鼎文出版社，1976年）。

> 榮祿女早有豔名，太后常召之入宮，認爲養女。某親王先已訂婚，
> 係勳舊將軍希元之女。太后勒令退婚，改訂榮女。某王之太側福晉
> 入宮哭求太后曰：「我之兒媳已向我磕過頭，毫無過失，何忍退婚，
> 教人家孩子怎麼了？」太后堅執不許，希公女聞而仰藥死。某親王
> 既被此牢籠，惟視太后爲聖明，日見親任。太后用以抵制慶王，亦
> 如任崔玉貴以抵制李蓮英。蓋凡老臣老奴，皆務妥愼，對於干犯禮
> 義之端，不敢有一字唯諾，故太后皆防其掣肘而豫制之也。若某親
> 王之童騃，則可玩之於股掌之上。〔註11〕

這一條記載雖未明說「某親王」是誰，考之事實，蓋即襲爵之小醇王載灃。慈禧將榮祿之女指婚予載灃，有三重政治意義：第一是由於感念榮祿在辛酉政變、戊戌政變及庚子拳亂時的保全之功〔註12〕，希望有所補報；在慈禧太后將榮祿之女指婚予小醇王載灃之後，榮女所生之子溥儀，就註定了有希望可以做皇帝，而榮祿也可以做皇帝的外祖父了。可惜榮祿早已身死多年，否則，對慈禧太后這樣的安排，一定會更加感激涕零的。〔註13〕

第二重政治意是慈禧把親信忠臣榮祿和醇王府撮合成爲親家，可以消除來自醇王府的威脅。原來戊戌政變後，慈禧對醇王府頗爲猜疑。據說在老醇王奕譞的園寢（墓地）上有棵大白果樹，長得非常高大，兵部侍郎英年，善堪輿術，看過奕譞的園寢後，告訴慈禧說，醇王府出了皇帝，是由於醇王墳地上有棵白果樹，「白」和「王」連起來不就是個「皇」字嗎？慈禧聽了，立即叫人到妙高峰把白果樹給砍掉了〔註14〕。引起她猜疑的，其實不僅是白果樹，更重要的是洋人對於光緒和光緒兄弟的興趣。庚子事件前，她就覺得可怕的洋人有點傾心於光緒，對她卻是不太客氣，庚子後，聯軍統帥瓦德西提出，要皇帝的兄弟做代表，去德國爲克林德（Kottler）公使被殺事道歉。載灃到德國後，受到了德國皇帝的隆重禮遇，這也使慈禧大感不安，加深了她心裏的疑忌：洋人對光緒兄弟的重視，這是比維新派康有爲更叫她擔心的一件

〔註11〕 王照，《方家園雜詠記事》（台北：文海出版社影印，1968年），頁586～587。
〔註12〕 《溥儀自傳》，頁9。莊練，《中國近代史上的關鍵人物》，中冊，頁284。其實榮祿對慈禧之功勞，功僅戊戌政變及庚子事變，早在辛酉政變時，榮祿身爲步軍統領，負責熱河署京的防衛，地位舉足輕重，偏向肅順則慈禧人頭落地，偏向慈禧則肅順成爲階下囚，因此，辛酉政變前夕，慈禧極力拉攏榮祿，請求他保護。
〔註13〕 同註2，頁285。
〔註14〕 胡思敬，《國聞備乘》，「英侍郎相術」一條，頁1787～1788。

事。爲了消除這個隱患，她終於想出了辦法，這就是把榮祿和醇王府撮合成爲親家。慈禧就是這樣的一個人，凡是讓她感到對自己有一絲一毫不安全的地方，她都要仔細加以考慮和果斷處理，她在庚子逃亡之前，還不忘叫人把珍妃推到井裏淹死，又何嘗不是怕留後患而下的毒手？維護自己的統治，才是她考慮一切的根據〔註15〕。所以，光緒二十七年（1901），載灃從德國賠禮回來，在開封迎上回京的鑾駕，十一月隨駕走到保定，就奉到了「指婚」的懿旨。

第三重政治意義是慈禧希望透過榮祿之女的關係，將載灃收攬爲自己的臂膀。王照已說此舉使載灃「視太后爲聖明，日見親任」。胡思敬《國聞備乘》更說慈禧想用載灃以牽制慶王奕劻，使奕劻不能達到援引其子載振入軍機的目的。〔註16〕

慈禧太后執掌政權數十年，所見過的各種人才那麼多，難道說載灃之不堪大任，她不明白嗎？我想決不是。她之所以屬意載灃，是因爲她親察皇族近支之人，只有載灃好駕馭，肯聽話，所以先叫她做軍機大臣，歷練歷練。慈禧太后到了自知不起的時候，光緒帝雖先死去，她仍然貪立幼君，以免翻她從前的舊案。但她又很明白光緒的皇后（隆裕太后）亦是庸懦無能，聽人擺佈之人，決不可能叫她來重演「重簾」的故事，所以既決定立載灃之子爲嗣皇帝，又叫載灃來攝政。這仍然是從她的私見出發來安排的。〔註17〕

慈禧私心安排懦弱的載灃當攝政王，原本爲了載灃易於控制，沒有想到她自己迅速崩逝後，清朝江山在這壹位庸懦無能的攝政王統治下，可能引起何種嚴重的後果。關於庸懦的攝政王對宣統朝政局和清朝的影響，留待第三節討論。

第二節　溥儀繼統

溥儀的嗣立與醇親王載灃監國攝政的決策，到底有那些大臣參與？誰作此決定？決策過程中，有沒有反對的意見或不同的意見？折衝的過程如何？這些都是政權轉移過程中的重大問題，其影響清朝的命運極爲深遠，值得探討。

〔註15〕《溥儀自傳》，頁13。
〔註16〕胡思敬，《國聞備乘》，頁1925～1927。
〔註17〕同註8。

　　根據《容菴弟子記》的記載，溥儀的嗣立與載灃的監國攝政，是袁世凱所贊成主張的，且袁世凱亦參與立嗣決策，《容菴弟子記》云：

> 德宗病勢日劇，孝欽后預議繼統事，公（指袁氏）在樞垣，最為孝欽后所倚任。青蒲陳說，情同一家，醇親王載灃長子，常常入內廷，孝欽后密以詢公，公一力贊成。……德宗晏駕，遂以宣統帝入承大統。公慮孝欽后年高，且皇族中亦頗有爭競繼統者，主幼國危，無所統率，必生變亂，倡議以醇親王載灃監國。二十二日，孝欽后遂崩，於是公與二三老臣，從容定策，七齕無驚，……。〔註18〕

　　上文中說「醇親王載灃長子，常常入內廷」，載灃長子溥儀，當時年僅三歲，如何能常常入內廷？蕭一山之書也說袁世凱沒有參與立嗣決策〔註19〕，因此，《容菴弟子記》的記載可能有誤，有溢美袁世凱之辭。至於參與決策者，蕭一山說有軍機大臣世續、那桐、張之洞，慶王奕劻適謁東陵，也沒參加〔註20〕。其說亦不盡正確，按《清史稿》記載，那桐於宣統元年（1909），方才任命為軍機大臣〔註21〕。光緒三十四年（1908），那桐並非軍機大臣，是否參與立嗣之重要決策，值得懷疑。

　　胡思敬《國聞備乘》記載立嗣決策，頗為詳細，「孝欽臨危定策」一條云：

> 孝欽病危，張之洞請定大計，孝欽領之，翼日，出奕劻勘易州陵工，密召世續及之洞入內，諭以立今上為穆宗嗣。今上醇親王載灃子也，生四年矣，視德宗嗣位時齡尤弱。國難方殷，連三世臨以幼王，世續、之洞恐皇后再出垂簾，因合詞奏曰：「國有長君，社稷之福，不如徑立載灃。」孝欽戚然曰：「卿言誠是，然不為穆宗立後，終無以對死者，今立溥儀，仍令載灃主持國政，是公義私情兩無所憾也。」之洞曰：「然則宜正其名。」孝欽曰：「古有之乎？」之洞曰：「前明有監國之號，國初有攝政王之名，皆可援以為例。」孝欽曰：「善可兩用之。」之洞又曰：「皇帝臨御三十餘載，不可使無後，

〔註18〕沈祖憲輯、吳闓生撰，《容菴弟子記》（台北：文海出版社影印，1971年），頁213。

〔註19〕蕭一山，《清代通史》（台北：台灣商務印書館，1963年2月出版），第四冊，頁2488。

〔註20〕同註19。

〔註21〕《清史稿》（台北：鼎文出版社影印），列傳二二六，〈那桐傳〉，頁12403。

古有兼祧之制，似可仿行。」是時，德宗固無恙也，太后默不言良
久，目之洞曰：「凡事不必泥古，此事姑從汝請，可即擬旨以進。」
策既定，電召奕劻回京，告以謀，奕劻叩頭稱善。遂於十一月某日
頒詔，明告天下。袁世凱不預定策之功自知失勢，偽稱足疾，兩人
扶掖入朝。〔註22〕

　　袁世凱當過直隸總督兼北洋大臣，又內調為軍機大臣，位高權重，且極
得慈禧的寵信，為何沒參與立嗣決策？更重要的是，奕劻是皇族中的大老，
又是領班軍機大臣，地位更在一人之下，萬人之上，在這關鍵性的立嗣時刻，
竟被派出去勘查陵工，其原因何在？其原因可從三方面看出來：第一是由於
慈禧對奕劻的恩眷漸衰，奕劻的地位已不復能如從前之穩固了，慈禧太后對
奕劻的恩眷漸衰，可由光緒三十三年之謀逐奕劻一事中看得出來，據說其中
原因在李蓮英之挑撥中傷。費行簡《慈禧傳信錄》記此云：

　　李蓮英以劻得賂多，分潤特其些微，漸不能平，頻為后言劻貪眞，特
　　朝臣附之，故屢察不得實。后深信之，設不死者，劻必罷矣。〔註23〕

　　奕劻貪庸瑣鄙，其所恃以為固寵之計者，無非通賄宮門以博太后及李蓮
英輩之歡心。如果慈禧太后及李蓮英等人以為奕劻自得太多而進獻太薄，奕
劻的地位自然可危。更何況當時的朝中親貴人人都存有發財之心，目睹奕劻
利權獨攬，俱嫉萬狀，奕劻因此而成眾矢之的，形勢當然更加可危〔註24〕。
慈禧乃有將奕劻開缺的主意，但被瞿鴻機無意之中破壞了。〔註25〕

　　第二點原因，是慈禧太后對掌握北洋新軍且善於投機的漢大臣袁世凱漸
不放心。當她聽到袁世凱向貪財如命的慶王奕劻大量地送銀子時，就警惕起
來了。因此，光緒三十三年（1907），內調袁為軍機大臣，兼外務部尚書，
明為重用，實際上是解除了他的兵權。〔註26〕

　　第三點原因，也是最重要的原因，是光緒三十四年（1908）十月，慈禧
病重時，突然聽到：袁世凱準備廢掉光緒，而推載奕劻的兒子載振為皇帝的
驚人消息。這個以袁世凱為主角的陰謀，使她馬上意識到了一種可怕的厄運

〔註22〕胡思敬，《國聞備乘》，「孝欽臨危定策」一條，頁 1915～1917。
〔註23〕費行簡，《慈僖傳信錄》。轉引莊練，《中國近代史上的關鍵人物》，下冊，頁
　　　　175。
〔註24〕同註2，下冊，頁 176。
〔註25〕劉禺生，《世載堂雜憶》，「瞿子玖開缺始末」一條（台北：長歌出版社，1976
　　　　年 2 月出版），頁 141～142。
〔註26〕同註15，頁 16～17。

——既是愛新覺羅皇朝的厄運，也是她個人的厄運。因此，她做了必要的防範佈署：她先把奕劻調開，讓她去東陵查看工程；然後再把北洋軍段祺瑞的第六鎮全部調出北京，開往淶水，把陸軍部尚書鐵良統轄的第一鎮調進來接防〔註 27〕。佈署好了以後，才密召世續、張之洞、載灃等軍機大臣，參與立嗣決策，決定立溥儀爲帝，而以載灃監國攝政。隔天早晨，奕劻被召回來，一抵達宮門，即有人告訴他太后的旨意，奕劻攢眉說：「方今國家多難，選儲似乎應該選較年長的」。諸人邀奕劻自己入對慈禧，陳述自己的意見；奕劻見了慈禧太后，即拿草擬好的詔旨來看，看完了詔旨，半句話也不敢講，於是慈禧遂頒布立嗣之詔旨〔註 28〕。不過，慈禧爲了繼續籠絡慶王奕劻，給了他親王世襲罔替的恩榮。〔註 29〕

由此可知，慶王奕劻與軍機大臣袁世凱均未參與立嗣決策，袁世凱因爲沒有參與立嗣決策，乃假裝腳病不良於行，每次入宮皆由二人扶持。從這裡，我們也可瞭解後來載灃要以「足疾」將袁世凱開缺的原因了。

第三節　政權移轉之透視

物必自腐，而後蟲蝕之。人必自侮，而後人侮之。大廈之傾覆，由於基礎動搖。政權的滅亡，亦因其本身具有弱點與病態，外敵乃能乘虛而入，一擊而摧毀之；內亂與革命乃得觸機而發，一發而不可收拾。宣統朝雖然政權和平轉移，卻暴露了嚴重的問題：歷史上政權滅亡的五種政府情勢：（一）皇室孤幼；（二）君主庸弱；（三）兵力不足、不強；（四）財政困難；（五）朝臣弄權〔註 30〕。統統出現了，第（三）、（四）、（五）三種情勢，留待第四章討論，此處僅討論第（一）、（二）兩種情勢。這兩種情勢是政權轉移直接暴露的問題。

君主總掌國務，日理萬機，重責事繁，須由春秋鼎盛精力充沛之人擔任，才能作有效的領導與統治，使政權穩固。宋朝杜太后曾說：「能立長君，社稷之福」〔註 31〕，以君主專制政體而言，國有長君，對王朝確屬有利。

〔註 27〕同註 15，頁 17。
〔註 28〕《清代通史》，第四冊，頁 2489。
〔註 29〕《溥儀自傳》，頁 17。
〔註 30〕張金鑑，《動態政治學》（台北：七友出版傳播事業有限公司，1980 年 9 月初版），頁 514。
〔註 31〕《宋史》，卷二四二。

假如光緒皇帝不死，當慈禧壽終正寢之後，他必然可以順理成章地收回他的皇帝大權。光緒帝雖不是什麼雄才大略的君主，但也是經過大風浪，受過大磨難的人，所謂「操心危，慮患深」〔註32〕，以他昔日從事維新變法的雄心壯志，從新收拾局面，亟圖振作。果真如此，醇王載灃攝政三年中親貴攬權的情勢，就不可能出現，而漢人中的高級知識份子，亦必定因時有可為而不願輕言革命。親貴攬權，使清末的政治變得更加濁亂而不可收拾，漢人中之有識者亦因此而更加相信滿清之必將覆亡，從而促使革命情勢急轉直下。這些情形既可能因光緒帝之親操政柄而不致出現，那麼，清祚之必可再延，亦當是必然之理了〔註33〕。即使換了像載澤這樣年長賢能的皇族當皇帝，情況也一定會比年幼的溥儀在位時要好，如此一來，儒弱的載灃攝政局面就不會出現，親貴在載澤的威權及獨斷下更不敢攬權爭利了。

若君主沖齡即位，君主幼弱，則君威難立，統治無能，政權將瀕臨於崩潰邊緣。君主幼弱，則臣民的向心力將會降低，權力易於旁落，篡弒機會增多〔註34〕。若再加以皇室式微，無強有力，有才能的宗室大臣以為輔佐，如周公之輔成王，多爾袞之輔順治，則政權滅亡，更是指日可待。中國史上此種事例，舉不勝舉。

皇室的孤幼，更會引起權臣篡位非分之想，袁世凱雖名義上未曾篡位，但袁世凱對清廷的逼迫，較之曹操對漢獻帝，實有過之而無不及。

中國古代為君主專制政體，君主掌握龐大權力，可以牢牢地控制全國臣民，但君主要有相當的能力，才能靈活地運用這龐大的權力，君主英明則能有效的控制與指揮其管轄的文武百官，使之善盡職守，執行命令，使政府有能，統治有力，使統治權的行使能得心應手，縱使發生變亂，亦能迅速敉平。如果君主庸弱無能，則整個權力系統的運作便會停罷，李劍農說：「中國的君主專制政體，到了清代，組織上更為完密了。但是這種完密的君主專制組織，須得君主是一個雄才大略的君主，方能運用如意；若遇著一個庸主必使機關的全部失去牠的重心。」〔註35〕君主庸弱則對其所屬的軍隊與官吏，將不能作有效的監督與指揮，甚至大權傍落，太阿倒持，政府日漸腐化，軍

〔註32〕 李劍農，《中國近百年政治史》（台北：台灣商務印書館影印，1971 年），頁
　　　　285。
〔註33〕 同註2，頁 216。
〔註34〕 朱堅章，《歷代篡弒之研究》，頁 138～143。
〔註35〕 《中國近百年政治史》，頁 10。

紀敗壞，統治無效，人心背離，官吏無能維持秩序，軍隊無力敉平叛亂或抵禦外敵，政權勢必歸於滅亡。

宣統皇帝登基時，年不過三歲，雖有載灃監國攝政，但攝政王究竟不是君主，古代臣民視君如天，不可替代，何況載灃個性庸弱，缺乏政治才能，遂使君主威勢未能建立。光緒末年政治雖然腐敗，但是尚有一位擁有無比權威的強有力領導者——慈禧太后在，她的閱歷和手腕，遠非載灃及那班少年親貴所能及；她的駕馭操縱應付的本領，仍可維持滿清的殘局。她在世時擁有無比的權威，無論滿漢的大小奴才臣工、宗室的懿親，無不在她的籠罩之下；漢臣工雄才大略如袁世凱者，亦知天威猶在，不敢放肆，奉命維謹，就是極驕縱的皇族子弟，也不易逞其志〔註36〕，因此，慈禧在位垂簾時的同治、光緒時期，並沒有權威危機的問題出現。載灃的庸弱無能使宣統朝出現權威危機，整個政治組織運作不能順利，親貴敢於起來爭權奪利，視載灃如無物。後清軍將領段祺瑞等敢於脅上，袁世凱能操縱清室政權，皆由於皇室孤幼，君威未建，和載灃的庸弱無能所致。

〔註36〕同註35，頁275。

第二章　宣統朝的政治領導階層

　　本章先界定宣統朝政治領導階層的涵義與範圍，接著探討最高當局——隆裕太后與監國攝政王載灃，並分析領導階層政治精英的識見與才能，政治派系與權力鬥爭，政治精英的流動與變遷，及其對宣統朝政局的影響。

第一節　涵義與範圍

　　領導階層（Elite）一辭，從法文而來，按法文的意思，為「精選出的少數」。我國學者，有將之譯為「精英份子」、「秀異份子」、「選良份子」等的。而比較妥當的譯名應該是「領導階層」。〔註1〕

　　一切政治系統，不論其形式為何，都可以分為兩個階層：統治者與被統治者。統治者（實際行使權力者及對他們具有實質影響者）叫做「政治精英」（Political elite），而此「精英」，為政治系統最重要的一面，研究政治的學者，必須以它為注意的中心。「政治精英」是社會中唯一掌握政治權力（或具有大部份政治權力），並作重要政治決策的集團。精英份子乃是政治事務中最活躍的份子。我們專注於此類人士的分析最能洞悉政治生活的過程與內涵〔註2〕。政治精英即政治領導階層。

　　宣統朝的政治領導階層，是指宣統朝具有政治影響力或政治地位，而能參與中央政治事務，政策制訂或決策的人士。

〔註 1〕 呂亞力，《政治發展與民主》（台北：五南圖書出版公司，1979 年 10 月出版），
　　　　頁 167。
〔註 2〕 呂亞力，《政治學方法論》（台北：三民書局，1979 年 4 月出版），頁 288。

　　在不同的社會，構成「政治領導階層」的集團，很可能是不同的，譬如：我們研究的是英美等國的「政治領導階層」，似乎只要把政府黨與反對黨的重要領袖們、國會重要議員、主要「壓力集團」負責人、高級行政官員、政治上活躍的大企業鉅子，影響力大的大眾傳播工具擁有者和極少數參與決策的高級軍事將領當作代表即可。但假如我們要研究若干拉丁美洲國家、中東國家或東南亞國家，則至少應把若干校級軍官和高級警官包括進去，才可算得上妥當〔註3〕。清末的中國政治社會環境，又和其他國家不同，因此，應該謹慎地決定把那些集團納入「宣統朝政治領導階層」的範圍。

　　依據上述的涵義，宣統朝政治領導階層的範圍可包括六個集團：

　　一、皇族宗室王公。

　　二、軍機大臣（宣統三年四月十日以前）。

　　三、舊內閣閣員（各部尚書）（宣統三年四月十日以前）。

　　四、奕劻新內閣閣員（各部大臣）（宣統三年四月十日以後）。

　　五、能參與中央政治的督撫。

　　六、資政院有影響力的議員。

　　茲將六個集團中選入領導階層的人物列述如下：

一、皇族宗室王公

　　清朝宗室王公依爵位大小，可分為親王、郡王、貝勒、貝子、鎮國公、輔國公等幾級〔註4〕。宗室王公人數不少，該如何選定領導階層呢？這可從兩方面來選：一從爵位本身來看；親王最尊，尤其是世襲親王，宣統朝時的世襲親王，以肅親王善耆、恭親王溥偉、醇親王載灃及慶親王奕劻最有地位。醇親王載灃已當了監國攝政王，等於代理皇帝。恭親王溥偉一度曾有選立為帝之希望，因此，極自負。肅親王善耆，在滿清宗室中，屬豪格這一系，不僅因為他是太宗第一子，而對滿清開國，更曾建立殊勛〔註5〕故善耆有崇高的地位。慶親王奕劻因與慈禧太后母家有特殊因緣〔註6〕，又善結歡固寵之

〔註3〕　呂亞力，《政治發展與民主》，頁174。

〔註4〕　溥雪齋述，溥傑記，〈晚清見聞瑣記〉，收於《晚清宮廷生活見聞》（台北：木鐸出版社，1983年9月出版），頁52。

〔註5〕　朱子家，《女特務川島芳子》（台北：東府出版社，1978年1月出版），頁17。

〔註6〕　費行簡的《近代名人小傳》，說奕劻住方家園，與慈禧太后母家為鄰，常為慈禧之弟兆祥代筆寫信問候慈禧起居，所以慈禧漸知奕劻。文廷式的《聞臣偶記》，說奕劻與慈禧弟承恩公桂祥結為兒女姻親，所以固寵無所不至。

術，因此，終於慈禧之世寵信不衰〔註7〕。光緒末年，即已當上了領班軍機大臣，位高權重，人雖貪婪，而政治歷練極深；載灃年青，少歷練，故倚任甚重。二從宗室王公與最高當局的關係來看；監國攝政王載灃與隆裕太后代表最高當局，慈禧臨死前懿旨云：

> ……嗣後軍國政事，均由攝政王裁定，遇有重大事件，必須請皇太
> 后懿旨者，由攝政王隨時面請施行。〔註8〕

最高當局有兩位，宗室王公亦因此而分兩派。一爲載灃派，重要人物有載灃弟載洵，掌握海軍大權，載灃另一弟載濤，掌握軍諮府，拉貝勒毓朗爲輔佐，而以宗室良弼爲軍師，均參與決策。二爲隆裕派，重要人物有貝勒溥倫與鎮國公載澤。傅倫、載澤與隆裕太后關係密切，載澤夫人與隆裕太后爲同胞姊妹，溥倫夫人爲隆裕太后姪女。因此，兩人皆由妻寵而居重要職位。胡思敬《國聞備乘》卷二，「一門兩皇后兩福晉三夫人」一條云：

> 孝欽爲嘉湖道惠微女。惠微沒於任，遺二子二女。子長曰桂祥，次
> 曰兆祥。女長爲孝欽，次爲醇親王奕譞福晉。自是連三代皆婚帝室。
> 桂祥三女，一爲隆裕皇后，一爲順郡王福晉，一爲澤公夫人。兆祥
> 女爲樹貝勒夫人。桂祥子曰佛佑，佛佑女爲倫貝子夫人。……載澤、
> 溥倫皆緣妻寵出而任事，載澤尤橫，以其夫人與隆裕爲同胞姊妹，
> 時往來宮中，私傳隆裕言語以挾制監國也。〔註9〕

載澤任度支大臣，溥倫任資政院總裁及農工商大臣。

二、軍機大臣

宣統朝軍機大臣有奕劻、張之洞（宣統元年八月二十三日卒）、載鴻慈（宣統二年正月十三日卒）、鹿傳霖（宣統二年七月二十三日卒）、那桐（宣統元年入軍機）、世續（宣統二年七月十三日開去軍機大臣）、毓朗、徐世昌（宣統二年七月十三日補入）與袁世凱（光緒三十四年十二月罷歸故里）等，共九位。

軍機大臣參與軍國大事，位尊權重，故選入領導階層。

〔註7〕 胡思敬，《國聞備乘》，「文麻雀」一條說得很露骨（台北：文海出版社影印，
　　　　1970年），頁1904～1905。
〔註8〕 《宣統政紀》，卷一，頁6。
〔註9〕 《國聞備乘》，頁1825～1826。

三、舊內閣閣員

宣統朝舊內閣歷任閣員名單：

商部尚書：榮慶、唐景崇

吏部尚書：陸潤庠、李殿林

禮部尚書：溥良、萬寶華、榮慶

法部尚書：戴鴻慈、廷杰、紹昌

外務部尚書：梁敦彥、鄒嘉來

度支部尚書：載澤

理藩部尚書：壽耆

陸軍部尚書：鐵良、廕昌

民政部尚書：善耆

郵傳部尚書：陳璧、徐世昌、唐紹儀、盛宣懷

海軍部尚書：載洵

農工商部尚書：溥頲、溥倫〔註10〕

內閣閣員掌握各部行政事務決策權，且照例充參與政務大臣，故選入領導階層。

四、奕劻新內閣閣員

名單如下：

內閣總理大臣：奕劻　　　　協理大臣：那桐、徐世昌

外務大臣：梁敦彥　　　　　農工商大臣：溥倫

度支大臣：戴澤　　　　　　民政大臣：善耆

陸軍大臣：廕昌　　　　　　學務大臣：唐景崇

司法大臣：紹昌　　　　　　海軍大臣：載洵

郵傳大臣：盛宣懷　　　　　理藩大臣：壽耆〔註11〕

宣統三年（1911）四月十日，清政府裁撤舊內閣、軍機處、會議政務處，成立奕劻新內閣，新內閣十三大臣中，漢四人、滿八人，其中皇族又占五人，蒙古旗籍一人，故號稱「皇族內閣」。新內閣閣員權力比舊內閣閣員要大，因其兼有軍機大臣之權力。

〔註10〕舊內閣閣員名單，根據魏秀梅編，《清季職官表》（台北：中央研究院近代史研究所專刊）。

〔註11〕《宣統政紀》，卷五十二，頁23～24。

五、能參與中央政治的督撫

地方督撫有很多，如何認定那些督撫能參與中央政治呢？根據宣統二年（1910）十二月十三日清政府所任命的參與外省官制制訂的督撫名單：錫良、陳夔龍、張人駿、瑞澂〔註12〕。十二月十六日又加派了雲貴總督李經羲〔註13〕。從這項名單來看，直隸總督、兩江總督、東三省總督、湖廣總督，地位重要。直隸總督兼北洋大臣，地近畿輔，為各督撫之首。兩江總督兼南洋大臣，地處富庶之區，地位突出。東三省本為滿清老家，光緒末年開放外地人前往墾荒居住，地位益形重要，加上日、俄兩國在東北角逐，因此，外交形勢日益緊要。湖廣總督瑞澂娶度支大臣載澤姊，亦緣妻寵，權勢在各督撫之上。雲貴總督李經羲是李鴻章姪兒，他之能參與外省官制的制訂，大概是曾號召各省督撫聯名致電軍機處，主張內閣國會同時設立〔註14〕。清政府認為他有相當的影響力，所以，加派他參與外省官制的制定。

依照以上的分析，能參與中央政治的督撫，約有以下數人：

東三省總督：錫良、趙爾巽

直隸總督：楊士驤、端方、陳夔龍

兩江總督：張人駿

湖廣總督：瑞澂

雲貴總督：李經羲〔註15〕

六、資政院有影響力的議員

資政院議員定額為二百名，欽選、民選各半。宣統二年（1910）九月一日開院後，議場幾為民選議員所控制〔註16〕。而民選議員有一百名，將如何選出有影響力之議員呢？茲根據張朋園《立憲派與辛亥革命》一書所認為最突出的四個人。張書云：

　……民選議員中頗多傑出者。江蘇的雷奮，湖南的易宗夔、羅傑，直隸的劉春霖，是最突出的四個人。雷、易、羅三人，時人稱為資政院三傑。雷奮「攻於演說」，議事「剖析毫芒」。易宗夔「聲如洪

〔註12〕《政治官報》，宣統二年十二月十四日諭旨。

〔註13〕同前書，宣統二年十二月十八日，諭旨。

〔註14〕《東方雜誌》，七卷十期，「各省督撫會商要政電」，中國時事彙錄。

〔註15〕這幾省督撫名單，根據魏秀梅編，《清季職官表》。

〔註16〕張朋園，《立憲派與辛亥革命》（台北：中研院近史所專刊，1981年2月再版），頁84。

鐘」，演說時震撼全院，人譬其為水滸傳中的李逵，有「李大哥」的
渾號。羅傑「敢於批評」，與易宗夔一搭一擋。劉春霖以狀元留日，
對傳統文化和新知識有相當認識，演說時不偏不倚，經常獲得兩方
議員的雷動掌聲。〔註17〕

資政院雖於宣統二年（1910）九月一日開院，其壽命不滿二年，但是對
宣統朝政局有相當之影響。一是支援各省諮議局聯合會為縮短預備立憲年限
之努力。二是敢於彈劾軍機大臣。軍機大臣權力至高，無人敢於冒犯，而資
政院一再要求其到會聽候資詢，終而至於彈劾，這對清政府的尊嚴與威信，
是一個空前未有的衝擊。〔註18〕

資政院民選議會表現傑出，頗獲好評，而在資政院中對議員有相當影響
力，能造聲勢，給予清政府相當挑戰者，則為雷奮、易宗夔、羅傑與劉春霖
四人，故選入領導階層。

以上六個集團共選出四十七人，為宣統朝政治領導階層。

第二節　隆裕太后與監國攝政王

專制時代，皇帝是國家的實際統治者，皇帝的個性、見識與才能影響國
家前途至鉅。宣統朝溥儀皇帝年幼，由其父載灃監國攝政，載灃日理萬機，
一切軍國政事由他裁決，而重大事件仍須隨時面請隆裕太后。既然個人特質
與政局變化關係密切，那麼，隆裕與載灃這兩位最高當局的個性、見識與才
能就有瞭解的必要了。

一、隆裕太后

隆裕太后，姓葉赫那拉氏，桂祥（慈禧弟）之女，亦即慈禧之內姪女。
光緒十五年（1889）立為皇后。因她與慈禧關係，故不為光緒所喜愛；終光
緒一生，與隆裕皇后迄未和好相處。〔註19〕

光緒故後，隆裕一心想仿效慈禧「垂簾聽政」。但是隆裕為人，庸碌無
識，較之慈禧，則遠遠不如。例如慈禧對政治雖然殘暴自私，但尚有個人見
解；對於王公大臣，亦有一定的籠絡手段。而隆裕則一切皆為其寵監張蘭德

〔註17〕同前書，頁85～86。
〔註18〕同前書，頁101。
〔註19〕載潤，〈隆裕與載灃之矛盾〉，收於《晚清宮廷生活見聞》，頁77。

所操縱，個人毫無主見。迨載灃爲監國攝政王之旨既出，則隆裕想藉以取得政權的美夢，頓成泡影，心中不快，以致遷怒於載灃。因此，後來常因事與之發生齟齬〔註20〕。甚至拉攏皇族親貴溥倫、載澤，結成派系，以壓制載灃。

宣統既立，隆裕太后自然抑鬱不樂，後受太監張蘭德的慫恿，在宮中東部大興土木，修建「水晶宮」，以爲娛樂之所。按清代制度，在「國服」期間，不得興修宮殿，然而隆裕對此並不顧忌；尤其當時清政府正在興建新軍（海陸兩軍），所需甚鉅，國庫本已空虛，建軍之用尚感不足，而隆裕乃不計及此，竟命由度支部撥出鉅款來興修宮殿，以爲個人娛樂之舉。從雖因革命軍起而不得不停止，然此可見其無識之一斑。〔註21〕

胡思敬《國聞備乘》對此亦有論述，在「隆裕始儉終奢」一條云：

……宣統初奠立爲皇太后，寵用內監張德甫（即張蘭德），釋服即召進梨園，築長春宮，工費頗鉅。復興宮市，聚歐美蘇廣雜貨。時言路多以爭新法爲急務，無暇發宮禁事者。〔註22〕

隆裕太后之個性、爲人，其優柔寡斷更甚於載灃，遇著極爲難之事，只有向人痛哭。平日寵信太監張蘭德，言聽計從。張亦居然以李蓮英自居，器小易盈，惟知聚斂貲財〔註23〕。宣統三年（1911），武昌起義後，隆裕聞革命軍軍起，惟恐失去太后地位與享受，初意在主戰；後因張蘭德受了袁世凱之賄，乃勸隆裕共和，謂共和僅是去掉攝政王之職權，太后之尊嚴享受依然如故。隆裕信之，其實，隆裕對共和之意義並不了解，只不過認爲是把載灃之政權，移交給袁世凱而已，遂有遜位之舉。其後發現民國優待件與張蘭德所言完全不符，遂終日抑鬱，逾年而歿。〔註24〕

隆裕太后如果有慈禧之精明幹練、御人有術，則宣統朝之局勢可能不會如此遭，清運亦可延長一些時日。

二、監國攝政王載灃

載灃爲老醇親王奕譞第五子，光緒皇帝的異母弟，光緒九年（1883）正

〔註20〕同前書，頁77。

〔註21〕同前書，頁77～78。

〔註22〕《國聞備乘》，頁1940～1941。

〔註23〕載濤，〈載灃與袁世凱的矛盾〉，收於《晚清宮廷生活見聞》，頁83。

〔註24〕同註19，頁78。

月初五日生於北京西城大平湖醇王府內。〔註25〕

載灃生性謙抑退讓，好逸畏事〔註26〕，性格大致和老醇王相似。待人敷衍，處世淡泊，不喜應酬交際。愛藏書自號書癖，嘗自書「有書有富貴，無事小神仙」之對聯。平日不喜與人爭，最愛白居易所作的「蝸牛角上爭何事，石火光中寄此身。隨富隨貧且隨喜，不開口笑是痴人」的七言絕句，曾寫在團扇上藉以言志。此可見載灃疏懶自樂的人生觀。〔註27〕

載灃且心無大志，辛亥革命後，從宮中回到家來，曾對其福晉（夫人）神情不變地說：「從此就好了，我也可以回家抱孩子了。」從此地可見載灃無遠大之志。〔註28〕

載灃親弟載濤論其兄長云：

> 載灃是我的胞兄，他的秉性為人，我知道得比較清楚。他遇事優柔寡斷，人都說他忠厚，實則忠厚即無用之別名。他日常生活很有規律，內廷當差懂慎小心，這是他的長處。他做一個承平時代的王爵尚可，若仰仗他來主持國政，應付事變，則決難勝任。〔註29〕

載濤的論斷，清楚的說明載灃的優缺點及適任工作。攝政王其實對政治一貫不感興趣，喜歡過著「閉門讀書」，自得其樂的安閒生活〔註30〕。個性雖不適宜從政，而品德操守卻為朝臣所稱譽。費行簡《當代名人小傳》云：

> ……時奕劻索賄無藝，灃獨潔身趨公，如張之洞、鹿傳霖，並門包弗納，一時清譽著於朝端。〔註31〕

載灃的教育也不完備，七歲開始在家塾讀書，十八歲就在內廷工作，所讀的書，大概是經、史、子、集之類的中國古書，西方法政知識與科技知識可能沒有接觸，即使有也不會太多，因為他的個性並非積極進取主動的人。載灃對西方知識的無知，可從溥儀的回憶得到證明，《溥儀自傳》云：

> 我祖母患乳瘡時，請中醫總不見好，父親（載灃）聽從了叔叔們的意見，請來了一位法國醫生。醫生打算開刀，遭到醇王全家的反對，只好採取敷藥的辦法。敷藥之前，醫生點上了酒精燈準備給用具消

〔註25〕溥傑，〈回憶醇王府的生活〉，收於《晚清宮廷生活見聞》，頁219。
〔註26〕同前書，頁218。
〔註27〕同前書，頁218、223。
〔註28〕同註26。
〔註29〕同註23，頁80。
〔註30〕同註25，頁222。
〔註31〕費行簡，《當代名人小傳》，〈載灃傳〉（台北：文海出版社影印，1986年）。

毒，父親嚇壞了，忙問翻譯道：「這這這幹麼？燒老太太？」我六叔（載灃弟載洵）看他這樣外行，在他身後對翻譯直謠頭咧嘴，不讓翻給洋醫生聽。醫生留下藥走了。後來醫生發現老太太病情毫無好轉，覺得十分奇怪就叫把用過的藥膏盒子拿來看看。父親親自把藥盒都拿來了，一看，原來一律原封不動。叔叔們又不禁搖頭歎息一番。〔註32〕

　　載灃的政治歷練也不夠。光緒二十六年（1900）十八歲開始在內廷行走，光緒二十七年（1901）十九歲，正月命為閱兵大臣，二月命管理鑲紅旗覺羅學事務，四月為正藍旗總族長，五月充專使赴德國道歉，十月回國，任正白旗漢軍都統。光緒二十九（1903）年二月派為隨扈大臣。光緒三十二年（1906），正月命管理健銳營事務，九月任正紅旗滿州都統，十一月命管理新舊營房事務。光緒三十三年（1907），五月命在軍機大臣上學習行走。光緒三十四年（1908）任軍機大臣〔註33〕。其經歷多在與滿人有關的事務，對國內政治情勢及外國事務，則缺乏深的認識。

　　光緒二十八年（1902），在慈禧的指定下，載灃娶了慈禧心腹重臣榮祿的女兒〔註34〕。這個婚姻對載灃、醇王府家庭及朝廷政局皆有影響。因榮祿女兒精明能幹、個性強、權力欲重，與載灃個性完全相反，頗思干預政治，在家中與老福晉（載灃母）及小叔載洵、載濤不合，時常爭吵，載濤一怒之下，甚至拿刀要殺嫂子，幾釀大變〔註35〕。平日載灃臉上亦被其福晉抓得傷痕壘壘，費行簡《當代名人小傳》云：

　　……且面上恒有傷痕，或謂是其妻納人賄，囑灃升以官，灃有難色，妻以是創之。眾知其閒，欺矇日甚，黠者至假託立憲以侵款邀譽，識者已知清之不祚矣。……〔註36〕

胡思敬《國聞備乘》卷四，「張翼倚醇府勢盜賣官礦」一條云：

　　載灃初監國時，咸謂宜移宿宮中，太福晉不許。其弟載洵、載濤，倚太福晉勢，肆意要求，監國不能制也。監國正福晉即榮祿女，亦時與外廷通關節，有所祈請，監國以二弟故，不得不屈意從之。於

〔註32〕　《溥儀自傳》，頁23。
〔註33〕　溥傑，〈回憶醇王府的生活〉，收於《晚清宮廷生活見聞》，頁219。
〔註34〕　王照，《方家園雜詠記事》（台北：文海出版社影印，1968年），頁586～587。
〔註35〕　《國聞備乘》，頁1944。
〔註36〕　費行簡，《當代名人小傳》，〈載灃傳〉。

是太福晉毀福晉，福晉又毀載洵、載濤，監國大爲所困。張翼舊在
醇府飼馬，官至內閣侍讀學士。庚子亂時，盜賣開平礦產，爲袁世
凱所參入英涉訟經年，久之始議贖回，至是，恃監國寵，與英商勾
結爲奸，力護前非，主中外合辦。直隸士紳聯名力爭，監國不能詰，
卒從老福晉言，循翼謀，悉依前約。凡開平附近之唐山、西山、半
壁店、馬家溝、無水莊、趙各莊、林西等處，地脈相接，數十里之
礦產，以及王島通商口岸地畝，與承平、建平金銀等礦，悉歸英公
司掌握。中國自辦商務以來，唯開平獲利，至是竟不能保，聞者恨
之。〔註37〕

胡思敬《國聞備乘》「監國之黯」一條又云：

監國性極謙讓，與四軍機同席議事，一切不敢自專，躁進之徒或詣
王府獻策，亦欣然受之，內畏隆裕，外畏福晉，福晉與老福晉爭權，
坐視無可如何。載濤忿甚，操刀向福晉尋仇，幾釀大變。載濤歸自
西洋，欲借國債，大張海陸軍，並主張剪辮，廷議大譁，載濤呶呶
不休，監國避居三所，兼旬不敢還家，其狼狽如此。〔註38〕

這些記錄，說明了載灃監國以來，自其母妻以至兄弟，人人都奮臂攘利，
甚至其奴才張翼盜賣國家資產給外國人，其母親亦出面爲之包庇，而載灃無
法加以制止。其妻與母及兄弟相爭，載灃亦無法制止，只能坐視。弟弟與之
爭吵，竟然連家也不敢回。一個大男人，臉居然被妻子抓傷。作爲一個國家
的領袖，不能正己，焉能正人？從前慈禧太后掌握政權時，雖然威福自恣，
但因太阿獨操之故，任何人都不敢抗違她的意旨。所以才能以一介女流，統
治大清帝國達四十餘年之久，無論是她的兄弟姊妹與伯叔子姪，人人都須承
望顏色。載灃甫經執政，他的家族成員就已彼此爭權奪利，視載灃如無物。
這證明了載灃的威權尚不能行於家人，然則又如何能行於國中〔註39〕？家都
不能齊，國如何能治？

胡思敬《國聞備乘》又說：

楊士驤倚袁世凱以治事，世凱既罷，懼甚，陰賄張翼，求解於醇府。
後數日，北洋摺上，大得褒獎，張翼力也。東三省總督錫良、湖廣

〔註37〕 《國聞備乘》，「張翼倚醇府劫盜賣官礦」一條，頁 1954～1955。
〔註38〕 《國聞備乘》，頁 1944。
〔註39〕 莊練，《中國近代史上的關鍵人物》，中冊，頁 292。

總督瑞澂，以疆事同時入見，召對時只尋常勞慰，無他語。瑞澂欲有所陳，監國曰：「汝痰疾尚未癒乎？」蓋厭其煩聒也。出使日本大臣汪大燮屢疏密陳日本陰謀，皆不報。馳驛徑歸，請面對，詞極警動。監國默無語，徐以時辰表示大燮曰：「已十鐘矣！」毫之退，其倏來倏去，聽其自便，不問也。予兩參粵督袁樹勛，皆不省，末一摺指山東上海兩贓款，引載澤爲證。次日，召載澤入見，以摺示之，載澤不敢隱。監國曰：「旣確有此事，則不必交查可矣。」載澤出，以爲必有處分。越數日寂然，摺仍留中。〔註40〕

《溥儀自傳》亦提及載澧召見大使之事，可與上述相印證。書云：

李鴻章的兒子李經邁出使德國赴任之前，到攝政王府這裏請示權宜，我七叔載濤陪他進宮，托付他在攝政王面前替他說一件關於禁衛軍的事，大概他怕自說還沒用，所以要借重一下李經邁的面子。李經邁答應了他，進殿去了。過了不大功夫，在外邊等候著的載濤看見了李經邁又出來了，大爲奇怪，料想他托付的事必定沒辦，就問李經邁是怎麼回事。李經邁苦笑著說：「王爺見了我一共說了三句話：『你哪天來的？』我說了，他接著就問：『你哪天走？』我剛答完，不等說下去，王爺就說：『好好，好好地幹，下去吧！』——連我自己的事情都沒說，怎麼還能說得上你的事？」〔註41〕

費行簡《當代名人小傳》亦說：「（載澧）每召見臣工，默默相對，即語亦弗中窾要」。〔註42〕

這幾段話，說明了監國攝政王載澧對於國家大事之輕重緩急，全無分別。疆臣入見，例當有所訓示；若有奏陳，尤當逐一爲指授，使其有所稟承。若是駐外使節因機密重情親來面奏，更應視情況立作處置。而載澧對此一切漠然，豈不使內外大臣無所遵依而輕視朝廷？至於疆臣因貪贓而被御史奏參，又已知其罪證明確，竟亦毫無處置，則國家的法紀又將置於何用？載澧於國家大事之舉措若此，證明他的心中實在茫無主張。〔註43〕

其實，載澧的政治能力早於光緒末年入軍機時，即可窺知。胡思敬《國聞備乘》說慈禧引載澧入軍機的目的，是要用載澧牽制慶王奕劻，胡書云：

〔註40〕《國聞備乘》，頁1945～1946。
〔註41〕《溥儀自傳》，頁23。
〔註42〕費行簡，《當代名人小傳》，〈載澧傳〉。
〔註43〕同註39，頁293。

奕劻屢被彈劾，太后以庚子告變功，未遽譴斥，然確知其贓貨，心甚疑之。奕劻既傾去瞿鴻禨、林紹年，自顧年老怨多，內不自安，亦謀引退而援其子載振入軍機，副以楊士琦，遣兩格格達意宮中。太后雖陽許之，心實猶豫。因召見大學士孫家鼐，吏部尚書鹿傳霖告以故。家鼐力言士琦不可任，太后領之。翼日，奕劻入見，陽以好語慰留，謂「時事日艱，老成不可輕去。今當使載灃隨汝學習一、二年，再從汝志未晚。」奕劻聞載灃用則載振將為所壓，遂不敢再萌退志，而引袁世凱相助。太后曰：「袁世凱與張之洞，皆今日疆臣中之矯矯負時望者，可並令入直。」奕劻雖不悅之洞而無辭以拒之。蓋太后之意，始欲藉載灃以防載振，繼又欲藉之洞以抵制世凱，其慮不可謂不周。世凱入，交歡奕劻，而與載振結盟為兄弟。陽以禮貌尊事之洞，推為老輩，凡朝廷不甚經意，視為迂闊可緩之事，如崇祀三先生，推行金幣等案，悉讓之洞主政，而各省疆吏，各部要臣，盡安置私人，內外聯為一氣。太后年老多病，方以後事為憂，日漸廢弛，外情亦不能盡達也。〔註44〕

慈禧使載灃入軍機，用意本在杜絕載振入軍機而對奕劻有所防維。但載灃入軍機後，對於袁世凱交結奕劻以擴張其個人勢力的行為，既不能察覺亦不能防止，不能不說是他對實際政治的體驗實在不夠。及至載灃監國攝政，欲對袁世凱施行裁抑之時，卻因袁的羽翼已成，其舊部遍佈於各鎮新軍之中，不敢輕加殺害，只好借事將之罷黜回籍〔註45〕，把袁放走了。當時，清政府官僚之中有識者，多認為這無異是「縱虎歸山，養癰成患」；其巧黠者則暗與袁通。這事是載灃之優柔寡斷，毫無政治手段的表現〔註46〕。而袁世凱的勢力卻已有漸移國祚之虞了。載灃之才識庸黯，不足以擔任慈禧之付託，在此已可見一斑。〔註47〕

直隸總督端方當時也懷疑載灃治國能力，乃於宣統二年（1910）兩度奏陳設立弼德院，挑選文武顧問輔助載灃之建議。〔註48〕

〔註44〕 《國聞備乘》，頁 1925～1927。
〔註45〕 同註 39，頁 285。
〔註46〕 載潤，〈隆裕與載灃之矛盾〉，收於《晚清宮廷生活見聞》，頁 79。
〔註47〕 同註 45。
〔註48〕 端方，《端忠敏公奏稿》（台北：文海出版社影印，1967 年），卷十五，〈敬陳管見摺〉，頁 1803。

　　軍機大臣大學士張之洞於宣統元年（1909）八月二十一日病歿於京寓，載灃於其病重時親臨探望，慰之曰：「中堂公忠體國，有名望，好好保養。」之洞答謂：「公忠體國，所不敢當，廉正無私，不敢不勉。」及載灃出，有人詢問張之洞：「監國之意若何？」之洞無他言，第云：「國運盡矣！」蓋冀其一悟而未能，即知清祚之不永矣。〔註49〕

　　載灃之個性、見識與才能如此，如何能勝任最高當局之職呢？

　　惲毓鼎《崇陵傳信錄》有一段說：

　　　　二十年前，嘉定徐侍郎致祥嘗語毓鼎曰：「王室其遂微矣。」毓鼎請
　　　　其故。侍郎曰：「吾立朝近四十年，識近屬親貴殆徧，異日御區宇握
　　　　大權者，皆出其中，察其器識，無一足當軍國之重者，吾是以知皇
　　　　靈之不永也。」〔註50〕

　　由於載灃個性懦弱無能，親貴遂能紛紛出而掌權，紊亂朝政，結黨營私，甚至掌握決策大權。又由於載灃對時局缺乏認識，使得宣統朝開創不出新的方向。因此，政策的制訂偏離民意，使清政府漸失人心，終至滅亡。

第三節　人事的分析

　　本節對宣統朝四十七位政治領導階層的分析，不是一一敘述其生平傳記，而是從四個層面來分析：一、個人出生與社會背景；二、獲得權力的途徑；三、專長；四、個人特質。以便找出領導階層之間的共同性或相異性，並探討這些特性的政治意義。個人出身與社會背景又分五個小項：（一）家庭階級背景；（二）教育程度；（三）年齡；（四）誕生地區；（五）種族。家庭背景有皇族與非皇族之別。非皇族再分上、中、下三等，分類的標準是祖先職業（祖父與父親）與家庭經濟。凡是父親或祖父輩曾任地方官者，家境大抵不差。家庭有錢納貲為官者，家庭經濟皆在一般之上，此等皆列為上等。如果是早歲喪父家貧者，少孤露者皆列入下等。介於二者之間，列為中等。

　　教育程度分：（一）皇族教育；（二）舊功名（包括：進士、舉人、附生、監生、廩膳生）〔註51〕；（三）新學堂；（四）留學等四個層次。年齡則分：

〔註49〕許同莘編，《張文襄公年譜》，宣統元年八月（上海：商務印書館，1947年）。
〔註50〕惲毓鼎，《崇陵傳信錄》，收於左舜生選輯，《中國近百年史資料初編》（台北：台灣中華書局，1966年3月台二版），頁483。
〔註51〕張玉法，《中現代化的區域研究——山東省》（台北：中研院近史所專刊，1982年2月出版），下冊，頁675。

（一）老夫（六十歲以上者）；（二）中年（四十一歲以上至五十九歲者）；（三）青年（四十歲以下者）三種。並以宣統二年（1910）爲準。誕生地區分：（一）南方（長江以南）；（二）北方（長江以北）；（三）城市（人口二十萬以上之城鎮）；（四）鄉村（人口二十萬以下之鄉鎮）四類地區。種族有滿人、漢人、蒙古人。

　　獲得權力的途徑有五種：（一）靠血流；（二）靠考試（科舉系統）；（三）靠保薦；（四）靠捐官；（五）靠選舉。專長分爲軍事與行政兩種。個人特質分成：（一）品德操守；（二）見識；（三）才能等。品德操守又分爲優良、平實、不佳三等。分類標準是從日常生活習慣來看，是否奉公守法、貪污納賄，爲人處事是否正直。凡是潔身趨公、門包不納；操守廉潔；操行清嚴尤惡貪吏；任疆寄數十年，及卒，家不增一畝；持躬謹慎；績學端品；品行端正；守正不阿；當官無毀譽；操履端潔；非義之財不取等，這些都屬於品德操守優良者。凡是貪污納賄；老奸巨滑；奸險；寡廉鮮恥；品性不修狎女優；操守不佳；佻薄奸險，都屬於品德操守不佳者。介於優良與不佳之間，爲平實。見識分成宏遠，平汎，淺薄三種。分類的標準，在社會學上，是以（一）學經歷；（二）參考團體（核心朋友）爲指標。在宣統朝似乎還應看其是否贊成、主張改革。凡贊成或主張加速改革者，似乎對時局認識較清楚。持反對立場者、頑固者，對時局的認識程度較差。另外，當時滿漢問題亦是一重要問題，凡是主張消弭滿漢界限者，較有見識，主張滿人掌權者較無見識。才能方面也分成：（一）卓越；（二）平庸；（三）低劣三種。分類的標準，在政治學、管理學上，是以：（一）計劃能力；（二）組織能力；（三）用人、知人、容人能力；（四）指揮控制能力；（五）應變能力；（六）反省檢討改進能力等六項指標來辨別一個人的才能。在宣統朝，政績似可列爲辨別的指標之一。因此，凡是八面伶瓏、建立奇功、敏活機警、才大心細有智略、善權變、政績優良等皆列入才能卓越者。非濟變之才屬於平庸者。遇事毫無辦法，只會哭者，主管陣前逃亡者，皆歸入才能低劣一類。

　　領導階層個人的特性，請閱大表。〔註52〕

〔註52〕大表有關宣統朝政治領導階層個人特性參閱：《清史稿列傳（光宣列傳）》、《光宣小紀》、《近代名人小傳》、《當代名人小傳》、《清代七百名人傳》、《最近官紳履歷彙編》、《清末民初官紳人名錄》、《清末新設職官年表》、《清季職官表》及相關文集。

宣統朝政治領導階層分析表（大表）

姓　　名			隆裕	載灃	奕劻	善耆	溥偉	載洵	載濤	溥倫
出身與社會背景	家庭階級背景	皇族宗室	皇太后	攝政王	慶親王	肅親王	恭親王	貝勒	貝勒	貝子
		非皇族 上等								
		非皇族 中等								
		非皇族 下等								
	教育程度	皇族教育		✓	✓	✓	✓	✓	✓	✓
		舊功名								
		新學堂								
		留學								
	年齡	老年			72					
		中年	43			45				
		青年		27			30	25	23	35
	誕生地區	南方								
		北方	✓	✓	✓	✓	✓	✓	✓	✓
		城市	✓	✓	✓	✓	✓	✓	✓	✓
		鄉村								
	種族	滿人	✓	✓	✓	✓	✓	✓	✓	✓
		漢人								
		蒙人								
獲得權力的途徑		靠血統	✓	✓	✓	✓	✓	✓	✓	✓
		靠考試								
		靠保薦								
		靠捐官								
		靠選舉								
專長		軍事								
		行政								
個人特質	品德操守	優良		潔身趨公門包不納						
		平實								
		不佳			貪污納賄			貪污納賄		✓
	見識	宏遠				速立憲拉攏革命黨				
		平汎								
		淺薄	✓	✓	✓				✓	
	才能	卓越				八面玲瓏	禁煙有成			
		平庸			✓			✓	✓	✓
		低劣	哭	✓						

載澤	毓朗	良弼	鹿傳霖	戴鴻慈	張之洞	袁世凱	世續	那桐	徐世昌
鎮國公	貝勒	大學士伊理布孫							
			父官知府			世家大族			
									七歲喪父家貧
✓	✓								
			進士	進士	進士	二次鄉試不利	舉人	舉人	進士
		留日							
				75	73				
	44					51	52	54	52
35		21							
				廣東南海					
✓	✓	✓	直隸定興		直隸南皮	河南安陽	✓	✓	直隸天津
✓	✓	✓							
			✓	✓	✓	✓			✓
✓	✓	✓					✓	✓	
			✓	✓	✓	✓			✓
✓	✓	✓							
			✓	✓	✓	✓	✓	✓	✓
						✓			
		✓							
			✓	✓	✓	✓	✓	✓	✓
	操守廉潔	操行清嚴尤惡貪吏		任疆寄數十年卒家不增一畝			經濟拮据支持尤苦		✓
貪污納賄						奸險老奸巨滑		貪污納賄	
✓		✓	知民疾苦	遊15國新知豐富	政績優	✓			✓
	✓						✓		
✓			年青守城立功	創模範監獄審判廳		雄才大略善權變		救東墹平反冤獄商民頌	✓
					✓		非濟變之才		

梁敦彥	鄒嘉來	溥頲	榮慶	唐景崇	陸潤庠	李殿林	溥良	葛寶華	壽耆
		宗室					宗室		宗室
				父舉人有學行					
留美					父精醫				
		進士	舉人	進士	進士	進士	進士	進士	榜眼
留美									
			65		72			67	
49	58								
廣東順德	江蘇吳縣			廣西灌陽				浙江山陰	
		✓	✓		江蘇元和	山西大同	✓		✓
✓	✓			✓	✓	✓			
			✓				✓		✓
✓	✓			✓		✓		✓	
		✓	✓	✓	✓	✓	✓	✓	✓
✓									
✓	✓	✓	✓	✓	✓	✓	✓	✓	✓
				持躬謹慎	績學端品	品行端正		守正不阿	
✓				溝通新舊	調和新舊		速立憲		
			✓	反立憲					
✓				屬人才厚風俗	堪大用				
			✓						

鐵良	廕昌	廷杰	紹昌	唐紹儀	陳璧	盛宣懷	楊士驤	端方	陳夔龍
						父官湖北浙江道員		納貲爲員外郎	
				幼童赴美					
							少孤露		
監生		進士	進士		進士	諸生	進士	舉人	進士
	同文館肄業								
留日	留德			留美					
						67			
	51		51	51	47			50	54
				廣東番禺	福建閩候	江蘇武進			貴州貴陽
✓	✓	✓	✓				安徽泗州	✓	
				✓	✓	✓	✓		✓
✓	✓	✓	✓					✓	
				✓	✓	✓	✓		✓
✓		✓	✓			✓	✓	✓	✓
✓	✓			✓					
							✓		✓
✓	✓								
		✓	✓	✓	✓	✓	✓	✓	✓
		端謹廉明							
				✓		趨炎附勢寡廉鮮恥	品行不修狎女優	通賄賂操守不佳	
	✓	深思遠慮		✓			識時務	遠識	
反立憲									
✓		熱河四年行新政甚力		✓			才大心細有智謀	敏活機警	✓

張人駿	瑞澂	錫良	趙爾巽	李經羲	雷奮	易宗夔	羅傑	劉春霖	
張佩綸族姪	琦善孫將軍子		一門二總督	李鴻章姪兒					
					✓	✓	✓	✓	
進士	貢生	進士	進士	優貢				狀元	
					留日	留日	留日	留日	
			65						
		59		50					
					33	35	40	33	
					江蘇松江	湖南湘潭	湖南長沙		
直隸豐潤	✓	✓	✓	安徽合肥				直隸肅寧	
							✓		
✓				✓	✓	✓		✓	
	✓		✓						
✓				✓	✓	✓	✓	✓	
✓	✓	✓	✓	✓					
					✓	✓	✓	✓	
✓	✓	✓	✓	✓	✓	✓	✓	✓	
操履端節		非義之財不取							
					✓	✓	✓	✓	
	✓	✓	✓	✓	✓	✓	✓		
✓	✓								
		政績優	✓	✓	✓	✓	✓	✓	
才絀									
	敵前逃亡								

從大表可歸納出宣統朝政領導階層的特性，分述如下：

（一）皇族宗室共十四位，占全部領導階層的三分之一（三十三百分比），比率相當高。

（二）非皇族中，家庭背景屬於上等者占四分之一強（二十七百分比），中等者占七位，下等者只兩位，其餘資料殘缺，不可考。這證明宣統朝政治領導階層還是有相當的比率，出身於世家或官員家庭。羅香林先生說：

> 科舉考試爲中國官人登進法之一種，創制於隋唐，沿襲於宋代，至明清而益形發展。大要以經義、詩賦、策論等考試，爲取士標準。原有抑制高門，使寒門亦得應試入仕之用意。然高門弟子，素質本優，一旦致力讀書應試，亦自易於登地。故此制度之推行，有利於寒門之發展，而無損於高門之維持，歷代社會人士之所以趨向於此，即是故也。而其人之文才與經驗，能適科舉之獲第，更父以傳子，子以繼孫，而成爲族姓之科第傳統，而演進爲所謂正途出身之世家。〔註53〕

中等與下等家庭子弟合起來亦占非皇族的四分之一強（二十七百分比），這證明清末平民出身者的社會流動比率不低，平民進升爲領導階層的機會不小。馬許（Robert M. Marsh）教授的「儒吏：中國領導階層之流動」（The Mandarians: The Circulation of Elites in China. 1600~1900）一書，曾以統計方法證實自 1600 至 1900 年間，構成傳統中國的「領導階層」的士大夫，有百分之三十出自平民家庭，多少修正了韋伯（Max Weber）與維脫伏格（Karl A. Wittfogel）等把傳統中國「領導階層」當成一個封閉集團的觀點〔註54〕。如今，本文對宣統朝的研究，亦可跟馬許教授的成果相印證。

資政院最有影響力的四位議員，皆留學日本，可知他們的家庭經濟狀況都不錯，才有能力到國外讀書。

如果將非皇族中的上等與中等家庭階級合起來，則看出宣統朝政治領導階層多半出身於經濟狀況良好的家庭，可見財富與聲望地位，關係密切。

（三）皇族宗室的教育背景有兩種情況：一種只受皇族教育；另一種宗室亦有科舉功名，像壽耆得榜眼，溥良得進士，溥頲得舉人。宗室而又有功名者，知識水準較高，政治資歷較完整。只受宮廷教育者，知識水準不高，

〔註53〕 羅香林，〈中國族譜研究〉，刊於《書目季刊》（台北：台灣學生書局，1966年 12 月 16 日出版），第一卷第二期，頁 7。

〔註54〕 呂亞力，《政治發展與民主》，頁 157。

政治資歷及層面較淺、較窄、工作性質多半在宮廷或與滿洲人有關之事務。接觸面的狹窄，往往影響其見識與才能。惲毓鼎就曾批評皇族親貴的教育水平不夠，影響其見識、政局甚至清朝國運。《崇陵傳信錄》云：

> 近支王公十五六，即令其備拱衛扈從之役，輕裘翠羽，日趨蹌於乾清景運間，暇則臂鷹馳馬以為樂，一旦加諸百僚上，與謀天下事，祖制盡亡，中外側目，於是革命排滿之說興矣。二十年前嘉定徐侍郎致祥嘗語毓鼎曰：「王室其遂微矣。」毓鼎請其故，侍郎曰：「吾立朝近四十年，識近屬親貴殆徧，異日御區宇握大權者，皆出其中，察其器識，無一足當軍國之重者，吾是以知皇靈之不永也。」其言至是而信。〔註55〕

惲毓鼎的批評，一針見血。

新舊內閣閣員、軍機大臣及督撫共三十二位，出身於舊功名者有二十九位，其中舉人、進士出身者有二十四位，占舊功名出身者的百分之八十二強。新學堂肄業（或畢業）者只有一位。出國留學者有九位，占領導階層的百分之十九，將近五分之一。可見清末留學風氣之盛。出洋回國的文武知識分子，進入領導階層者幾占五分之一，表示宣統朝政權不是封閉的，而是相當開放的。留學國別以日本最多，有六位，占百分之六十六；其次是美國；德國最少。資政院四位最有影響力的議員，皆留學日本，此隱約可看出留日學生與清末民初政局的關係。李守孔教授亦認為留日陸軍學生，返國後投入革命工作，為辛亥革命成功之一重要因素〔註56〕。可見教育與政局的關係。

（四）從宣統朝政治領導階層的年齡結構，亦可看出一些問題。皇族親貴（大表前十一位）的平均年齡只有三十六歲。而在十一位親貴當中，青年者有七位，占百分之六十三。中年者只三位，老年者只有奕劻一人。可見皇族親貴的年齡偏低。年青代表了活力、朝氣，這是可喜的一面；但是年青也表示資淺、經驗不夠，歷練不深，在時局艱危時，政府中必須要有一批老成謀國之大老，方能支撐安危，渡過難關。年青的領導人物，較沒經過大風大浪，如遇大風暴來襲，可能缺乏經驗，束手無策，或是反應過度，沈不住氣，以致壞了大局。宣統朝的時局，處於立憲與革命的驚濤駭浪之中，情況險象環生，正需要一批練達的政治家來領導；可是權力核心的這些皇族親貴，卻

〔註55〕惲毓鼎，《崇陵傳信錄》，收於《中國近百年史資料初編》，頁483。

〔註56〕李守孔，〈清季留日陸軍學生與辛亥革命〉，收於《孫中山先生與辛亥革命》（台北：中華民國史料研究中心，1981年12月出版），下冊，頁1105。

大多是年紀青青，少不更事，自負無識的一群玩袴子弟，清朝的命運也就可想而知了。

軍機大臣，新舊內閣閣員及督撫，大部份是中年人，事業處於顛峰狀態，經驗豐富；少部分年齡超過六十歲，而其中沒有一位是年青人。政治經驗是隨年齡而增漲，因此，領導人物須不斷地經歷各種職位，以增加見識，磨練政治才能。這些中年以上的領導人物占宣統朝領導人物的百分之七十四。

四位資政院議員平均年齡則只有三十五歲，比皇族親貴平均年齡年青一歲。年青人較激動，易打抱不平，因此，他們在資政院猛烈評擊政府。他們的行為與年齡亦有關係。

（五）論誕生地區時，皇族親貴與滿人、蒙人為北方，則北方人有三十五人，占總數的百分之七十四，南方人較少。如果當時的長沙人口超過二十萬，則城市出身的非皇族領導人只有一位。皇族親貴都出身於北京，屬於都市。軍機大臣、新舊內閣閣員及督撫全部來自鄉村；資政院議員四位有三位來自鄉村。可見政治領導階層大多來自鄉村，鄉村仍然是培育中國政治領導人物的搖籃。地理學者鄒豹君先生曾說：

> 中國偉人的出生地差不多全在沖積平原，其中包括河谷平原、湖濱平原和沿海平原。因為平原地方，土地肥沃，糧產豐富，生活不太艱苦，人才容易培養，平原地方範圍廣大，其中以接近重要交通路線的場所最為優越，所以沿河、沿江、沿湖或沿海的平原，常是偉人的生地〔註57〕。

由於地理環境上的優越，經濟發達，人民生活較易，於是有閒暇從事智識上的探求。

（六）宣統朝政治領導階層的種族，滿人占一半，蒙古人只兩位，漢人占百分之四十六，不到一半。滿州人占全國人口不到百分之一，而他們卻占了領導階層比率的一半，因此，宣統朝政權的性格，仍然不脫離錢穆先生所說的滿州部族政權的特性〔註58〕。宣統朝最高當局對滿漢的成見太深，無法重用漢人，開拓國家新氣象，以消弭革命排滿之說，此誠屬宣統朝之不幸，

〔註57〕 鄒豹君，〈我國歷史人物與地理環境——蜂房式的人物區〉，刊於《民主潮》，1954 年 12 月 5 日，香港出版，第五卷，第二十三期，頁 89。
〔註58〕 錢穆，《中國歷代政治得失》（台北：東大圖書公司，1977 年 6 月初版），頁130～134。

清朝之不幸。

（七）領導階層獲得權力的途徑仍以「靠考試」居多，占了百分之五十九。其次是皇族親貴，皆靠血統。而宗室中亦有通過科舉的，如壽耆得榜眼、溥良得進士、溥廻得舉人，非皇族的滿蒙人進入領導階層，仍靠考試。留學生都靠保薦，因為他們沒有功名，不能以正途仕進，只好靠大官力保，以求進入仕途。有舊功名而納貲為官的只有兩位。資政院議員則靠選舉進入領導階層。

（八）專長方面，學軍事的只有三位，其餘都沒有特殊的專長，可歸為行政。由此可見宣統朝政治領導階層的專業分化不明顯，財經官僚尚未進入領導階層。

（九）領導人物品德優良者，不乏其人，至少三分之一以上；尤其是舊功名出身的軍機大臣、內閣閣員及督撫。品性不佳著，亦有五分之一。貪污納賄者以滿人居多，其中皇族不少。

（十）皇族親貴中，有見識者不多，而皇族以外的領導人物，則大多有見識。這是一個鮮明的對比，其意義發人深省，其影響則更鉅。宣統朝親貴掌權，滿漢問題不能解決，政策背離民意，政府喪失民心皆與親貴的見識，息息相關。

（十一）才能方面，親貴才能卓越者少，平庸者多，非親貴的滿漢領導人物，則卓越者多，平庸者少。造成這種差異的原因，主要可能受學歷、經歷的影響。其次皇族親貴不必努力，乃養成他們驕奢自大，不努力亦可成功的心理與習慣。而出身平民家庭者，欲出人頭地，必須十載寒窗，苦讀以充實自己，參加科舉考試，一關一關地爬上來，因此，成名前即已熟讀聖賢書及治理人民之方法；等到考試及格後，分發任官職，又從基層磨練起，經過各種層面的官職與歷練後，才當上督撫、內閣閣員或軍機大臣。有了這麼多的考驗，他們的才能，當然不會差。掌權親貴才能平庸，應變力差，遇到危機無良策以對付，使政府的控制能力減弱，導致清朝的滅亡。

第四節　政治派系與權力鬥爭

宣統朝的派系類別，基本上可分為皇族親貴集團和擁袁（世凱）集團。前者又可細分為三：奕劻派、載澤派與載洵載濤派。其中奕劻派屬於擁袁集團，不反袁。因此，此時期的派系，大致上可分為袁派與反袁派兩大集團，

前者即北洋集團。兩大集團明顯地對立衝突，而皇族親貴之間，也彼此明爭暗鬥。

一、政治派系

（一）北洋集團的陣容與特色

　　以袁世凱爲首的北洋派系，主要成員，文人有軍機大臣徐世昌、郵傳部尚書（前後任）陳璧、唐紹儀、外務部尚書梁敦彥、陸軍部尚書廕昌、郵傳部侍郎吳重憙、農工商部右侍郎楊士琦、民政部右侍郎趙秉鈞、學部右侍郎嚴修、鐵路總區長梁士詒、直隸總督（前後任）楊士驤、瑞方、陳夔龍、兩廣總督袁樹勛、山東巡撫孫寶琦、吉林巡撫朱家寶、浙江巡撫凍汝騤等；軍人有段祺瑞、馮國璋、王士珍、曹錕、段芝貴、陸建章等，後台靠山爲慶親王奕劻〔註59〕。同情者有滿大臣那桐等人。

　　袁世凱是如何培植如此龐大的軍警政勢力呢？在政界方面，主要透過其與慶王奕劻的親密關係，安插拔擢其親朋故舊。胡思敬《國聞備乘》對此內幕記載如下：

> 光緒末年，小人皆之以取富貴者，捷徑有二。一曰商部，載振主之；一曰北洋，袁世凱主之；皆內因奕劻，而藉二揚（楊士琦、楊士驤）爲交通樞紐。當袁世凱初蒞北洋，梁敦彥方任津海關道，……朱家寶任天津縣，楊士驤、趙秉鈞均以道員在直隸候補。不二三年，敦彥官至尚書，家寶、士驤均躋節鎮（朱家寶任吉林巡撫、楊士驤任山東巡撫）……趙秉鈞內召爲巡警部侍郎。……馮汝騤與袁世凱聯姻，遂擢江西巡撫；吳重憙爲世凱府試受知師，遂擢河南巡撫，……世凱不由科目出身，遇投帖稱生者，大喜，必力援之。……方其盛時，端方、陳夔龍、陳璧、袁樹勛無不附之。〔註60〕

　　由上面記載可以看出，當奕劻入爲領班軍機大臣以後，由於他與袁世凱之互相結納，凡是袁世凱所欲汲引之人，都可以經由奕劻的薦舉而出任要職。袁世凱重金賄賂奕劻的事，劉厚生的《張謇傳記》記載頗詳，云：

> 榮祿自辛丑回鑾之後，體弱多病，時常請假……照病勢推測，恐怕不能久於人世。於是慶王有入軍機的消息，爲袁世凱所聞，即派楊

〔註59〕李新，《中華民國史》（北京：中華書局，1981年出版），頁234。及胡思敬，《國聞備乘》，卷三，頁1883～1885。

〔註60〕胡思敬，前引書，頁1883～1885。

士琦賫銀十萬兩送給慶王。慶王見了十萬兩銀子一張銀號的票子，初猶疑爲眼花，仔細一看，可不是十萬兩嗎？就對楊士琦說：「慰亭太費事了，我怎能收他的？」楊士琦回答的很妙，他說：「袁宮保知道王爺不久必入軍機，在軍機處辦事的人，每天都得進宮伺候老佛爺（指慈禧），而老佛爺左右許多太監們，一定向王爺道喜討賞，這一筆費用，也就可觀。這些微數目，不過作爲王爺到任時零用而已，以後還得特別報效。」慶王聽了，不再客氣。不多幾時，榮祿死了，慶王繼任。入軍機之後，楊士琦的說話，並不含糊，月有月規、節有節規、年有年規，遇有慶王及福晉的生日，唱戲請客及一切費用，甚至慶王的兒子成婚，慶王的孫子彌月週歲，所需開支，都由世凱預先佈置，不費王府一錢，那就完全仿照外省的首府、首縣伺候督撫的辦法，而又過之。〔註61〕

奕劻因袁世凱的巨額賄賂而完全爲袁的金錢收買，凡事無不聽袁世凱的指授，於是，奕劻雖居領班軍機之重任，事實上只是袁世凱的傀儡而已。劉厚生說：

弄到後來，慶王遇有重要事件，及簡放外省督撫藩臬，必先就商於袁世凱，表面上說請他保舉人才，實際上就是銀子在那裏說話而已。〔註62〕

劉厚生的說法，看來有點誇張，其實頗有根據。徐凌霄《一士隨筆》就曾記述袁世凱任直隸總督時，如何利用奕劻的關係發展北洋派的勢力，其言云：

西后唯一寵臣榮祿死後，奕劻代爲軍機領袖，權勢日盛，其人貪庸而好貨，袁世凱傾心結納，餽遺甚豐，並與其子載振結兄弟交，奕劻奉爲謀主，甘居傀儡。慶、袁之交既固，世凱遂遙制朝政，爲有清一代權力最偉之直隸總督焉。東三省實行省制，主之者世凱，意在擴張勢力，所謂大北洋主義也。丁未三月，徐世昌簡東三省總督，並授爲欽差大臣，兼三省將軍，地位冠於各督。奉、吉、黑三巡撫則唐紹儀、朱家寶、段芝貴。四人皆出袁薦，東垂天府，悉爲北洋附庸，固見世凱后眷之隆，而奕劻之爲袁世凱盡力，自亦非尟。〔註63〕

奕劻成爲袁世凱的傀儡，事實已十分明顯。袁世凱胸懷大志，雖有發財

〔註61〕劉厚生，《張謇傳記》（香港：龍門書店，1965年出版），頁127～128。
〔註62〕同前引書，頁128。
〔註63〕徐凌霄，《一士隨筆》（台北：文海出版社影印，1979年）。

機會，而不以發財爲職志，將鉅款用來發展他的政治勢力，藉金錢收買的方式來達到結交權要之目的。繼袁世凱之後出任直隸總督的陳夔龍，在其所著《夢蕉亭雜記》中，曾說到袁世凱揮霍之鉅，云：

> 直隸爲各省領袖，屏蔽京師，自五口通商，特設北洋大臣，以直督兼任，形勢較他省爲要，體制亦較他省爲肅。李文忠歷任二十餘年，歿後存款，不下千餘萬，繼任某制軍，藉以爲練兵之用，不三年支銷殆盡。後奏准由各省合籌練兵經費約數百萬，竭天下之脂膏，供一己之揮霍，而寶藏竭矣。〔註64〕

他說的「繼任某制軍」，就是袁世凱。所耗費的金錢大部份用在練新軍，小部份用來賄賂權要，結納親貴，及豢養幕僚賓客，從此袁的聲名與權勢，蒸蒸日上。

在軍界方面，是以訓練新軍方式培植其軍事勢力，北洋新軍由一鎮擴展至四鎮，再擴充爲六鎮，六鎮中的重要幹部，幾乎全由小站練兵時代的校尉級軍官選充而來。

在警界方面，袁世凱的安排是這樣的：初成立巡警部時，徐世昌爲尙書，趙秉鈞爲右侍郎，內外城的巡警廳丞也是袁系的人。在趙秉鈞指揮下，一方面訓練警兵，以便增加袁在北京的勢力，一方面培養特務，以便爲袁刺探消息和將來實行暗殺。聲勢所及，直達津、滬。各地幫會，也和趙等通消息。等到善耆接任民政部尙書時，趙秉鈞仍然蟬聯了民政部右侍郎，後雖易人，但趙的安排已成，暗中還在操縱。〔註65〕

由袁世凱發展其私人勢力方式，可知師生、朋友、地緣、血緣等傳統派系結合要素，爲北洋派系結合基礎，在恩情或私誼，以及維護政治前途下，唯袁世凱馬首是瞻。〔註66〕

北洋集團的特色有三點：

1. 派系層面廣

有政界人物、軍界人物和警界人物。分佈於全國各地，從都市至鄉村，皆有袁系人物側身其間。

〔註64〕陳夔龍，《夢蕉亭雜記》（台北：文海出版社影印，1971年），頁249～250。
〔註65〕李泰棻，〈獨樹一幟的善耆〉，收於《晚清宮廷生活見聞》（台北：木鐸出版社出版，1983年），頁88。
〔註66〕紀欽生，《晚清時期的端方——一位改革官僚的研究》（台北：台大歷史研究所碩士論文，1985年6月印），頁124。

2. 流品龐雜

大概袁世凱的用人標準，不論出身，不論品德，只要其人小有才能，即能量才任使，雖使貪使詐不忌。這就好像曹操當年所頒的「魏武三詔令」，其用人的標準是「惟才是舉」，雖盜嫂受金，負污辱之名，見笑之行，不仁不孝，而有治國用兵之術者，一無所拘。由於這個原因，所以袁世凱的屬下賢不肖並進，龍蛇混雜，一時人才薈萃。〔註67〕

3. 派中有派

唐紹儀僅以留學美國的教育背景，在毫無傳統功名的憑藉下，躋身清政府的高官地位，亦為空前的事。他是一個有相當野心的人，雖然在袁世凱的勢力陰影下，執行著袁世凱的政策，但他至少早在北洋天津海關道的任期內，已經著手建立以留美派及粵籍人士為中堅的新官僚權力集團，而以自己作為魁首〔註68〕。他於入贊清廷後，極力向袁世凱推薦其留美同學在湖廣總督張之洞轄下辦理洋務多年的漢廣德道梁敦彥繼任津海關道的遺缺〔註69〕。他的另外三位留美同學：蔡紹其先任北洋洋務局及招商局總辦，後更繼梁敦彥為天津海關道〔註70〕；梁如浩先任關內外鐵路總辦，後則先後轉任為奉錦山海關道及掌握上海經濟大權的蘇松太道；周長齡先任天津招商局總辦，後轉任為關內外鐵路總辦。各人與袁世凱的關係，雖多自駐紮朝鮮時期，但均為唐紹儀所薦引，在事業上也均與唐氏互相呼應，氣類相投，鄉誼密切，因此形成袁世凱大權力圈圈中的小權力圈圈〔註71〕。另外，在郵傳部及其所轄的鐵路機構中，唐紹儀亦曾大量引用粵籍同鄉，擔任重要職務，如署郵傳部左丞陳昭常，為其同鄉；署右參議施肇基，為其留美後輩與姪婿；參議上行走之馮元鼎為其粵籍同鄉與舊屬；其他調部差道人員，如翰林院編修關冕鈞，吏部主事龍建章、陸軍部學習主事關賡麟等亦皆粵人〔註72〕。由此可見北洋集

〔註67〕 莊練，《中國近代史上的關鍵人物》，下冊，頁160。

〔註68〕 胡思敬，《國聞備乘》，「外黨」一條，頁1947～1949，及「廣東十姊妹」一條，頁1976～1978。

〔註69〕 施肇基，《施肇基早年回憶錄》（台北：傳記文學出版社，1967年出版），頁42、58。

〔註70〕 同前書，頁43。

〔註71〕 沈雲龍，〈三水梁燕孫先生年譜初稿讀後感〉，收於《近代史料考釋》第二集（台北：傳記文學出版社，1969年出版，1987年），頁28。

〔註72〕 《郵傳部奏議類編》，第二冊，路政，頁11。轉引李恩涵，《近代中國史事研究論集》（台北：台灣商務印書館，1987年），頁470。

團中派中有派的情形。

（二）反袁集團的陣容與特色

光緒末年反袁主角由鐵良扮演，宣統朝爲載灃兄弟、載澤、善耆領導。其成員有隆裕太后、監國攝政王載灃、貝勒載洵、載濤，肅親王善耆、蒙古親王那彥圖、公爵博迭蘇、貝勒毓朗、恭親王溥偉、貝子載潤、貝子傅倫、鎭國公載澤、宗室良弼等人。〔註73〕

反袁親貴集團的特色有三點：

1. 共同的政治背景

此輩於晚清政壇能夠舉足輕重，成就取向的因素少，身分取向的因素多，如果不是爲其特殊的政治背景（具有滿人身份，又與皇族血統接近），此輩單賴其本身的才學見識，能否進入權力核心，誠屬疑問。也因爲有共同的政治背景，遂能聚合一起，爲維持其政治特權而奮鬥。

2. 一致的政治目標

爲鞏固滿人權位的優勢，袁世凱自然成爲達到這項目標的最大障礙，於是倒袁遂成爲這類親貴達到滿人集權，必要且列爲優先的目標。

3. 派中有派

共同的政治背景，以及維持滿人政治、軍事及財政優勢是此輩賴以結合的基礎，可是由於血統親疏，利害不同，親貴集團中又有小派系結合〔註74〕。胡思敬觀察袁世凱被罷後，親貴內部即分七黨，《國聞備乘》云：

> 宣統初年……親貴盡出專政，收蓄猖狂少年，造謀生事，內外聲氣大通。於是，洵貝勒總持海軍，兼辦陵工，與毓朗合爲一黨。濤貝勒統軍諮府，侵奪陸軍部權，收用良弼等爲一黨。肅親王好結納，勾通報館，據民政部，領天下警政爲一黨。溥倫……陰結議員爲一黨。隆裕以母后之尊，寵任太監張蘭德爲一黨。澤公……握財政全權，創設監理財政官鹽務處爲一黨。監國福晉雅有才能，頗通賄賂，聯絡母族爲一黨。以上七黨，皆專予奪之權，茸闒無恥之徒，趨之若鶩。〔註75〕

〔註73〕丁士源，《梅楞章京筆記》，收於吳相湘主編，《中國現代史叢刊》（台北：文星書店，1964年11月出版），第五冊，頁271。

〔註74〕同註66，頁126。

〔註75〕胡思敬，《國聞備乘》，「政出多門」一條，頁1957～1959。

警民所著《徐世昌》、江庸著《趨庭隨筆》及費行簡著《當代名人小傳》，則說親貴分成三派：奕劻派、載洵載濤派、載澤派。〔註76〕

二、權力鬥爭

清朝統治中國二百餘年，到同、光年間日漸衰弱，終致覆亡。當即傳統統治制度腐敗使然也。然當權貴族爲了一己之私利，相互勾心鬥角、爭權奪利之加劇，亦是促成其滅亡之重要原因。〔註77〕

宣統朝的權力鬥爭，可分爲滿滿鬥爭與滿漢鬥爭，滿滿鬥爭又可分爲醇王府的鬥爭、親貴之間的鬥爭和親貴與滿人的鬥爭三類。

（一）滿滿鬥爭

1.醇王府的鬥爭

慈禧「指婚」載灃娶榮祿的女兒這事，使宣統朝政局增添許多麻煩。因爲載灃庸懦而榮祿之女精明強幹，加上載灃的兩個弟弟載洵、載濤也都野心勃勃，想握攬大權，他的母親劉佳氏卻又支持載洵、載濤而反對載灃之妻，這樣的關係，就更使載灃身在三方面的夾攻之中，無以爲計了。胡思敬《國聞備乘》記載此事，云：

> 監國性極謙讓，與四軍機同席議事，一切不敢自尊。躁進之徒，或詣王府獻策，亦欣然受之。內畏隆裕，外畏福晉。福晉與老福晉爭權，坐視無可如何。載濤忿甚，操刀向福晉尋仇，幾釀大變。載濤歸自西洋，欲借國債，大張海陸軍，並主張剪辮，廷議大譁。載濤呶呶不休，監國避居三所，兼旬不敢還家，其狼狽如此。〔註78〕

胡思敬《國聞備乘》又說：

> 海軍本肅王建議，載洵等出而攘之，故用載洵爲海軍大臣。……載濤見載洵等已握兵權，恐遂失勢，爭於攝政王前，幾有不顧而唾之勢。王大窘，次日，復加派載濤管理軍諮府。〔註79〕

載洵、載濤爭權如此激烈，載灃之妻亦不讓載洵、載濤專美於前，費行

〔註76〕警民，《徐世昌》（台北：文海出版社影印，1971年），頁53。江庸，《趨庭隨筆》（台北：文海出版社影印，1967年），頁41。費行簡，《當代名人小傳》，〈載灃傳〉。

〔註77〕惲寶惠，〈清末貴族之明爭暗鬥〉，收於《晚清宮廷生活見聞》，頁61。

〔註78〕胡思敬，《國聞備乘》，頁1944。

〔註79〕胡思敬，《國聞備乘》，頁1959。

簡的《當代名人小傳》云：

> （載灃）面上恒有傷痕，或謂是其妻納人賄，屬灃升以官，灃有難
> 色，妻以是創之。〔註80〕

可見載灃之妻亦納賄干政。胡思敬《國聞備乘》卷四，「張翼倚醇府勢盜
賣官礦」一條，更說載灃之母及其妻收賄互鬥之事，書云：

> 載灃初監國時，咸謂宜移宮中，太福晉不許。其弟載洵、載濤，倚
> 太福晉勢，肆意要求，監國不能制也。監國正福晉即榮祿女，亦時
> 與外廷通關節，有所祈請，監國以二弟故，不得不屈意從之。於是
> 太福晉毀福晉，福晉又毀載洵、載濤，監國大爲所困。張翼舊在醇
> 府飼馬，官至內閣侍讀學士。庚子亂時，盜賣開平礦產，爲袁世凱
> 所參……恃監國寵，與英商勾結……主中外合辦。直隸士紳聯名力
> 爭，監國不能詰，卒從老福晉言，循翼謀，悉依前約。凡開平……
> 等處，數十里之礦產，悉歸英公司掌握。〔註81〕

這些記載，說明載灃監國以來，自其母妻以至兄弟，人人都倚勢攘利，
甚至其奴才張翼盜賣國家資產給外國人，其母親亦出面爲之包庇，而載灃無
法加以制止。載灃甫經執政，他的家族成員就已彼此爭權奪利，視載灃如無
物。醇王府的鬥爭，其不免於上下失序，治絲益棼者，幾希？〔註82〕

2. 親貴之間的鬥爭

宣統年間載灃監國攝政的那一段時間，朝綱濁亂而政出多門，只要是利
權所在之處，親貴權要之流莫不挾其特殊勢力，爭相攘奪。彼此之間，又互
結派系，明爭暗鬥，傾軋激烈。

（1）溥偉爭位

溥偉是恭親王奕訢之孫，襲恭親王爵位，在德宗諸位最親的姪兒中，以
溥偉年齡較大。庚子廢溥儁時，他即有繼統之希望。光緒三十四年（1908），
他二十九歲，當時在內廷行走，十月，兩宮病危之時，他在內盤旋一晝夜未
出，自以爲祖父奕訢生前有保存社稷之功，歿後配享太廟，決不是任何近支
宗室親貴所能比擬的。如立長君，他當然有分〔註83〕。等到慈禧的遺詔宣佈，
溥偉大失所望，遷怒載灃，遂假傳慈禧懿旨，欲攬權，一時宮廷大爲緊張。

〔註80〕費行簡，《當代名人小傳》，〈載灃傳〉。
〔註81〕胡思敬，《國聞備乘》，頁 1954～1955。
〔註82〕同註67，中冊，頁 292。
〔註83〕惲寶惠，〈清末貴族之明爭暗鬥〉，收於《晚清宮廷生活見聞》，頁 65。

胡思敬《國聞備乘》記載此事云：

> 德宗諸姪最親者以溥偉為長，恭忠親王之孫也。庚子廢溥儁，即有
> 繼統之望，其姑固倫公主，孝欽撫為己女，早寡，居宮中，為之內
> 援。又結載振以為外援，曰：「事成富貴與共」。孝欽之定策也，載
> 灃叩頭力辭，太后叱之曰：「此何時而講謙讓，真奴才也。」徐訓之
> 曰：「汝恐一人之力不能勝任，溥偉最親，可引以為助。」溥偉聞之
> 大喜。私冀當得政權，及遺詔下，只言國事皆聽攝政王主持，不及
> 己，大失望，趨入樞廷，大罵張之洞曰：「大行皇太后臨崩，命我助
> 攝政王，此顧命也。今詔中略不一及是，安可用？當別撰之。」之
> 洞曰：「凡在廷臣子，皆當為攝致王之助，豈得以此入詔，且太后彌
> 留之際，之洞在側，實不聞此言。」溥偉頓足大哭，徧罵諸軍機，
> 之洞謹避之，不與校。越數日，溥偉忽傳旨詣內務府，有所指揮，
> 自言太后令己總理內外喪事。內務府大臣奎俊疑之，密啟監國，監
> 國聞有口傳懿旨，大懼，急邀奕劻入見。隆裕言溥偉悖狀，遂降旨，
> 言自皇帝以下皆當服從攝政王命令。溥偉始不敢逞。〔註84〕

載灃攝政之第二天，立刻傳隆裕懿旨嚴肅宮禁，除值班外，任何人不准
在內住宿〔註85〕。即是為溥偉而發。載灃聯合奕劻及隆裕太后，制止了溥偉
爭位之陰謀，平息了一場宮廷政爭。

（2）載灃與隆裕太后之暗鬥

光緒死後，隆裕一心想仿效慈禧「垂簾聽政」。迨慈禧遺旨以載灃攝政宣
佈後，隆裕想取得政權的美夢，頓成泡影，心中不快，以至遷怒於載灃。因
此，後來常因事與之發生齟齬〔註86〕。隆裕以自己勢單力薄，乃拉攏妹婿載
澤與姪兒溥倫，以壯聲勢，並壓制載灃。載灃為了防隆裕之掣肘，遂拉攏奕
劻大老以自衛。雙方之暗鬥，胡思敬《國聞備乘》云：

> 載澤、溥倫皆緣妻寵出而任事，載澤尤橫，以其夫人與隆裕為同胞
> 姊妹，時往來宮中，私傳隆裕言語以挾制監國也。〔註87〕

同書又說：

> 隆裕初無他志，唯得時行樂而已，監國亦事之甚謹，無幾微隙也。

〔註84〕 胡思敬，《國聞備乘》，頁1921～1922。
〔註85〕 《宣統政紀》，卷一，頁10。
〔註86〕 載潤，〈隆裕與載灃之矛盾〉，收於《晚清宮廷生活見聞》，頁77。
〔註87〕 胡思敬，《國聞備乘》，頁1825～1826。

後朝政亂，宗室多違言，頗有浸潤於隆裕之前者。於是外間閧傳滿洲八大臣聯名請隆裕垂簾，如孝欽故事，監國大懼，已而知爲謠言，然無日不惴惴。時鐵良罷歸私第，疑其與謀。一日傳旨召見，即出爲江寧將軍。隆裕妹爲載澤妻，嘗往來宮中，通外廷消息，故載澤雖與載洵兄弟不合，而氣燄益張，恃內援也。奕劻在光緒末年，招權納賄，咸欲得而甘心，監國亦甚惡之。至是朝局大變，監國欲倚之以防隆裕，倍加優禮。〔註88〕

載灃很怕隆裕垂簾聽政，因爲隆裕一垂簾，載灃監國攝政王就無權，變成傀儡，因此，他隨時注意提防，以免大權被隆裕太后所奪。出鐵良爲江寧將軍，即是他預防隆裕的手段之一。

（3）載澤與奕劻之暗鬥

清代末年政治腐敗，朝綱濁亂，到慶王奕劻入主軍機的時代幾達於極點。瞿鴻機、岑春煊等人曾策劃倒慶倒袁計劃，可是沒有成功。宣統年間，攝政王柄政，親貴攬權，親貴中明敏有爲之士，如度支部尚書載澤，即曾計劃推翻慶內閣，取而代之，一展其救國救民之抱負。載澤幕下頗多才智之士，目睹國勢阽危而民心思變，很希望能以改良政治的方法，爭取人心之向附，以便消弭政治革命之出現，其識見殊爲正確而宏遠。徐凌霄《一士隨筆》記載載澤與奕劻之暗鬥云：

澤、盛（宣懷）分據財政、交通，高掌遠蹠，實奕劻之勁敵。慶內閣成立，載澤輩即謀倒閣。其時語於政情者多謂，繼奕劻爲內閣總理大臣者，必載澤無疑。載澤既思組閣，則延攬當時有名流之目者，以厚聲勢。如張謇、鄭孝胥等，載澤皆竭立羅致，預儲爲新閣大臣之選。謇、孝胥以在野之身，均蒙召對，載澤力也。張系健將孟昭常在京辦一《憲報》，攻擊慶內閣失政最力，其言論頗見重一時。〔註89〕

載澤一有機會就找攝政王，天天向攝政王揭奕劻的短。醇王府的人經常可以聽見他和攝政王嚷：「老大哥這是爲你打算，再不聽我老大哥的，老慶就把大清斷送啦！」攝政王總是半嚮不出聲，最後說了一句：「好、好、明兒跟老慶再說……」，到了第二天，還是老樣子，奕劻照他自己的主意去辦事，載

〔註88〕同前書，頁 1943～1944。
〔註89〕徐凌霄，《一士隨筆》，轉引自莊練，《中國近代史上的關鍵人物》，下冊，頁305。

澤又算白費一次力氣。〔註90〕

　　奕劻老奸巨滑，見多識廣，看到這些少年親貴，氣燄高漲，曾生氣地說：「必不得已，甘讓權利於私友，決不任孺子得志也。」〔註91〕他認爲載澤從未經管過財政，今忽作了度支部尚書，可以拿收支不平衡的難關來對付他。不過還感覺自己勢單力薄，於是拉那桐作爲他的助手。奕劻、那桐之貪污受賄，早已有名，外間流傳，叫他們是「慶那公司」。那桐又與袁世凱極有關係，徐世昌更不必說，他們（慶、那、徐）三個人結爲一黨，和載澤等人各顯其能，兩不相下。載澤亦看出這種情況，認爲盛宣懷是籌款好手，遂彼此互相利用，以對抗奕劻、那桐之排擠。〔註92〕

　　光緒末年時，西太后都搬不倒奕劻，宣統朝攝政王又怎能撥得倒他？如果攝政王支持載澤，或者攝政王自己採取了和奕劻相對立的態度，奕劻只要稱老辭職，躲在家裡不出來，攝政王立刻就慌了手腳〔註93〕。何況載灃還要倚重奕劻來預防隆裕太后奪權呢！因此，載澤和奕劻的暗鬥，失敗的總是載澤。

（4）善耆與奕劻之暗鬥

　　在晚清親貴中肅親王善耆最富於革新進取觀念與作風〔註94〕。光緒末年，他就一直想銳意革新，例如他任崇文門監督時，每年解繳國庫達六十萬兩，他的原意，是想對貪污腐敗的朝政，有所創導，但眾濁獨清，結果終爲親貴（奕劻等人）排擠去職。〔註95〕

　　在善耆任工巡局管理事務大臣時代，成立了工巡總局，爲以後樹立警察制度的先河，並且在他竭立主張下，廢除腐化的步軍統領衙門與順天府捕盜營。善耆激烈的手段，卻遭來了反對者的打擊，被裁撤的兩萬名官卒，大起恐慌，由慶親王奕劻與那桐出面奏劾，善耆又被免職。〔註96〕

　　光緒三十三年（1907），善耆又與軍機大臣瞿鴻禨、郵傳部尚書岑春煊結

〔註90〕《溥儀自傳》，頁 21。
〔註91〕金梁，《光宣小紀》（台北：文海出版社影印，1974 年），頁 140。
〔註92〕同註 83，頁 67。
〔註93〕《溥儀自傳》，頁 21。
〔註94〕吳相湘，〈川島芳子的父親與革命黨〉，收於《民國人和事》（台北：三民書局，三民文庫，1973 年 3 月再版），頁 121。
〔註95〕朱子家，《女特務川島芳子》（台北：東府出版社出版，1978 年），頁 34。
〔註96〕同註 95。

成一黨，參與「丁未政爭」，立謀推倒慶王奕劻。劉禺生《世載堂雜憶》記其事云：

> （瞿）鴻禨在軍機，有擁肅王（善耆）倒慶王之意，又欲引岑春煊入軍機以對袁世凱。肅王、鴻禨、春煊……自成一黨；慶王、袁世凱、張百熙又自成一黨也。……兩黨傾軋開始，光緒三十三年事也。……翰林院侍讀學士惲毓鼎劾瞿鴻禨……，翌日，奏參瞿鴻禨封事呈遞矣。瞿鴻禨遂以「交通報館，賄賂言官」罪名，開缺回籍。肅王從此亦再無入軍機之望。慶、袁一黨，得專政權。〔註97〕

善耆屢次想推倒奕劻不成，乃改變策略。到宣統年間，改採「拖延等待」戰術，他認為奕劻腐朽貪污，衰老無能，已成為內外攻擊之的，不久自會失敗〔註98〕，不必再去惹他。其實，善耆與奕劻暗鬥失敗，主要原因是財力太薄，不足以對抗財力雄厚的奕劻。胡思敬《國聞備乘》云：

> 善耆輕佻無威儀，自執鼓板，與饗奴雜坐彈唱。光緒末年，日夜謀奪奕劻之席，財力太薄，不能敵也。〔註99〕

（5）奕劻壓抑溥倫

溥倫是道光皇帝之孫，在清近支宗室王公之中，極有嗣立希望。且是宣統朝隆裕太后的姪兒輩，與隆裕太后關係親近。但是，光緒末年即扼於慶王奕劻，很不得志。黃濬的《花隨人聖盦摭憶》，記載奕劻壓抑溥倫之事云：

> 日俄戰爭，彼此力竭之時，日挽美國出而言停戰議和，日俄各派專使往就美之泊資茅斯訂約。予意戰地在我旅大東三省，和約倘涉及我疆域，我應干預。商之張菊生小圃諸君極以為是，即說之端陶齋盛杏生，由盛並商之呂鏡宇諸公合電樞省，告美國轉達日俄，許中國預聞和議。其時貝子溥倫赴美賽會過滬，擬請派就便至泊。倫亦以此舉重要，願膺此任，惟云慶邸向與我不合，恐其疑我在滬謀此差，公電待我到東洋後再發。即屆時電樞。乃慶邸復電，云「倫年輕資淺」一語，於其事之應否未及，與倫不合則果然。〔註100〕

光緒末年，奕劻當領班軍機大臣，溥倫受奕劻壓抑，一直未出任要職。

〔註97〕劉禺生，《世載堂雜憶》，「瞿子玖開缺始末」一條，頁141～142。
〔註98〕李泰棻，〈獨樹一幟的善耆〉，收於《晚清宮廷生活見聞》，頁86。
〔註99〕胡思敬，《國聞備乘》，頁1999。
〔註100〕黃濬，《花隨人聖盦摭憶全編》（台北：聯經出版公司出版，1979年），頁647。

宣統年間，其妻爲隆裕太后姪女，乃緣妻寵，出而任事，擔任資政院總裁。後因同情各省諮議局聯合會縮短立憲年限的請願，爲載灃、奕劻撤職，後出任農工商部大臣。

3. 親貴與滿大臣間的鬥爭

宣統年間，親貴與滿人的鬥爭，層出不窮，較重要者有：載濤罷鐵良陸軍部尚書案、載濤施壓開去世續軍機大臣案、升允奏阻立憲，撤免陝甘總督案，前二事於第三章第一節討論。此處僅討論撤免升允陝甘總督一事。

升允於宣統元年（1909）五月六日，因奏阻立憲，被撤免其陝甘總督職〔註101〕。升允的免職，並非單純是奏阻立憲一事，其間亦牽涉他與慶親王奕劻的私人恩怨。升允得罪奕劻，導因於慈禧太后七十萬壽之事。慶王奕劻爲了獻媚慈禧太后，於慈禧七十大壽前一年，即創議京外官報效二成俸廉，各省督撫，紛表贊成，無不附和，只有陝西巡撫升允奏劾奕劻，拆奕劻的台。胡思敬《國聞備乘》記載此事云：

> ……樞臣以次年爲太后七旬聖壽……慶親王奕劻因倡率京外官報效二成俸廉。電音絡繹，徧告各行者，張之洞、袁世凱以下，無不附和；陝西巡撫升允獨奏劾之，摺留中未發。〔註102〕

奕劻自此，記恨升允在心，一有機會，即施報復。光緒末年，奕劻即已掌握用人行政大權，乃藉官員職位互調，將升允從陝西巡撫調爲察哈爾都統。尚未赴任，升允的親戚榮慶當了軍機大臣，又幫升允調爲陝甘總督。胡思敬《國聞備乘》記此事云：

> 州縣官紛紛調易，由於缺有肥瘠，藩臬以上則不盡然。陝西巡撫升允以直言忤奕劻，左遷察哈爾都統，未行，而榮慶入軍機，升允之姻婭也，極力營護，遂改督閩浙，升允北人不願南遷，又調陝甘。

〔註103〕

奕劻本想將升允調往沙漠荒涼之地，喝西北風，但因軍機大臣榮慶極力營救，奕劻的目的沒有達到，乃再等待時機。宣統元年（1909），載灃積極籌備立憲，升允卻高唱反調，奏阻立憲，觸怒了監國攝政王，奕劻看到時機來了，乃落井下石，可能乘機進言載灃，升允遂被撤職。

〔註101〕《政治官報》，宣統元年五月初七日，諭旨。
〔註102〕胡思敬，《國聞備乘》，「太后七旬萬壽」一條，頁 1770～1771。
〔註103〕同前書，頁 1790。

（二）滿漢鬥爭

宣統朝的滿漢鬥手以罷黜袁世凱及爭奪郵傳部這兩件事最有名。罷袁的內幕於第三章第一節探討，此處僅討論郵傳部爭奪戰。

郵傳部爭奪戰是宣統朝滿漢鬥爭的一環。度支部尚書載澤積極推行中央集權政策，將財政權與鹽政權集中中央。他認爲財政爲庶政之母，惟有在財政走上軌道之後，各項政治興革措施方有實施之可能。立憲維新，改良政治，此實爲首要之圖。因此，認眞清理財政積弊，並想緊抓一切利權事業，以利政府財政。而郵傳部是清末利權所在，卻一直掌握在袁派手中。從陳璧到徐世昌，到唐紹儀，皆袁派。宣統初，袁世凱雖然暫時垮台，他與慶王奕劻所結合的勢力，仍在當時的政府中具有很大的影響力，唐紹儀與梁士詒也因此仍然可以把持交通事業，度支部尚書載澤對之無可措手。此時盛宣懷想當郵傳部尚書，乘機賄賂載澤，載澤知道盛宣懷善理財，又主張中央集權，乃決定援引盛宣懷。

欲使盛宣懷掌郵傳部，首先一定要鬥倒當時的郵傳部尚書唐紹儀。載澤先嗾使姊夫瑞澂劾唐紹儀假外事以自重，接著凡部事應與度支部商議者，在行政上處處掣肘他，唐紹儀自知勢不能敵載澤，遂自稱病解職，清廷始以盛宣懷繼任尚書〔註104〕。胡思敬《國聞備乘》記盛宣懷復出內幕云：

> 癸卯服闋還朝，徧交朝貴，皆不得其歡心，臥病僧舍，幾不起。後數年，度支部辦預算表，梁士詒與唐紹儀把持郵政，皆粵黨也。澤公謀欲去之，莫能窺其底蘊。宣懷乘機進賄，遂起用爲郵傳部尚書。〔註105〕

當時郵傳部侍郎沈雲霈也想爭尚書，鐵路總局長梁士詒幫沈策劃，也賄賂權要，競爭相當激烈。徐凌霄《一士隨筆》記其事云：

> 載澤長度支部時，在政府中獨樹一幟，以集中財權爲務……盛宣懷希進用，厚結載澤，志在郵部。載澤以郵部爲富有收入之機關，爲擴張勢力計，遂言於載灃，召用宣懷，授郵部侍郎。宣懷初授事，即以裁抑鐵路局第一著。沈雲霈以農工商部右丞署郵部侍郎，且晉署尚書。與宣懷旗鼓相當。蓋雲霈以奕劻爲奧援，而宣懷則挾載澤之勢，以敵雲霈，其勝負之數，決於尚書之誰屬。與雲霈進退有密

〔註104〕費行簡，《當代名人小傳》，〈載澤傳〉。

〔註105〕胡思敬，《國聞備乘》，頁 1965。

切關係者，首爲士詒。士詒爲雲霈謀眞除尚書，即所以自救，而尚
書一席，卒爲宣懷所得。〔註106〕

徐凌霄《一士隨筆》又說：

> 自載灃監國後，北府（俗稱醇王府爲北府，以地點言之也）聲勢驟
> 隆，太福晉（載灃生母）頗暗中干政。宣懷謀擢尚書，介府中管事
> 人某通殷勤。士詒爲雲霈畫策，亦留意斯途，且欲爲特別設法，而
> 宣懷捷足先登，兼有載澤之助，雲霈僅恃奕助，遂相形見絀。宣懷
> 擢尚書，雲霈乃授吏部侍郎。吏部昔稱六部之長，而此時已成閒署，
> 且行將裁撤矣！雲霈由絢爛而平淡，覺雞肋之寡味，未幾即乞休。
> 宣懷如願以償，意氣發抒，遂貫徹其主張，以侍郎李經方接收鐵路
> 局，並撤查士詒歷年經手之五路帳目，風行雷屬，不稍寬假。〔註107〕

盛宣懷由復出而升至郵傳部尚書，過程確實費了許多氣力。胡思敬說，
盛宣懷因進賄載澤而得用爲郵傳部尚書；徐凌霄《一士隨筆》亦說，盛宣懷
之進用，由厚結載澤及交通醇王府太福晉而來。盛宣懷爲了達此目的，到底
費了多少代價呢？胡思敬《國聞備乘》云：

> 盛宣懷既失鐵路之利，鬱鬱不伸者累年。已而袁世凱黜，載澤與粵
> 黨爭權，窺其有隙可乘，遂賄載澤六十萬金，起用爲郵傳部尚書。
> 〔註108〕

盛宣懷之能夠復出，一方面固然由於載澤之立意要整頓交通事業方面的
收入，盛宣懷能夠投合其需要，另一方面也還是金錢賄賂的力量。載澤利用
盛宣懷鬥垮袁派勢力，暫時排漢成功，交通利權到手。從郵傳部的爭奪戰，
可知清末之親貴專政，實血緣與裙帶之混合體，而又分門列戶，以交通路權
爲彼此獵奪之標的，盛宣懷至不擇手段，運用內線以達其報復之私恨。政治
怨毒，糾結不解，黨同伐異，除死方休，此亦亡國之徵也已。〔註109〕

第五節　當權者的更替

對於領導階層流動的探討，可以瞭解當時統治階層結構的變化及其代表

〔註106〕徐凌霄，《一士隨筆》載《國聞週報》，第八卷，四十六期。
〔註107〕同註106。
〔註108〕胡思敬，《國聞備乘》，頁1965。
〔註109〕沈雲龍，《徐世昌評傳》（台北：傳記文學出版社，1979年8月出版），頁
　　　　127。

的意議。

「流動」一辭，由社會學的「社會流動」（Social Mobility）而來。「社會流動」一詞，是指人們由一個社會位置移動到另一個位置。社會流動有二種：社會地位向上或向下的移動謂之「垂直流動」（Vertical Mobility）。位置的改變，未顯著影響個人社會地位時，謂之「水平流動」（Horizental Mobility）〔註110〕。垂直流動又分「向上流動」（Upward Mobility）與「向下流動」（Downward Mobility）兩種。

一、水平流動

（一）內閣改組

宣統三年（1911）四月十日，內閣改組，奕劻新內閣成立，我們看新內閣閣員名單，即知這些新閣員，皆從舊內閣而來，新內閣實即新瓶裝舊酒，表面改變，而內容不變，這些新閣員，原本屬於舊內閣，這次改組，他們還是在領導階層之內，位置不變，故稱爲水平流動（新舊閣員名單請看第一節）。

這次內閣改組，不但沒有新面孔出現，反而皇族人員增多，故稱爲皇族內閣。這次的領導階層流動，顯示清政府態度轉趨保守，不但缺乏開拓進取意向，且有開倒車之傾向，影響所及，立憲派及知識分子大失所望，原以爲新內閣成立，將給政府帶來新氣象，國家將有新的希望，如今，希望破滅，立憲派及知識份子，轉而同情革命，甚至以實際行動來支持革命，反對清政府。政府政策錯誤，導致民間不滿情緒的增高，民心的喪失，對清政權傾覆的影響太大了。

（二）軍機大臣的更動

光緒三十四年（1908）十二月袁世凱罷去軍機大臣，宣統元年（1909），那桐、戴鴻慈補入軍機。宣統元年八月二十三日張之洞卒，二年（1910）正月十三日，戴鴻慈卒，同年七月二十三日，鹿傳霖也病逝。二年七月十三日，世續開去軍機大臣。同日，毓朗、徐世昌補入軍機。因此，宣統年間，進入軍機的是那桐、戴鴻慈、毓朗與徐世昌四人。那桐於光緒二十九年（1903）即當戶部尚書，三十一年（1905）後又署民政部尚書，毓朗入軍機前爲軍諮

〔註110〕白秀雄、吳森源、李建興、黃維憲合著，《現代社會學》（台北：巨流圖書公司，1978 年 9 月出版），頁 188。

府大臣，戴鴻慈為法部尚書，徐世昌則為郵傳部尚書，四人進入軍機以前的職位，已屬領導階層，因此，四人進入軍機大臣的流動是水平流動。

宣統年間，軍機大臣的流動，對政局有相當之影響。至少有兩項重大意義：

1. 滿漢軍機大臣比率變為三比一

光緒二十四年（1898），軍機大臣有奕劻、世續、載灃、鹿傳霖、張之洞、袁世凱等六人，滿漢的比率是三比三。至宣統二年（1910）七月，軍機大臣有奕劻、那桐、毓朗、徐世昌四人，滿漢比率變為三比一。過去的大臣大都六人，滿、漢各半，如今漢大臣的地位愈輕〔註111〕，顯示清政府重滿排漢的保守傾向愈來愈濃。滿漢問題是革命黨攻擊清政府最有力的口實，清政府至宣統年間仍不知以實際行動，消弭滿漢界限，平息革命浪潮，此乃政治領導階層的無知，亦是清朝的不幸。

2. 袁派勢力復興

那桐於宣統元年（1909）入軍機，徐世昌於宣統二年（1910）七月入軍機，徐世昌是袁派的大將，那桐是袁世凱的同情者，徐、那與奕劻朝夕相處，關係日漸親密。警民所著的《徐世昌》一書說，自從徐入軍機以後，袁派勢力開始復興，其書云：

> 袁黨自戊申冬勢漸絀，至是得其（徐世昌）護持力始並響用。〔註112〕

自從徐世昌入軍機以後，袁世凱就陰謀再起，囑徐以金錢賄賂親貴權要，並賴徐與奕劻、那桐的親密關係，疏通載灃。宣統三年（1911）四月十日，內閣改組，新內閣成立，奕劻擔任內閣總理大臣，那桐、徐世昌分任內閣協理大臣，奕、那、徐早結成一黨，此次內閣改組，袁派重要成員均任要職，顯示袁派勢力的復興。當新內閣受各省諮議局攻擊時，總協理大臣均奏請辭職。徐世昌甚且運動那桐在載灃面前，推薦袁世凱以自代。警民所著《徐世昌》一書記其內幕云：

> 辛亥四月遂授奕劻為總理大臣，那桐、徐世昌為協理大臣，徐世昌
> 告桐曰：「此席予居不稱，唯慰廷（袁世凱）才足勝任，而以朋黨嫌
> 疑，不便論列，奈何！」桐曰：「是何難，我言之可耳。」乃具疏以
> 疎庸辭職，薦世凱、端方自代。當世凱罷後，有稱頌其人者，載灃

〔註111〕郭廷以，《近代中國史綱》（香港：中文大學，1979年出版），頁391。
〔註112〕警民，《徐世昌》（台北：文海出版社影印，1971年），頁23。

皆嚴斥之。其時褫逐之趙秉鈞、陳璧胥袁黨也。自世昌再贊密勿，
世凱謀起用甚力，親貴咸賴爲疏通。至是桐疏雖未報可，而亦不加
申斥。〔註113〕

那桐推薦袁世凱以自代，而載灃一反常態，不加申斥，這是載灃對袁世
凱態度微妙的轉變，亦是徐世昌投石問路的成功。總之，自從徐世昌入軍機
以後，與奕劻、那桐結成鐵三角，幾乎有左右朝局之勢。由此看來，軍機大
臣的流動，對往後政局的演變，實有深遠的影響。

二、政治精英離職與向上流動

（一）政治精英離職

向下流動（Downward Mobility of Circulation）的原義是指社會地位下降，
此處只解釋政治精英離開領導階層的原因，離職與向下流動意義不同。宣統
朝的政治領導階層的離職，可歸納出幾個原因：

1. 逝　世

因逝世而離開領導階層者有：軍機大臣張之洞、戴鴻慈、鹿傳霖；禮部
尚書葛寶華、法部尚書廷杰。

2. 罷　官

因罷官而離開領導階層者有：軍機大臣袁世凱、世續（後接資政院總裁）；
郵傳部尚書陳璧、陸軍部尚書鐵良（後調江寧將軍）。

3. 調　職

因調職而離開領導階層者有：農工商部尚書溥頲調熱河都統、禮部尚書
溥良調察哈爾都統、吏部尚書陸潤庠調大學士。

4. 稱病解職

因稱病解職而離開領導階層者是郵傳部尚書唐紹儀。

5. 廢　部

因廢部而離開領導階層者有：吏部尚書李殿林、禮部尚書榮慶。

6. 結束署理

因結束署理而離開領導階層者是外務部尚書鄒嘉來。〔註114〕

〔註113〕同註112。
〔註114〕內閣各部尚書職位變動參閱魏秀梅編，《清季職官表》（台北：中研院近史所
　　　　專刊）。

（二）向上流動（Upward Mobility of Circulaion）

宣統年間政治領導階層唯一的一次向上流動，是資政院議員由選舉而進入領導階層。資政院議員因具備了財富與知識，而取得了社會地位。何炳棣教授在《明清社會史論》（The Ladder of Success in Imperial China）一書中說：「教育與財富是社會地位的決定性因素。」〔註115〕資政院有影響力的四位議員：雷奮、易宗夔、羅傑與劉春霖，因家境不錯，皆有能力留學日本，財富支持他們在日本受高等教育。在帝制中國，憑藉財富與知識，即可取得政治權力與聲望。

這些議員不經由科舉考試，而能進入政治領導階層，這在中國歷史上是少見的事。這些新血輪加入政治領導階層，使宣統朝的政治運作產生了何種變化呢？清政府之設立資政院，原爲置該院於諮詢機構地位，決無使之與政府對立之意〔註116〕。可是資政院開院後，議員們猛烈批評政府，與政府水火，形成對立的局面。民選議員們積極發揮功能，使政府受到的壓力增多，政府的權力受到挑戰。資政院一再要求軍機大臣到會聽候質詢，終而至於彈劾，這對清政府的尊嚴與威信，是一個空前未有的衝擊〔註117〕。宣統三年（1911），資政院奏請改皇族內閣爲責任內閣，因此乃有九月九日取消皇族內閣之上諭。同月十八日更依十九信條之規定，選任袁世凱爲內閣總理大臣，號稱所謂「責任內閣」，之後袁世凱得據以向革命軍議和，卒覆清室〔註118〕。由此可知這次政治精英向上流動對宣統朝政局的影響了。

第六節　光宣兩朝權力核心的比較

這個比較是要瞭解政治領導階層結構的變遷及其政治意義。此處的光緒朝以光緒三十二年（1906）爲指標。

一、光緒末年權力核心與宣統朝權力核心的不同，有兩點：

　　（一）光緒末年的權力核心（指慈禧與六位軍機大臣：奕劻、榮慶、鐵

〔註115〕（何炳棣）Ping-ti, Ho, The Ladder of Success in Imperial China, Aspects of Social Mobility, 1368~1911（台北：新月圖書公司翻印，1971 年），頁 41。

〔註116〕張朋園，《立憲派與辛亥革命》（台北：中研院近史所專刊，1969 年），頁 83～84。

〔註117〕同前書，頁 101。

〔註118〕沈雲龍，〈清末之資政院〉收於《近代史事與人物》（台北：大西洋圖書公司印行，莒光文庫，第二輯，1957 年），頁 38。

良、鹿傳霖、瞿鴻磯和徐世昌）有強有力的、權威的領導者（指
慈禧）；宣統朝的權力核心（指十一位皇族王公宗室：隆裕太后、
載灃、奕劻、善耆、載洵、載濤、溥倫、毓朗、載澤、溥偉、良
弼。和六位軍機大臣：鹿傳霖、戴鴻慈、張之洞、世續、那桐、
徐世昌）則無強有力的、權威的領導者。

（二）光緒末年的權力核心，見識、才能與政治歷練皆較宣統朝為優。
宣統朝的權力核心大半是年青的皇族親貴，缺少政治歷練。

二、宣統朝的權力核心中，皇族家庭出生者，百分比增加多少？

光緒三十二年（1906）的權力核心中只有慈禧與奕劻兩位是皇族，比率
是七分之二。

宣統朝權力核心中有十一位皇族宗室，六位軍機大臣，共十七位，皇族
宗室占十七分之十一，比光緒三十二年（1906）增加百分之六十三。

三、是何種因素造成宣統朝與光緒末年權力核心結構的不同？有兩個因素：

（一）光緒、慈禧之死，使得宣統朝中樞喪失強有力的權威的領導者。

（二）慈禧立溥儀為帝，而以載灃為監國攝政王之不當。因載灃個性懦
弱，無主見，無決斷力，沒有權威性，無法駕御皇族親貴，使得
親貴紛紛出而掌權。

四、宣統朝領導階層結構與光緒末年領導階層結構的不同，顯示何種政治意
義？

（一）沒有權威性的領導者，則少年親貴敢結黨爭權，破壞祖制，朝政
因而紊亂，使政治穩定性降低，變亂易於發生。

（二）宣統朝權力核心人員的見識、能力不夠，政治歷練不深，造成決
策品質太差，政策偏離民意，引起反政府情緒的增高，致為反對
勢力（革命黨）所趁。

（三）因為宣統朝權力核心人員的才能差，導致清政府應變能力不夠，
清政府對政治資源的控制力減弱，無法及時有效地解決政治危機
與變亂，對於滿清政權的崩潰有重大之影響。

第三章　政策偏向與危機升高

　　在現代社會，一項政策的決定，不可能是一兩個人的事，稍重要的政策，參與者往往不下數十人，但大多數參與決策程序的人，對這高度複雜的過程，也不甚瞭然，只有最高階層的極少數人，才能窺其全貌，而這些人士，往往因職責的關係，不能透露決策的經過，由於此種種因素，政策制訂的研究，相當困難〔註1〕。在專制時代，政策的制訂秘而不宣，研究起來，益為困難。宣統朝局勢動盪，清政府的政策偏向導致人民不滿情緒的增高，對革命情勢更有利，因此，有必要瞭解宣統朝的施政政策及其後果。本章探討決策者與決策過程和宣統朝的兩個基本國策——中央集權與預備立憲。

第一節　決策顢頇

　　決策是人類文化的一面，為人類和環境互動的產物〔註2〕。人類在任何時間、任何地點、任何情形下，都在從事決策的活動〔註3〕。因此，「決策」是人類一項重要的行為。自有政治社會的存在以來，便有政治的決策行為〔註4〕。政治學在討論決策理論時，必須把握三個基本因素：（一）決策途徑之選擇（Choice of Alternatives）；（二）決策程序（Decision-Making Processes）；

〔註1〕　呂亞力，《政治學》（台北：三民書局，1985年8月初版），頁302。
〔註2〕　衛嘉定、陳文煙、洪秀菊、徐振德合譯，《爭辯中之國際關係理論》（台北：黎明文化事業公司，1979年9月出版），頁313。
〔註3〕　呂亞力，《政治學方法論》（台北：三民書局，1979年4月出版），頁264。
〔註4〕　易君博，《政治學論文集：理論與方法》（台灣省教育會，1975年10月出版），頁80。

（三）決策者（Decision Maker）〔註5〕。決策途徑之選擇可歸入決策過程。
理想的決策過程爲：（一）決策者設立特定的目標；（二）尋求達成此一目標
的各種可能的選擇；（三）蒐集所有有關資料，評估每一項選擇的優缺點；（四）
決策者最後決定一項「利最多弊最少」的政策。但是理想歸理想，事實上，
由於參與政策制訂過程之決策者的個人才智、意識型態，經驗差異，加上國
內政治實體、國外環境、官僚政治、時間壓力、人力資源有限等種種因素影
響，在經驗世界裡，並沒有一個特定的決策方式可循。〔註6〕

本節在探討決策者，是想瞭解宣統朝的重大決策是個人決策或集體決
策？有那些人參與決策？關於決策過程的探討，是想瞭解重大決策是從那些
角色創議？中經何種角色的影響？最後由什麼角色對政策最後決定？當決策
過程中，有不同的意見，引起爭論，發生決策衝突（Decisional Conflict）時，
誰的影響力較大？危機發生時的決策與承平時期的決策有何不同？

以下將從兩個層面來探討：一爲重大人事的異動；一爲重大政策的制
訂。

一、重大人事的異動

（一）袁世凱罷黜之決策

袁世凱當時爲軍機大臣，權勢甚大，因此，他的被罷黜是宣統朝的大事。
「容菴弟子記」一書說袁世凱因爲派大使一案而被逐〔註7〕。其實派大使一
案，並非袁世凱被逐的主要原因〔註8〕。袁世凱於光緒末年當直隸總督時，即
因權勢過重，「爲清流所嫉」〔註9〕。在海外的康梁亦痛恨於戊戌出賣維新黨
人，常以「文電攻訐」〔註10〕。然而這些皆非罷袁之關鍵，欲窺袁世凱罷黜
之來龍去脈，應該從袁世凱與載灃的關係以及宣統朝的中央集權政策這兩條

〔註5〕 姜占魁，《行政學》（台北：五南圖書出版公司，1980年1月出版），頁261。
〔註6〕 裴兆琳，〈少數人的決策，多樣性的選擇——兼論強化我外交決策過程之道〉
　　　　（台北：中國時報專欄，1986年4月4日），刊於第二版（裴氏爲中央研究院
　　　　美國文化研究所副研究員，台灣大學政治系副教授）。
〔註7〕 《容菴弟子記》（台北：文海出版社影印，1971年），頁213。
〔註8〕 李劍農，《最近三十年中國政治史》（台北：台灣學生書局，1976年10月台三
　　　　版），頁150。
〔註9〕 張一麐，《古紅梅閣筆記》，收於《心太平室集》（台北：中國文獻出版社，1966
　　　　年9月影印），頁485。
〔註10〕 同註9。

線索來看。

胡思敬《國聞備乘》說：

> ……張翼以小吏給事醇邸，不數年官至侍郎，駸駸大用。世凱參其私
> 鬻開平礦產，解職，涉訟英廷二年，怏怏歸，遂一蹶不起。……〔註11〕

張翼因盜賣開平礦產被袁世凱所劾罷，復以朝旨督責，迫其前往倫敦與英商開平礦務公司對質於英國法庭，由於盜賣有據，英國法庭判決英商開平礦務公司勝訴，袁世凱又再參張翼責令賠償，案懸多年不決，張翼因此而苦累不堪。由於張翼本是醇王府中的舊人，因此張翼乃挽請醇王載灃向袁世凱說項，求緩其事。載灃曾為張翼請託袁世凱勿為過甚，卻不料袁世凱竟然拒絕載灃的請託，而且一直為開平礦產之事追究到底，這一來，就使載灃十分難堪了〔註12〕。袁世凱得罪載灃，這是袁被逐的一項重要原因。

另外一項重要的原因，與當時的中央集權政策有關。光緒末年袁世凱以訓練新軍之故創建北洋新軍六鎮，其將領皆由袁世凱親自拔擢，他一心一意地要把北洋軍造成個人的武力，經常地向兵士們進行一種麻醉宣傳，借以養成其「只知有袁宮保而不知有大清朝的心理」〔註13〕。無形中已將六鎮新軍作為袁世凱的私人武力，環顧海內，更沒有相似的力量足以相抗衡〔註14〕。當光緒末年，滿人排漢心理加強時，於滿人心目中，袁世凱為首欲排去之人；且袁氏逼近畿輔，更非先去其兵權不可〔註15〕。光緒三十三年（1907）改行新官制，廢練兵處，設陸軍部，鐵良為第一任陸軍部尚書，就以軍隊當歸陸軍部統轄為名，迫使袁世凱將六鎮新軍中的四鎮交出〔註16〕。接著，袁又內調為軍機大臣，表面上兵權雖然奪去，實際上統率北洋六鎮的還是他的舊人，仍和他保持親密的關係〔註17〕。袁世凱的潛在勢力仍然無法排除。宣統年間親貴欲進一步收回兵權，以達成中央集權的政策，惟一的辦法，只有除去袁

〔註11〕胡思敬，《國聞備乘》（台北：文海出版社影印，1970年），頁1758。

〔註12〕莊練，《中國近代史上的關鍵人物》（台北：四季出版公司，1979年1月出版），下冊，頁179。

〔註13〕陶菊隱，《北洋軍閥統治時期史話》（北京：生活、讀書、新知三聯書店，1957年三月第一版），第一冊，頁14。

〔註14〕同註12，頁180。

〔註15〕蕭一山，《清代通史》（台北：台灣商務印書館，1964年2月出版），第四冊，頁2459。

〔註16〕同註12，頁181。

〔註17〕李劍農，《最近三十年中國政治史》，頁150。

世凱。除去袁世凱才能徹底剷除袁跋扈不臣，尾大不掉之勢，此為監國攝政王載灃與皇族親貴們大多想望的心願。〔註18〕

「除去袁世凱」這個特定的目標設立後，決策的第二步驟就要尋求達成此一目標的各種可能的選擇。據許同莘編《張文襄公年譜》云：

> 戊申十二月。……袁世凱著即開缺回籍。監國攝政王秉太后意，命軍機擬旨，禍且不測，公反覆開陳，始命回籍養疴。公退語人曰：「主上冲齡踐祚，而皇太后啓生殺黜陟之漸，朝廷有誅戮大臣之名，非國家之福，吾非為袁也，乃為朝局計也。」……〔註19〕

胡思敬《國聞備乘》云：

> ……載灃監國之初，惟心以任之洞。之洞與監國密商處置世凱事，累日不決，其孫（作者按：孫為兒之誤）君立洩之御史趙炳麟，炳麟曰：「是可憾也。」猶恐勢孤不勝，復邀陳田，兩人同日各具一疏參之。疏上，世凱果罷……。〔註20〕

隆裕太后與載灃本欲殺袁世凱，但是軍機大臣張之洞反對，因此，去袁之事「累日不能決」。決策過程中，於是評估每一項選擇的優缺點時，可能考慮到袁世凱久握兵柄，門生故吏親信，遍佈全國，殺之恐生大變，故之回鄉，又恐貽後患，故遲遲找不出妥善的解決方法〔註21〕。皇族內部又有反對殺袁世凱的阻力，當載灃將殺袁世凱之意告訴慶親王奕劻時，奕劻回答：「殺袁世凱不難，不過北洋軍如果造起反來怎麼辦？」〔註22〕又說：「此事關係重大，請王爺再加審度。」〔註23〕

劉禺生《世載堂雜憶》云：

> 醇賢親王載灃攝政，始意欲誅袁世凱，密擬上諭，由晉人李殿林主稿。殿林為載灃兄弟受業師，時官某部侍郎。「上諭」原為「包藏禍心」云云，處分嚴厲可知也。上諭發布前一夕，載灃囑度支部尚書宗室載澤，夤夜走訪張之洞，持所擬上諭示之。張亦軍機大臣也，

〔註18〕同註12，頁181。

〔註19〕許同莘編，《張文襄公年譜》（上海：商務印書館出版，1947年），頁275～276。

〔註20〕胡思敬，《國聞備乘》，頁1956。

〔註21〕黃濬，《花隨人聖盦摭憶全編》（台北：聯經出版公司，1979年出版），頁664。

〔註22〕溥儀，《溥儀自傳》（台北：大申書局，1976年3月再版），頁20。

〔註23〕載濤，〈載灃與袁世凱的矛盾〉，收於《晚清宮廷生活見聞》（台北：木鐸出版社，1983年9月出版），頁81。

力以時局危疑，務宜鎮靜寬大爲辭。且曰：「王道坦坦，王道平平，願攝政熟思之，開缺回籍可也」。故明晨發出上諭，改爲「足疾加劇」云云。〔註24〕

奕劻與張之洞在殺袁的決策中持反對意見，已甚明顯。關於「殺袁」這件事，到底是誰先提議的？那些人贊同或支持？有必要再加審查。載濤事後回憶認爲提議者是肅親王善耆與鎮國公載澤。

《晚清宮廷生活見聞》云：

> 載灃攝政不久，即下諭罷免袁世凱。據我所知，促成其事的爲肅親王善耆和鎮國公載澤。他兩人向載灃秘密進言，此時若不速作處置，則內外軍政方面，皆是袁之黨羽；從前袁所畏懼的慈禧太后，太后一死，在袁心目中已無人可以鉗制他了，異日勢力養成，消除更爲不易，且禍恐不測（大意就是説袁心存叛逆）。善耆主張非嚴辦不可；載灃彼時對袁，也覺得是自己絕大障礙，遂同意善耆等的做法……。〔註25〕

善耆、載澤以外，鐵良或者也參與密謀。〔註26〕

《溥儀自傳》說溥偉也參與密謀決策，其書云：

> ……攝政王要殺袁世凱……，和攝政王一起制定這個計劃的是小恭親王溥偉。〔註27〕

溥偉是近支皇族，參與決策的可能性不小。劉厚生《張謇傳記》云：

> 我研究載灃的罷斥世凱，並非個人的主張，亦非倉猝所決定。他早與親密信任的皇族經過長時期的討論，而後有此行爲。一般人都知道，載灃是一個膽子很小，性情很懦而沒有主意的人。他之決然罷斥世凱，一定經過若干人之策動與鼓勵。據我推測，至少必有肅親王善耆、鎮國公載澤、貝勒載濤、載洵、毓朗五人在內。而他們罷斥世凱的目的，決非僅僅報復戊戌之怨，而是打算收回世凱的兵權歸滿人統轄。……〔註28〕

劉厚生所舉的皇族親貴五人之中，善耆爲民政部尚書，毓朗後爲軍諮大

〔註24〕劉禺生，《世載堂雜憶》（台北：長歌出版社，1976年2月出版），頁191。
〔註25〕同註23。
〔註26〕惲寶惠，〈清末貴族之明爭暗鬥〉，收於《晚清宮廷生活見聞》，頁65。
〔註27〕《溥儀自傳》，頁20。
〔註28〕劉厚生，《張謇傳記》（香港：龍門書店，1965年出版），頁166。

臣。載濤掌軍諮府，載洵掌海軍，載澤掌度支，都是宣統朝皇族中最為顯赫有力的人物。其中載濤與載洵是載灃的親弟，載澤有隆裕太后為其靠山，在五人中又為實力最強者。〔註29〕

綜上觀之，殺袁的計劃，大概是由肅親王善耆與鎮國公載澤提議，經過皇族親貴載洵、載濤、毓朗、溥偉與滿人兵部尚書鐵良的贊同，但在決策過程中遭慶親王奕劻與軍機大臣張之洞的反對，在評估每一項選擇的優缺點時，顧慮可能引起兵變，乃放棄殺袁世凱的原意，最後由隆裕太后與監國攝政王載灃決定採用張之洞的建議，於是有光緒三十四年十二月十一日（1909年元月二日）的上諭：

> 軍機大臣外務部尚書袁世凱，夙承先朝屢加擢用，朕御極後復予懋賞，正以其才可用，俾效馳驅，不意袁世凱現患足疾，步履維艱，難勝職任，袁世凱著即開缺回籍養病，以示體恤之至意。〔註30〕

袁世凱實無病，亦無上疏懇辭，清政府藉口奪其職，袁乃隱歸河南彰德（安陽）之洹上村。是時北洋陸軍乃其舊部，直隸總督楊士驤、東三省總督徐世昌為其耳目，慶王奕劻、陸軍部侍郎廕昌等，均與其有密切關係，故雖不在北京，對於國政仍瞭如指掌，其權勢實居各督撫之上。〔註31〕

決策結果，終將袁世凱放歸故里，後人論此，亦常咎載灃、張之洞為婦人之仁，以為「縱虎歸山，禍將不測」，日後袁世凱之陰謀篡奪，禍機即伏於此。〔註32〕

（二）罷鐵良以廕昌代為陸軍部尚書之決策

宣統二年（1910）二月之罷免鐵良，以廕昌代為陸軍部尚書一事，為宣統朝重大之人事異動，此牽涉政治因素與派系傾軋。

清代末年的滿人，才識明敏而思想開通的極少。鐵良不但是這少數幾個開明人物之一，而且曾留學日本，諳習軍事學識，在排除袁世凱之後，很可以作為繼統北洋新軍的首領。但是當時出任軍諮大臣的載濤，卻以為鐵良的氣度偏狹，不能容人，由他來擔任陸軍大臣，很可能因排斥袁系人物過力之

〔註29〕莊練，《中國近代史上的關鍵人物》，下冊，頁180。
〔註30〕《東方雜誌》，宣統元年第一期。
〔註31〕李守孔，《中國近代史》（台北：台灣學生書局，1975年9月八版），頁725。
〔註32〕載濤，〈載灃與袁世凱的矛盾〉，收於《晚清宮廷生活見聞》，頁81。劉禺生，《世載堂雜憶》，頁191。莊練，《中國近代史上的關鍵人物》，上冊，頁184。

故，反而促成北洋新軍中袁世凱勢力之團結，實爲無益有害之事。所以，照載濤的想法，要使軍權集中於政府之手，必須採取雙管齊下的辦法，即一方面懷柔北洋新軍中的袁系人物，使他們能夠聽命中央，另一方面則多方延攬外國留學生回國，大事擴建新軍，使北洋軍不致爲惟一的軍事勢力。基於此一考慮因素，所以載濤不但在各省成立督練公所訓練新軍，也成爲把鐵良從陸軍部尙書的寶座上換下來，另外叫親袁的廕昌去擔任。在他的想法，廕昌與北洋新軍的關係比較好，稍假時日，當可收北洋的軍力爲己用，到了那時，袁世凱就沒有翻身的機會了〔註33〕。此爲罷鐵良的第一個原因。

另外一個原因與當時的派系衝突有關。因爲當時的皇族，派別雖然不同，而對於奕劻，不能容忍其挾制攬權，意見是完全一致的。奕劻的靈魂，早爲袁世凱所收買，袁世凱既去，則掌握兵權的就是鐵良了。鐵良對於練兵，既有經驗，亦有辦法，在滿族中爲頭腦比較清楚的一個。他受奕劻的提拔，且極信賴，載濤、毓朗認爲若有他爲陸軍領袖，則奕劻仍不易掰倒，所以連他一起排去。〔註34〕

第三個罷鐵良的原因與宣統朝的滿滿權力鬥爭有關。自從載濤出掌軍諮府以後，日夜思奪陸軍部之權，而陸軍部尙書鐵良個性剛愎專斷，載濤挾皇叔之尊，少年氣盛，與鐵良不合，常有爭執，眼看鐵良不易控制，乃與他的軍師良弼密謀，聯合毓朗，以排去鐵良，而以個性較溫和的陸軍部右侍郎廕昌繼爲陸軍部尙書，因而有宣統二年（1910）二月初七日鐵良以病開缺的上諭。〔註35〕

至於鐵良外放爲江寧將軍，胡思敬《國聞備乘》云：

> 隆裕初無他志，唯得時行樂而已，監國亦事之甚謹，無幾微隙也。後朝政亂，宗室多違言，頗有浸潤於隆裕之前者，於是外間閧傳滿州八大臣聯名請隆裕垂簾，如孝欽故事，監國大懼，已而知爲謠言，然無日不惴惴。時鐵良罷歸私第，疑其與謀。一日，傳旨召見，即出爲江寧將軍。〔註36〕

鐵良開缺以後，在京閒住，監國攝政王懷疑他可能參與政治陰謀，即有意將他外放，讓他離開北京權力中心；加上載濤、毓朗這些人的策劃，認爲

〔註33〕同註29，頁185。
〔註34〕惲寶惠，〈清末貴族之明爭暗鬥〉，收於《晚清宮廷生活見聞》，頁65～66。
〔註35〕《政治官報》，宣統二年二月初八日，第854號，諭旨。
〔註36〕胡思敬，《國聞備乘》，頁1943。

鐵良在京仍可與近畿各鎮長官暗中取得聯絡，亦無異於奕劻潛勢力之存在。載灃採納他們的意見，遂把鐵良放為江寧將軍〔註37〕。於是有宣統二年（1910）八月四日以鐵良為江寧將軍之上諭。〔註38〕

綜上觀之，罷鐵良的決策，由載濤提議，禁衛軍訓練大臣良弼與軍諮府大臣毓朗參與密謀，支持此項行動，監國攝政王載灃亦有此意，乃合謀排斥鐵良，並外放為江寧將軍。

鐵良之罷有不良之後果。蔭昌雖有軍事知識，然其才能不足以駕御北洋軍。攝政王載灃和那班少年親貴們識見寡陋，輕躁無謀，此舉在有意無意之間已為袁世凱製造再次出山的機會。〔註39〕

（三）世續開去軍機大臣之決策

宣統二年（1910）七月十三日，清政府上諭令大學士世續開去軍機大臣，吳郁生毋庸在軍機大臣上學習行走，以毓朗、徐世昌補授軍機大臣；以唐紹儀署理郵傳部尚書；命盛宣懷補郵傳部侍郎，並幫助辦理度支部幣制事宜。〔註40〕

大學士有相之位，軍機大臣有相之尊，世續相當於宰相職位，無重大政治過失而被開去軍機大臣之職，此事非同小可，必有原因。此一人事異動，出於載濤之設計，據警民所著《徐世昌》云：

> 軍機處，世昌舊所迴翔地也。自戴鴻慈歿，世續洊其門人吳郁生。郁生雖工夤緣，而闇庸絕不識政體。載濤自歐美考察陸軍歸國，力陳日、俄謀我之急，非速變法立憲，不足圖存。載灃命共樞臣議，續、郁生一詞不能贊。濤謂軍機政所從出，而大臣才若此，事何由辦？因力詆續、郁生，而薦世昌，舉治奉政績，有整潔之馬路，嘹哨之軍樂，壯麗之公署，皆可頡頏外國。灃亦謂朝臣達新政者，世昌必首屈一指。遂言於孝定（隆裕太后諡孝定），罷續、郁生，以世昌代之，郵傳部則授諸所薦之唐紹儀，恐他人接任，或有更張也。時張（之洞）、鹿（傳霖）皆歿，漢大臣唯世昌寵最固。袁黨自戊申冬勢漸黜，至是得其護持力，始並響用。〔註41〕

〔註37〕 同註34，頁66。
〔註38〕 《政治官報》，宣統二年八月初五日，第一千二十八號，諭旨。
〔註39〕 同註29，頁184。
〔註40〕 《政治官報》，宣統二年七月十四日，第一千七號，諭旨。
〔註41〕 警民，《徐世昌》（台北：文海出版社影印，1971年），頁22～23。

　　此一人事異動雖由載濤提議，但參與決策者並非僅只載濤一人，此得另從徐世昌的政治關係來看。徐世昌自東三省總督調回北京擔任郵傳部尚書，其政治關係，於載灃、載洵、載濤、奕劻、那桐爲近。並聽從梁士詒的建議，多取郵傳部路政羨餘，以與親貴周旋，而所兼的津浦路督辦，又屬膏腴之地，揮霍更爲如意，於是灃、洵、濤、劻、桐輩益佩其賢能。〔註42〕警民所著《徐世昌》云：

> 郵傳部者，謂爲行政之機關，勿寧謂爲貿易之公司，而尤公司中之
> 腐敗牽潤者也。然內之奄寺，外之親貴及樞臣，當陳璧掌部時，莫
> 不餽以鉅金，故諸官皆倚之爲利藪，非個中人不令承乏也。或謂世
> 昌未授事，已許載洵、濤月費各萬五千金，是雖不可知而皆有所分
> 潤則無疑義，是款取之何所？鐵路局是也。梁士詒自調部，即筦路
> 局事，其於公私計劃皆甚周備，歷任堂官咸倚之爲左右手，其副則
> 葉恭綽、龍建章也。世昌既蒞任，一仍其舊事皆聽之士詒，唯津浦
> 路政則奉旨自爲督辦者，乃舉朱啓鈐、陸勤伯等，分公司之所據，
> 固膏腴，揮霍如意，劻、灃、洵、濤、那桐等益佩其賢能。未幾遂
> 授協辦大學士，時同官者科名，以世昌爲最後，而竟膺爰立，莫不
> 稱異數也。〔註43〕

　　由此觀之，徐世昌早賄賂皇族親貴，得其歡心與信任，因此，載濤欲排去軍機大臣世續，而以徐世昌、毓朗，繼任軍機之提議，當得載洵、奕劻、那桐與監國攝政王載灃之支持。毓朗與載濤同掌軍諮府，皆爲皇族，又屬同一政治派系，載濤當然亟意進一步提高其政治地位，以蔚爲己用，並壯大其派系力量。

　　然而以毓朗、徐世昌繼任軍機之決策過程，亦有反對之意見。鎭國公度支部尚書載澤持反對態度，其反對理由大概有兩點，一以徐世昌、唐紹儀皆爲袁派大將，如以徐繼爲軍機大臣，唐繼爲郵傳部尚書，則袁派勢力有復興之可能；二以唐繼爲郵傳部尚書則利權將爲外人所奪，因此，反對載濤此一人事安排。載澤甚至使出他的殺手鐧，告到隆裕太后那裏。載潤事後回憶云：

> ……載灃命毓朗、徐世昌爲軍機大臣。不數日，隆裕即迫令載灃
> 將此二人撤去。載灃始則婉言請稍從緩；隆裕復以言語相逼，載

〔註42〕沈雲龍，《徐世昌評傳》（台北：傳記文學出版社，1979年8月出版），頁123。
〔註43〕警民，《徐世昌》，頁22。

澧不得已，以太后不應干預用人行政之權爲對，隆裕始無可如何。〔註44〕

但是載澤的反對意見遭載澧、載洵、載濤、奕劻、那桐等的聯合陣線所封殺，此一重大的人事異動決策終於通過。決策結果對於宣統朝的政局有重大的影響，自從徐世昌再任軍機大臣後，袁世凱謀起用甚力，皆賴徐爲其疏通賄賂皇族親貴，改變親貴對袁之惡感。宣統三年（1911）四月，奕劻內閣成立，徐世昌與那桐爲協理大臣，徐甚至建議起用袁世凱，那桐幫其上疏，載澧雖未許可，亦未加申斥。載澧原對稱頌袁者皆嚴加申斥，如今態度微妙之轉變，對袁復出甚爲有利，此皆徐世昌重入軍機，運動疏通親貴之功勞。〔註45〕

（四）革瑞澂職仍令署總督圖功之決策

宣統三年（1911）八月十九日湖北新軍起義於武昌，湖廣總督瑞澂棄城遁逃，載澧詔革瑞澂職，並令其帶罪圖功。〔註46〕時內閣總理大臣奕劻主張嚴懲瑞澂，載澧不敢作主，奕劻乃力爭於隆裕太后前，而隆裕太后不許。徐凌霄《一士隨筆》云：

> 辛亥武昌舉事，湖廣總督瑞澂逃，詔革其職，而仍令署總督圖功。聞當時奕劻曾力爭於隆裕前，請拏問瑞澂，隆裕弗聽。奕劻曰：「封疆重臣，棄職逃走，豈可寬貸？」隆裕曰：「庚子那一年，咱們也不是逃走的嗎？」奕劻語塞，退而忿然語人曰：「小舊子保駕！」指載澤也。瑞澂爲載澤姊夫，載澤爲隆裕妹夫，其淵源如此。〔註47〕

瑞澂革職仍帶罪圖功的決策，由於載澤護駕，奕劻力爭無效，載澧退避三舍，不敢惹載澤，奕劻單槍匹馬，雖以內閣總理大臣之尊，仍鬥不夠載澤與隆裕太后的聯合陣線。

清政府不給予瑞澂嚴懲的決策，對往後政局的演變有不良的影響。蓋主官敵前逃亡，本應死罪，乃能收殺一警百之效，以維持紀律，兼鎮攝地方官吏，使其知天威猶在，而不敢違抗中央。現瑞澂逃而不治罪，各省督撫乃心存僥倖，紀律散渙，觀望時局，甚而與地方之立憲派或革命黨結合，宣佈脫

〔註44〕載潤，〈隆裕與載澧之矛盾〉，收於《晚清宮廷生活見聞》，頁78。

〔註45〕同註43，頁23。

〔註46〕《宣統政紀》，卷六十一，頁25。

〔註47〕徐凌霄，《一士隨筆》，載《國聞週報》第十卷，第五十期。

離中央而獨立,各省之獨立使清政府基礎動搖,清祚亡矣。

(五)武昌起義後起用袁世凱之決策

宣統三年（1911）八月十九日,武昌新軍起義。清政府於二十一日命陸軍大臣廕昌率北洋陸軍兩鎮赴鄂剿辦〔註48〕,廕昌號令不行,在孝感急的滿頭大汗〔註49〕,時清軍作戰不利,告急文書紛紛飛來〔註50〕。袁世凱的「軍師」徐世昌看出時機已至,就運動奕劻、那桐幾個軍機大臣一齊向攝政王保舉〔註51〕。起用袁世凱之內幕,張國淦《辛亥革命史料》云:

> 八月十九日,武昌新軍起事。二十一日,命廕昌督師赴鄂剿辦。二十三日,起用袁世凱為湖廣總督,督辦剿撫事宜,相距僅二日。廕昌督師,在當時已有點勉強。廕雖是德國陸軍學生,未曾經過戰役,受命後編調軍隊,頗覺運調為難。其實此項軍隊,均是北洋舊部,人人心目中祇知有「我們袁宮保」。慶（王）、那（桐）、徐（世昌）等素黨袁,武昌事起,舉朝皇皇,慶等已連日私電致袁,並派員至彰德秘密商議大計,信使絡繹。他們本無應變之才,都認為非袁不能平定,且是袁出山一絕好機會。乃於二十三日,由奕提議起用袁,那、徐附和之。攝政王語片刻,慶言:「此種非常局面,本人年老,絕對不能承當。袁有氣魄,北洋軍隊,都是他一手編練,若令其赴鄂剿辦,必操勝算,否則畏葸遷延,不堪設想。且東交民巷（各國駐華使館區域）亦盛傳非袁不能收拾,故本人如此主張。」澤公（載澤）初頗反對,鑑於大勢如此,後亦不甚堅持。攝政言:「你能擔保沒有別的問題嗎?」慶言:「這個不消說。」攝政蹙眉言:「你們既這樣主張,姑且照你們的辦。」又對慶等說:「但是你們不能卸責。」於是發表袁湖廣總督。……九月初六日,召廕昌還,授袁欽差大臣,節制諸軍。同日,袁電奏起程日期,到漢五日,十一日即授袁內閣總理大臣。自此軍政大權,全操諸袁一人之手矣。〔註52〕

袁世凱奉詔後,故意徘徊觀望,以「足疾未瘳」四字力辭,不肯出山,他所以不肯即出的原故,一是要洩一洩憤,二是要等事變擴大,使載灃不能

〔註48〕 同註46。
〔註49〕 陶菊隱,《袁世凱竊國記》（台北:台灣中華書局,1954年影印）,頁47。
〔註50〕 《溥儀自傳》,頁21。
〔註51〕 同註50,頁21～22。
〔註52〕 張國淦,《辛亥革命史料》（香港:龍門書店,1958年出版）,頁108。

收拾，三是要取得對自己合算的條件〔註53〕。慶親王見他不出，叫徐世昌於二十九日微服到彰德勸駕〔註54〕。袁提出六條件〔註55〕，清政府允其請求，九月初六日召還蔭昌，命袁爲欽差大臣，袁乃正式出山。

起用袁世凱的決策，由徐世昌運動慶王奕劻與那桐，而由慶王奕劻正式向載灃建議，決策過程中持反對立場的有載澤、隆裕、載灃，還有一些皇族親貴，大概是肅親王善耆、貝勒載洵、載濤、毓朗、恭親王溥偉等人。這些反對派只會反對，而想不出更好的解決辦法。攝政王不願將這個大對頭請出，以威脅自己的政治生命，但是他素性懦弱，沒有獨作主張的能力，亦沒有對抗奕劻、那桐、徐世昌等人的勇氣，只有任聽擺佈，忍淚屈從〔註56〕。隆裕太后對於重大事件本有裁決權〔註57〕，但是她亦庸懦無識，拿不出主意，於是起用袁世凱的決策就這樣通過了。

起用袁世凱屬於危機決策。在危機發生時及高度緊張情況下，決策者所接受與考慮到的行動選項（Alternative）較沒壓力時爲少〔註58〕。當時陸軍部大臣蔭昌都已親赴前線督師，仍無法控制局面，作戰不利，軍情緊迫的電文如雪片飛來，在此緊急情況下，除了起用袁世凱外，沒有更好的辦法，參與決策者只好選擇「起用袁世凱」這個選項。

武昌起義後起用袁世凱的決策，對於宣統朝政局產生決定性的影響。袁世凱不是清政府的「社稷之臣」，不像曾國藩、李鴻章那麼「麾之即去，呼之即來」的〔註59〕。光緒三十四年（1908）冬天，袁無重大的政治過失，亦無病而被放逐，這種重大的恥辱，任何一位大官都難免會懷恨在心，何況袁是一位雄才大略、心懷異志的政治人物。一旦復出，當然要報復。因此，監國攝政王首當其衝，被迫退歸藩邸，袁一不做二不休，步步逼迫清皇室，過不

〔註53〕 李劍農，《最近三十年中國政治史》，頁189。

〔註54〕 同註49，頁46。

〔註55〕 袁世凱提出之六條件爲：（一）明年即開國會：（二）組織責任內閣：（三）寬容參與此次事變的人：（四）解除黨禁：（五）須委以指揮水路各軍及關於軍隊編制的全權：（六）須給予十分充足的軍費。

〔註56〕 載濤，〈載灃與袁世凱的矛盾〉，收於《晚清宮廷生活見聞》，頁82。

〔註57〕 《宣統政紀》，卷一，頁6。慈禧太后懿旨：「嗣後軍國政事，均由攝政王裁定。遇有重大事件，必須請皇太后（隆裕）懿旨者，由攝政王隨時面請施行。」

〔註58〕 龔文周、何建台譯，《國際政治解析的架構》（台北：龍田出版社，1983年8月出版），頁10。

〔註59〕 李劍農，《最近三十年中國政治史》，頁189。

久，清帝退位，兩百六十八年的大清皇朝終於滅亡。

二、重大政策的制訂

（一）皇族掌握兵權的政策

載灃中央集權的計劃，第一步就是皇族掌握兵權。此項政策的由來，得由載灃的政治思想談起。

庚子拳亂時，德國駐華公使克林德（Kottler）被拳匪所戕。迨辛丑和約簽訂之後，清政府除了在北京城中爲克林德建立紀念碑之外，並派遣專使一人，專程前往德國謝罪。當時此一被派充任謝罪專使之人，就是小醇王載灃。載灃抵德，目睹德國皇室的權勢甚盛，因而向德國皇帝威廉亨利請教，亨利告訴他，欲強皇室，須掌兵權，欲強國家，須修武備。載灃謹記其言，奉爲金科玉律。當慈禧太后未死時，載灃不敢言掌握兵權，以免招致不必要之疑忌。現在他自己當了監國攝政王，政權在握，遂欲乘機集中兵權，以謀加強皇室地位，鞏固大清皇朝的統治。所以他從光緒三十四年（1908）十二月接掌政柄之時開始，便採取了一連串的步驟，以實現其逐步集中兵權的打算。比較顯著的事實，如編組禁衛軍，以作爲直隸攝政王的親軍；裁撤近畿各省的新軍督練公所，命近畿各省新軍均歸陸軍部統轄；成立軍諮府以執掌軍事行政；成立海軍部以建設海軍，等等都是。這些措施，足以使新建陸軍及未來的海軍均歸於中央直轄之下，而軍諮府猶如今日的參謀本部，軍權集中，指日可期。既然集中兵權之目的是在加強皇室之地位，所有掌握兵權的負責大員，便不能不由皇室之成員擔任。所以，他先則命載洵與薩鎮冰同爲籌備海軍的籌辦大臣，及海軍部成立，則又專任載洵爲海軍部大臣。繼設軍諮府，又命載濤爲軍諮府大臣。一方面因爲洵濤二人都是他的親弟，二方面亦因爲這兩個人都有出當大任的政治野心，非載灃所能遏阻。〔註60〕

載洵與載濤分掌海軍與軍諮府的內幕，胡思敬《國聞備乘》云：

> 海軍本肅王建議，載洵等出而攘之，故用載洵爲海軍大臣。派毓朗、載搜專司訓練禁衛軍大臣；搜，載振弟也。載濤見載洵等已握兵權，恐遂失勢，爭於攝政王前，幾有不顧而唾之勢。王大窘，次日，復加派濤管理軍諮府。〔註61〕

〔註60〕同註29，中冊，頁286～287。
〔註61〕胡思敬，《國聞備乘》，頁1959。

綜觀皇族掌握兵權的政策，大體上構想由載灃所提出，參與決策者是載灃弟載洵與載濤。其他皇族親貴亦得部份政治利益〔註 62〕，故無反對此項政策之理。

此項重大政策的決策結果，載灃三個兄弟，一個以攝政王代行大元帥親統禁衛軍，一個辦海軍，一個作參謀總長總攬一切軍務，皇族的基本大權，可算鞏固了〔註 63〕。可是，載灃欲藉集中兵權以加強皇室地位的計劃，到後來就造成了親貴攬權的惡劣情勢，其發展演變，迥非載灃個人所能支配控制。到滿清末年之親貴攬權，在當時是最失人心的弊政。更惡劣的是，這些親貴在把持政柄之餘，猶復各立門戶，互分派系，以從事於各種政治利益的爭奪，於是乃使宣統朝的政治情勢愈來愈形濁亂不堪了。〔註 64〕

（二）鐵路國有政策

光緒末年，鐵路本為商辦，至宣統三年（1911）四月改為國有。鐵路政策的改變，是宣統朝的大事，且對政局有重大之影響，因此，對於此一重大政策之制訂，必須加以探討。

鐵路政策的改變，大約有兩個原因，一為鐵路商辦情況不能令人滿意。商辦鐵路弊端重重，全漢昇〈鐵路國有問題與辛亥革命〉一文云：

> 清政府於光緒二十一年設立鐵路總公司，派盛宣懷為督辦鐵路大臣。因為當日國內資本缺乏，故建築鐵路所需的鉅額資本，不得不倚賴外債來應付。……自光緒二十一年至二十九年，蘆漢、正太、滬寧、汴洛、粵漢、津浦、道清等鐵路的借款合同，以及蘇杭甬、浦信、廣九各路的借款草約，都由盛宣懷以鐵路總公司督辦的資格來與外人訂立。盛氏大借外債的結果，路權喪失，自然要引起國人強烈的反感。因此，自光緒三十年（1904）至宣統二年（1910），全國各省都普遍發生拒絕外債，廢棄成約，而把鐵路收回自辦的運動。在當日收回自辦的鐵路中，以自美國合興公司（American China Development Company）贖回自辦的粵漢鐵路最為重要。此外，當日由國人集資商辦的，有川漢、贛路、閩路、皖路、浙路、蘇路、西

〔註62〕 肅親王善耆掌民政部，握警政大權；鎮國公載澤掌度支部，握財政、鹽政大權；溥倫掌資政院；恭親王溥偉擔任禁煙大臣；貝子毓朗擔任訓練禁衛軍大臣；慶王奕劻仍當總理大臣。

〔註63〕 李劍農，《最近三十年中國政治史》，頁 154。

〔註64〕 同註29，中冊，頁 287。

潼、新寧、豫路、桂路、騰越、同蒲等組織。

可是，這些由國人集資商辦的鐵路，由於股本籌集的困難，管理效率的低下，和組織的不健全，建築的速度非常之慢，或甚至長期不能開工。例如光緒三十四年（1908）上諭說：「鐵路為交通大政。紳商集股，請設各公司，奏辦有年，多無起色，坐失大利，尤礙交通。」又如汪康年在宣統三年五月初一日芻言報發表鐵道國有與民有一文中說：「……況各省籌款難，不能動工者，其總協理以下，坐耗薪水如故也。籌款易者，則爭角劇烈，糜費尤甚。於是七八年之久，集款一二千萬，僅成路一二百里者有之；集款數百萬，僅成路數十里者有之。而用人之冗濫，採辦之侵蝕，與官辦無異。失如是，吾安能主持民有之說乎？」……。〔註65〕

清政府宣佈鐵路幹路收歸國有之上諭，亦論及鐵路商辦之弊，上諭云：

……從前規畫未善，並無一定辦法，以致全國路政錯亂紛歧，不分枝幹，不量民力，一紙呈請，輒行批准商辦。乃數年以來，粵則收股及半，造路無多；順則倒帳甚鉅，參追無著；湘鄂則開局多年，徒資坐耗。竭萬民之膏脂，或以虛糜，或以侵蝕，恐曠時愈久，民累愈深，上下交受其害，貽誤何堪設想？……。〔註66〕

商辦鐵路成績的惡劣，促使滿清政府改變它的鐵路政策，即由商辦改為國有。而在當日鐵路政策轉變的過程中，粵漢及川漢鐵路商辦情況的不能令人滿意，尤其是最重要的關鍵。〔註67〕

粵漢及川漢兩鐵路的情況如何不能令人滿意？這在盛宣懷《愚齋存稿》中亦有具體記錄可查。引敘兩段簡單的文字，就可以大致概括。一是宣統三年（1911）五月，盛宣懷奏上〈遵籌川粵漢鐵路收回辦法摺〉內所說到的粵漢路商辦情形，云：

鄂湘商股，固甚微薄。瑞澂電稱，鄂路並無尺土寸料，湘路雖然有米捐鹽捐田租房租，然路線甚長，民計甚窘，竭立搜索，告成無期。〔註68〕

〔註65〕全漢昇，〈鐵路國有問題與辛亥革命〉，收於《辛亥年四川保路運動史料彙編》（台北：國史館，1981年8月出版），下冊，頁137～138。

〔註66〕《宣統政紀》，卷五十二，頁28～30。

〔註67〕同註65，頁138。

〔註68〕盛宣懷，《愚齋存稿》（台北：文海出版社影印，1963年），宣統三年五月，〈遵

川路方面，則宣統三年（1911）五月初五日，盛宣懷在寫給護理四川總督王人文的信中，引敘四川京官甘大璋等人的話說：

> 現開工二百餘里，九人方能完功，全路工竣，需數十年。後路未修，前路已壞，永無成期。前款不敷逐年工用，後款不敷股東付息，款盡路絕，民窮財困。〔註69〕

商辦鐵路的成績惡劣如此，為了希望能把攸關國家經濟發展的交通命脈——鐵路——從速建成，除了把商辦鐵路回收官辦以外，似乎沒有更好的辦法了。〔註70〕

鐵路商辦政策改變的第二個原因，是皇族親貴欲利用借外資以斂殖私財。當時清政府因為要紛飾新政，處處需錢，而財政又日趨窮迫，一班貪婪的少年親貴，擁著一個貪而且庸的奕劻，更相互以斂殖私財為事；聽到一班獵官的新人物，供獻他們一種「利用外資，開發實業」的政策，就喜歡的不得了；於是內外湊和，在辛亥年春夏的幾個月，外債驟增約二億；其最著者為：

> 英美德法四國銀行團幣制借款一千萬鎊（一億元）。
>
> 日本鐵道公債一千萬元。
>
> 英美德法四國銀行團川漢粵漢鐵道借款六百萬鎊（六千萬元）。

主持這些借款的重要人物，就是載澤和盛宣懷。載澤之妻與隆裕太后為姊妹，在親貴中勢力很大，擔任度支大臣，總攬財政全權。盛宣懷夤緣親貴，巴結載澤，任郵傳大臣，想藉鐵路借款，一面擴充私囊，一面鞏固權位，迎合皇族內閣集權的心理，乃提出「鐵路國有政策」，這就是鐵路國有政策的由來。〔註71〕

梁士詒認為盛宣懷所以要實行鐵路國有政策的原因，是要報復他以前所管的鐵路被唐紹儀、梁士詒所奪之仇恨，《三水梁燕孫先生年譜》云：

> 自先生去職後，盛宣懷得發舒其意，與載澤、鄭孝胥等相結，欲大有所為，而先從鐵路收歸國有入手。時清廷當積弱之後，威信久失，革命運動，潛滋暗長，將一觸即發。盛氏懵焉不察，欲倚以有

籌川粵漢鐵路收回辦法摺〉。

〔註69〕同註68，宣統三年五月初五日，〈給護理四川總督王人文之信〉。

〔註70〕同註29，頁310。

〔註71〕李劍農，《最近三十年中國政治史》，頁174～175。

成，結果反成亡清之導火線。實亦盛氏所不及料也。然盛堅持鐵路
國有之主張，其意不過在復前此所縮鐵路被奪於唐氏之仇，且藉以
恢復勢力，固無所謂政策也。特畫策者爲之緣飾推衍，勾結以成其
事耳。三月中給事中石長信奏鐵路亟應明定幹路國有，枝路民有，
俾維大局，奉旨交郵傳部議奏。盛覆奏稱：「該給事中所言，係國計
民生兼顧，所有明定統一之法，似不可再事因循，應請明降諭旨，
曉示天下。」至是遂有鐵路國有政策之宣布。其中布置，固早定之
於豫也。〔註72〕

梁士詒既然也是盛宣懷的政敵，他的話就是「讒口之言」，不可以完全相
信。不過，梁士詒年譜所說，鐵路國有政策乃是載澤、盛宣懷、鄭孝胥諸人
所籌之已熟的「大計」，石長信的奏摺不過是互相呼應的發動信號，這話大
概不錯。〔註73〕

由上可知，鐵路國有政策是盛宣懷所提議，載澤、鄭孝胥參與計劃，在
決策過程中，監國攝政王載灃最初主張慎重，但是因載澤、盛宣懷堅持，奕
劻、那桐亦利其可借外資，多得回扣，都表贊同〔註74〕；加上載灃母親收了
盛宣懷賄賂〔註75〕，亦支持此項政策，於是鐵路國有的決策乃順利通過。隆
裕太后與載澤站在同一陣線，當然更贊同這項政策了。

清政府制訂鐵路國有政策，明知勢必引起反對，決心施以高壓，既不考
慮各方民情久已洶洶，又不知政府的威信喪失殆盡，大動亂隨時可以爆發
〔註76〕。政策的制訂又不循合法的程序，先交資政院妥議，再由內閣執行，
而由盛宣懷單銜入奏，由內閣總、協理大臣奕劻、那桐、徐世昌逕行署名發
佈，殊不合實行責任內閣制之程序，足資反對者以藉口〔註77〕。於是反對的
呼聲隨之大起，川路風潮爆發，變成亡清的導火線。

政治學在研究政策制訂的過程時，有幾項必要的步驟：問題的界定，相
關資料的蒐集，分析與評估，政策目標的確定，各種可行方案的設計與評估

〔註72〕岑學呂編，《三水梁燕孫先生年譜》（台北：文海出版社影印，1972 年），頁
　　　 97～98。
〔註73〕同註29，頁305。
〔註74〕胡思敬，《國聞備乘》，「鄭蘇龕好爲大言」一條，論及鄭孝胥入京獻策，其一
　　　 即爲鐵路國有政策，頁1970～1971。沈雲龍，《徐世昌評傳》，頁138。
〔註75〕徐凌霄，《一士隨筆》，載《國聞週報》，第八卷，第四十六期。
〔註76〕郭廷以，《近代中國史綱》，頁398。
〔註77〕沈雲龍，《徐世昌評傳》，頁138。

（選項的釐訂），最後在選項中選擇其中一種決定〔註78〕。宣統朝的政策制訂並沒有像政治學有這麼嚴密的一套過程，不過其政策目標，大體上是正確的。純粹從鐵路國有政策的本身而言，以及由當時地方紳商辦理川粵漢鐵路的虧損、遲緩和混亂的實際情況來說，辛亥年清政府決定將川粵漢鐵路收歸國有的政策，不僅沒有違情背理的地方，甚至也可說是一個相當明智的政策，而且，這也還是經過一番愼審調查後的決定〔註79〕。可惜，這項政策制訂太背離民意了，以致引起大動亂。

從以上重大人事異動與重大政策制訂的決策過程來看，可以歸納爲以下幾點結論：

一、宣統朝的重大決策都只由少數幾位皇族親貴參與，即使內閣尚書（大臣）能參與，其發言亦無足輕重。軍機大臣雖位尊權重，但在親貴攬權時代，其勢不如往昔，不過張之洞在罷袁決策仍一言九鼎。除隆裕太后與監國攝政王外，皇族親貴中較有權力者有奕劻、載澤、載洵、載濤。滿人以那桐、漢人以徐世昌較有權。

二、皇族親貴中，權力的大小亦有分別。載澤爲隆裕太后的妹夫，與隆裕太后處於同一陣線，且時常往來宮中，私傳隆裕言語以挾制監國攝政王〔註80〕，權勢爲親貴之冠，載灃亦怕他三分〔註81〕。因此，親貴單打獨鬥時，奕劻、載洵、載濤……等皆非載澤對手，奕劻罷瑞澂不成爲好例子。不過如果親貴採取聯合戰線對付載澤，則載澤孤掌難鳴，即使隆裕支持他，亦難逃失敗命運，載濤罷世續而以徐世昌爲軍機大臣即爲一例。故決策過程中發生決策衝突時，往往以權勢較大的一方獲勝。

三、宣統朝的決策過程，缺乏詳細的各種選項評估，常憑決策者的好惡決定。而參與決策者又多少年親貴，這些親貴們讀書不多，見識不廣，政治歷練不深，能力亦非甚佳，缺乏對時局的認識，沒有前瞻性眼光，因此，決策的品質差，政策的制訂不顧民意，使人民不滿的情緒漸漸升高，對清政府極爲不利。

〔註78〕 呂亞力，《政治學》（台北：三民書局，1985年出版），頁304。
〔註79〕 劉岱，〈川路風潮──武昌起義前的一把革命火炬〉，收於《辛亥年四川保路運動史料彙編》（台北：國史館出版，1981年），下冊，頁28。
〔註80〕 胡思敬，《國聞備乘》，「一門兩皇后兩福晉三夫人」一條，頁1825～1826。
〔註81〕 費行簡，《當代名人小傳》，〈載澤傳〉、〈載灃傳〉。

四、宣統朝的決策由少數人決定，且大多是皇族親貴，大家的價值觀念，心態較一致，缺乏不同意見的平衡，容易使政策與決策偏向而不自知。

政治學的研究成果指出，當少數人決定政策時，往往會產生一不利情況，即人數較少，參與者價值觀念及態度之差異幅度較少，因而所考慮的選擇也會相對的減少。美國耶魯大學心理學教授傑寧思（Irving Janis）[註82] 指出，如果有以下情況發生時，少數人組成的決策團體往往會做出不明智的決定：

（一）團體成員觀點，看法過份一致，且和外界隔離。

（二）缺乏尋找資料，分析各種選擇的有效途徑。

（三）不期望尋得比最高決策者所偏好之政策更好的選擇。

（四）對自己實力、內部團結程度過份高估。

（五）個人成見太深，未能很公正地評估各項資訊及其利弊。

（六）不做未雨綢繆的研究，意外事件發時毫無準備。[註83]

宣統朝的決策正好有傑寧思教授以上所提的幾種情況，因此，造成決策與政策的偏向，使人民不滿政府的情緒愈來愈高漲，政府與人民對立的情勢更為嚴重，反政府的動亂隨之發生，清政府的危機也隨之昇高。

第二節　中央集權

太平天國亂後，地方督撫的權力日漸增漲，幾有尾大不掉之勢。清政府原想利用機會，廢除現制的督撫，而將各省新督撫的權力縮小，使其與日本之府縣知事相當，以伸張中央威權，可是由於袁世凱堅決反對，清政府的構想並未成功[註84]。光緒三十二年（1906），清政府頗想利用官制改訂的機會，將地方督撫的權力收回中央，但是由於督撫的權勢形成已久，欲作劇烈的改革似乎不可能。

[註82] 「傑寧思為美國耶魯大學教授，在其 1972 年出版的《團體考慮的犧牲者》（Victims of Group-Think）及 1977 年出版的《決策過程》（Decision Making）中，曾非常精闢地探討了決策者及其幕僚間的關係，以及可能產生質量較差的決策環境。」以上取材於註 83。

[註83] 裘兆琳，〈少數人的決策，多樣性的選擇——兼論強化我外交決策過程之道〉（台北：中國時報專欄，1986 年 4 月 4 日），刊於第二版。

[註84] 傅宗懋，《清代總督巡撫制度之研究》（台北：政大政研所碩士論文，1959 年），頁 204。

　　宣統嗣立後，清政府雖然表面上熱衷於預備立憲，但以此時革命黨人力倡排滿之說，而立憲派人士又不斷地要求速開國會，成立新的責任內閣，滿洲親貴深感其政權的岌岌可危。認為惟有實行中央集權，始可以自保〔註85〕，這是宣統朝實行中央集權政策的由來。中央集權的主要措施，可由軍事、財政與鹽政、政治、外交、司法與鐵路等幾方面來說明：

一、軍事方面

　　督撫如欲調遣軍隊須先請旨辦理。光緒末年清政府即著手兵權收歸中央的措施。光緒三十二年（1906）九月二十日（1906年11月6日），釐定中央官制，改兵部為陸軍部，綜理陸、海軍行政事務。三十三年（1907）七月二十一日（8月29日），又下令編練新式陸軍，規定分省限年編練陸軍三十六鎮，其中近畿即佔四鎮。載灃當監國攝政王以後，開始實行皇族集權的計劃，第一步就是攬握兵權〔註86〕。光緒三十四年（1908）十二月三日（1908年12月25日），詔立禁衛軍，派貝勒載濤、毓朗、尚書鐵良充專司訓練禁衛軍大臣，並規定該項禁衛軍專歸攝政王親自統轄調遣。宣統元年（1909）五月二十八日（1909年7月15日），詔由皇帝自為海陸軍大元帥，未親政以前，暫由攝政王代理，並先行專設軍諮處，以貝勒毓朗管理〔註87〕。隔日，又添派貝勒載濤管理軍諮處事務。軍諮處的職責是襄助皇上，通籌全國陸海各軍事宜。凡牽涉國防用兵一切命令計劃，統由該處擬案，奏請皇帝親裁以後，飭下陸軍部欽尊辦理。宣統二年（1910）八月二十三日，又命近畿新軍概由陸軍部直接統轄〔註88〕。駐在地之督撫如有調遣，須先電商軍諮處、陸軍部，請旨辦理〔註89〕。同年十一月，又從陸軍部請「將各省督撫所兼之陸軍部尚書侍郎銜，一律裁撤」〔註90〕。宣統三年（1911）五月，清政府更進一步規定，各省督練公所參議官以下的人員，必須由陸軍部奏派。督撫雖然兼督練公所督辦，管轄該省新舊陸軍，但實際上歸其直接指揮管轄者，只有地方的巡防營。甚至各省之教練，管理軍械餉需人員，督撫亦需咨商陸軍部酌覆派

〔註85〕王家儉，〈晚清地方行政現代化的探討〉，收於《中國近代現代史論集》（台北：台灣商務印書館，1986年1月出版），第十六編，頁164。
〔註86〕李劍農，《最近三十年中國政治史》，頁153。
〔註87〕《政治官報》，宣統元年五月二十九日，諭旨。
〔註88〕同前書，宣統二年八月二十四日，諭旨。
〔註89〕同前書，宣統二年八月二十五日，摺奏類。
〔註90〕《宣統政紀》，卷四十四，頁5。

充。另外，陸軍部並通咨各省設立陸軍提督，統管調遣該省之新建陸軍。提
督與各省行政長官分權獨立，而僅聽命於最高之軍諮處〔註91〕。清政府以上
之規定，使督撫之軍權，幾乎被剝奪殆盡。〔註92〕

二、財政與鹽政方面

　　中央對各省的財政與鹽政取得指揮權與監督權。財政為庶政之母，惟有
在財政走上軌道之後，各項興革措施方有實施之可能。立憲維新，改良政治，
此實為首要之圖〔註93〕。清末時期，各省的財政混亂，地方政府的收入，計
有田賦、漕糧、鹽課、茶課、關稅、雜稅、受協等項；支出有廉俸、軍餉、
製造、工程、教育、巡警、京餉、洋款、雜支等類。而收支財政的機構也疊
床架屋，不止一處。本來按照以往的定制，全國的財政，內則隸於戶部，外
則屬於藩司，司職既專，條理亦密。但自洪揚軍興以後，捐款日繁，名目尤
多，而支用也漸趨複雜。於是始有各種局所之設。以江南一帶而言，即有籌
款局、支應局、籌防局（光緒末，以上三局合為財政局）、營防工程局、工料
局、木釐局、釐捐局、煙酒捐處（宣統初合併為江南財政公所）等名目。光
緒之際，準備憲政，諸多設施無不大量需款。清政府鑒於「清理財政為準備
立憲第一要政」，於是決心將各省的財政大加整頓。宣統朝，載澤掌度支部，
實行中央集權政策，胡思敬《國聞備乘》云：

> 載澤既莞度支，建兩大策：一設各省監理財官，盡奪藩司之權；
> 一設鹽政處於京師，盡奪鹽政、鹽運使之權，即所謂中央集權是
> 也。〔註94〕

　　光緒三十四年（1908）十一月，先由度支部擬就了一個清理財政的章程
上奏，批交憲政編查館大臣研究之後，決定於中央設立清理財政處，於各省
設立清理財政局，總辦一職，由藩司或度支使擔任。會辦若干，由司運、關、
鹽、糧等道及現辦財政所之員候補道擔任。監理官二員，由度支部派員擔任，
以為統一財政，劃分國家稅與地方稅之張本。並希望將來國家稅由中央派員
徵收。而不再屬於各省的督撫藩司〔註95〕。宣統元年（1909）四月六日，為

〔註91〕同前書，卷四十四，頁21～23。
〔註92〕同註85，頁167～168。
〔註93〕莊練，《中國近代史上的關鍵人物》，下冊，頁308。
〔註94〕胡思敬，《國聞備乘》，頁1997～1998。
〔註95〕《宣統政紀》，卷五，頁10～15。附錄度支部擬「清理財政章程」。

了統一財政事權，以資整理。又諭各省督撫，飭令藩司將全省財政通盤籌劃，認眞整頓，限於一年之內，將各省關涉財政一切局所次第裁撤〔註96〕。各省財政統交藩司或度支司清理，而由度支部負責考核。此外，爲了清理款目，磨勘帳籍，調查戶口，編審報銷，列製圖表。並規定其消長進退之根源，作爲比較設施之準則。凡此，均使清政府透過度支部，對於各省的財政取得指揮權與監督權，而使財政權收歸於中央。〔註97〕

關於鹽政之收歸中央，宣統元年（1909）十一月十九日，清政府准度支部尙書載澤所奏整頓鹽務一案，派載澤爲督辦鹽政大臣，產鹽省分，各督撫均授爲會辦鹽政大臣，行鹽省分，各督撫均兼會辦鹽政大臣〔註98〕。載澤整頓鹽務的目的，是爲了統一事權，欲將各省鹽務用人行政一切事宜，悉歸度支部直接管理〔註99〕。同年改四川鹽茶道爲鹽運使，並設奉天鹽運使。又在廣東省城設立兩廣鹽政公所，置正副鹽督，由鹽政處遴派〔註100〕。自此，各省鹽政、鹽運使之權盡爲中央所奪。

三、政治方面

以各省會議廳的設立限制督撫的權力。光緒三十三年（1907），釐訂官制王大臣，於其奏定直省官制通則之時，即於第六條之內，規定各省督撫，應於各省設立「會議廳」，定期傳集司道以下各官，會議緊要事件，決定施行。如遇有關地方之事，亦可由官酌擇公正鄉紳與議。不過，原則雖立，但未制定具體可行的章程〔註101〕。及至宣統元年（1908）八月，方由憲政編查館擬定「會議廳規則十九條」，奏准實施。其中明白規定：各省會議廳爲負責會議全省事務之最高機關，並須設立於督撫官署之內。會議廳以本省督撫爲議長，其下設議員及參事、審查兩科辦事。以參事科專司參議本省庶政的推行，以審查科專司審查諮議局議決的案件。惟會議時兩科人員必須有在省會員三分之二出席，始得開議。必須經出席人員過半數之同意，方爲議決。省政事項既經參事及審查兩科多數人之審查及擬議，督撫自無法獨斷獨行，爲所欲爲，

〔註96〕《政治官報》，宣統元年四月初七日。
〔註97〕同註95，卷十二，頁7，及同註85，頁165～166。
〔註98〕同註96，宣統元年十一月二十日。
〔註99〕《東方雜誌》，六卷十三期，記載一。
〔註100〕《政治官報》，宣統二年十月初十日。
〔註101〕同註85，頁164～165。

對於中央集權亦爲有利。〔註102〕

四、外交方面

控制各省交涉使的用人權。直省之設立交涉使，始於光緒三十三年（1907）之「更定東三省官制」。丙午官制改革，內地各省原無設立交涉使之規定。其後雲南、浙江雖然先後奏設，但並不普遍。宣統二年（1910）七月，外務部以向來各省多設洋務局或交涉局辦理交涉，以藩臬兩司兼充總辦，而參用道府以下人員。自光緒三十三年（1907）以後，奉天、吉林、雲南、浙江紛設交涉使，不僅職責不專，且非統一外交之道。因此乃請援各省提學、巡警、勸業各設專官之例，將交涉司定爲通制，詔令凡有交涉省份均得設置交涉司及交涉使。並得比照學部奏保提學使之例，由外務部開單預保，聽候簡放。如有不稱職者，亦由該部奏請撤換。自此各省外交均受中央的指揮與監督，朝廷收統一外交之效。〔註103〕

五、司法方面

以提法使爲法曹的分司直接受法部的指揮。光緒末年，清廷已命各省試辦審判廳。將各省的按察使一律改爲提法使。宣統元年（1909）十月十四日，憲政編查館於奏陳「考用提法司屬官章程」之內，明白指出：「提法使一官，名爲提刑所改建，實乃法曹之分司。其制雖爲各國所無，而其集權中央之旨則一。」〔註104〕提法使既爲「法曹之分司」，則自然直接稟承法部的命令，掌理全省的司法行政。且其在省雖受督撫的節制，惟其任命卻由法部奏請簡政，故中央實擅有司法行政用人之權。〔註105〕

六、鐵路方面

將商辦鐵路改爲中央政府經營。自光緒三十年（1904）至宣統二年（1910），全國各省普遍發生拒外債，廢成約，將鐵路收回自辦的運動，當時收回自辦的鐵路中，以自美國合興公司贖回自辦的粵漢鐵路最重要。另外，

〔註102〕《政治官報》，宣統二年八月，第一千四百號，憲政編查館，「擬定各省會議廳規則摺」。及同註85，頁165。

〔註103〕《宣統政紀》，卷三十八，頁35～36。及同註85，頁166～167。

〔註104〕同前書，卷二十三，頁53～54。

〔註105〕沈乃正，〈清末之督撫集權──中央集權與同署辦公〉，清華大學《社會科學》，1936年1月出版，一卷二期，頁327。

當時由國人集資商辦的還有川漢、贛路、閩路、皖路、浙路、蘇路、西潼、新寧、豫路、桂路、騰越、同蒲等組織〔註106〕。可是，這些由國人集資商辦的鐵路，由於股本籌集困難，管理效率低，組織又不健全，建築的速度很慢，有的甚至長期不能開工。商辦鐵路成績的惡劣，促使清政府改變鐵路政策，即由商辦改爲國有〔註107〕。鐵路改爲國有後，清政府財政困難，無力經營，乃大借外債，幾個月內連續有三筆大借款：（一）英美德法四國銀行團幣制借款一千萬鎊；（二）日本鐵路公債一千萬元；（三）英美德法四國銀行團川漢、粵漢鐵道借款六百鎊〔註108〕。清政府有了這大筆錢，乃開始實施鐵路國有政策，將商辦的鐵路改歸中央政府經營。

清政府在策劃實行中央集權之時，頗爲花費一番苦心。依據沈乃正的研究，其對督撫集權分化的策略，大體採用兩種方式：

（一）是分權的方式

即以部份省中之事權，委任於直隸中央各部的機關或官吏，使之獨立秉承中央主管部門處理，而不受督撫之節制。如同度支部在各省得遴員奏派清理財政監理官一員，副監理官一員，稽查督催各該省清理財政局一切應辦事項。遇事逕稟度支部，不受督撫節制；法部得直接任免審判官，使審判權獨立於督撫之外；陸軍部直接統轄近畿練公所之參議官等均由陸軍部派充，督撫則無此項用人之權；陸軍部咨請各省設立陸軍提督，使之聽命於軍諮府，而與督撫分權獨立，不受其節制，均爲明顯的例證。

（二）是共管的方式

即於督撫之下，設置專職機關或官吏，一面受督撫的節制，一面又受中央主管部門的考核，獎懲與任免，藉使中央主管部門可於督撫之下取得監督與指揮之權。諸如度支部可以奏請直接考核獎懲藩司與度支使；規定提法使秉承法部及本省督撫之命，管理全省司法行政部門，並得遇事一面申報督撫，一面逕達法部核辦；規定交涉使受督撫節制及外務部考察，不得力者即行奏請撤換。遇事亦得一面稟報督撫，一面報部。交涉使並由外務部奏保簡放。

〔註106〕凌鴻勛，《中國鐵路志》（台北：台灣商務印書館，1981年），頁6～7。

〔註107〕全漢昇，〈鐵路國有問題與辛亥革命〉，收於《辛亥年四川保路運動史料彙編》，下冊，頁137～138。

〔註108〕李劍農，《最近三十年中國政治史》，頁174。

均足證明。〔註 109〕

　　清政府的中央集權政策，有些御史不以爲然。例如宣統二年（1910）正月二十八日，御史胡思敬對於各部動輒派員前往各省，監督政務，如度支部派遣監理財政官，學部派員視學，法部派員稽查監獄、審判，民政部派員視巡警，陸軍部派員視查新軍等，他認爲有礙督撫權柄而不贊同這種作法，並認爲清政府擴張權力太露骨〔註 110〕。另外，御史陳善同認爲近畿陸軍各鎮統歸陸軍部管轄；分駐直隸、山東、東三省之各鎮，遇有調遣必須由該督撫電商軍諮處、陸軍部奏請辦理，此舉實有待考慮。他列舉交通不便，軍情緊急，指揮不易等理由，認爲平時之訓練應由中央統一指揮，而有事時之調遣，則應讓督撫權宜應變〔註 111〕。清政府並沒有採納御史的意見，而各省督練公所參議官以下各員必須由陸軍部奏派之規定，更引起督撫的反對，督撫認爲陸軍部奏定的「督練公所官制綱要」與各省辦事情形多有隔閡之處，實行有困難。河南巡撫寶棻、兩江總督張人駿、湖廣總督瑞澂皆有異議，但是都被陸軍部駁回〔註 112〕。當時署兩廣總督張鳴歧對於軍權的劃分，提出折衷意見，他提出的方法是將軍隊與巡防營分開，軍隊指揮權歸中央，巡防營指揮權歸督撫。他說：「若將新軍之權集之中央，巡防隊留與外省，亦何爭之有！」〔註 113〕清政府採納張鳴歧的意見〔註 114〕，督撫終於保有對地方巡防隊之指揮權。

　　清政府雖爲中央集權政策費盡苦心，但其所收的實際效果並不顯著。一以洪揚亂後，督撫擁權自重之勢已成，一旦將其權力分化剝奪，實行不易。二以制度使然，自明清以來，以督撫獨專行省之政，與京師閣部大臣平等，而同隸於皇帝，根本不受中央各部的指揮與監督。三以滿人種族成見太深，不僅內閣大臣大部爲滿人所分佔，即軍諮府及陸軍部亦爲皇室親貴所掌握。漢人如徐世昌、袁世凱均被摒於局外，自使漢人有所不平。四以東三省奏定「職司官制」下之「同署辦公」，已在事實上對於清政府之集權策略加以破

〔註 109〕同註 105，頁 169～170。
〔註 110〕胡思敬，《退廬疏稿》（台北：文海出版社影印，1970 年），「力陳官制郁亂，請釐定任用章程，嚴杜倖進摺」，頁 5～13。
〔註 111〕《宣統政紀》，卷四十五，頁 4～5。
〔註 112〕《宣統政紀》，卷五十四，頁 18～21；卷五十五，頁 16～17。
〔註 113〕《國風報》，第一年第三十期，宣統二年十一月初一日，文牘欄，頁 25～27，署粵督電。
〔註 114〕《宣統政紀》，卷五十四，頁 22～23。

壞。蓋以同署辦公之後，各廳司奏咨批札等件皆呈督撫核定，然後用省印發
出。則同置內之廳司已不能與中央各部單獨行文，又何督撫與中央共管之可
言？中央各部對同署辦公之廳司不能箚行，責成考核獎懲奏保撤換，遇事僅
能咨請督撫查照。則督撫之權力實際上則依然如故，未嘗動搖。〔註115〕

　　中央集權不但效果不佳，且有不良後果。當時各省督撫為中央集權政策
所苦，皆希望中央有一正式之責任內閣，因此聯電軍機處，主張內閣、國會
同時設立〔註116〕。督撫同情立憲派，對中央施以壓力，就是對清政府的不滿
舉動，亦表示對清政府信心的減弱。漢人地方大吏的離心離德，造成辛亥革
命期間，督撫除少數身殉者外，不是逃走，便是附和革命，宣佈脫離中央而
獨立，加速了清政權的崩潰。〔註117〕

　　另外，鐵路國有政策，清政府與民爭利，不顧民意的施政措施，終於引
發川路風潮，成為辛亥革命之導火線。

第三節　預備立憲

一、預備立憲國策的形成

　　光緒二十六年（1900）至三十一年（1905）日俄戰爭以前，中國立憲思
想，已在潛滋暗長，而以康有為、梁啓超首開風氣。梁於二十六年（1900）
拳亂之後，撰〈立憲法議〉，倡議中國採行君主立憲政體。梁氏首言立憲政體
可促進國家長治久安；其次中國當時遭遇，必須及時確定立憲政體，始足以
自救〔註118〕。光緒二十八年（1902），康有為與梁氏書信往返，討論立憲與革
命，仍堅持君主立憲之說〔註119〕。黃遵憲更堅信「二十世紀之中國，必改為
立憲政體」〔註120〕。不過，立憲思想在當時尚只是部份憂國士大夫內心的一
種希望，還沒有形成普遍的社會輿論。而於日俄戰爭即將結束之際，立憲問

〔註115〕同註105，頁170。
〔註116〕蕭一山，《清代通史》，第四冊，頁2508。
〔註117〕郭廷以，《近代中國史綱》，頁409。
〔註118〕梁啓超，〈立憲法議〉，收於《飲冰室文集》之五（台北：台灣中華書局出版，
　　　　1960年），第二冊。
〔註119〕丁文江，《梁任公先生年譜長編初稿》（台北：世界書局影印，1972年），上
　　　　冊，頁158。
〔註120〕黃遵憲，〈致新民師函丈書〉，收於《梁任公先生年譜長編初稿》，上冊，頁
　　　　167～171。

題，瞬然成爲國人注目的焦點。不但社會輿論以之爲論議中心者，如怒潮澎湃，眾口一聲。即駐外使節，朝臣疆吏，亦紛紛以立憲爲請。於是立憲運動，驟然以興，沛然莫之能禦。〔註121〕

　　光緒三十年（1904）春天，日俄之戰起，日軍連戰皆捷，論者乃謂立憲戰勝專制，公開提出立憲主張者漸多。同年正月，《東方雜誌》第一期「社說」有「論中國民氣之可用」一文，是爲社會輿論之初次表露。同年三月，上海《內外時報》以「中國前途有可望之機」爲社論，認爲中國捨憲政，別無他圖。〔註122〕

　　當時民智較前爲開，國人渴望立憲之呼聲不斷，出使各國大臣及地方督撫之有見識者，亦均感迫不容緩。駐法大臣孫寶琦首以改革政體之請，同年四月，張謇代江督魏光燾、鄂督張之洞撰〈擬請立憲奏稿〉上奏清政府〔註123〕。六月，又合趙鳳昌刊刻《日本憲法》送至內廷。〔註124〕

　　光緒三十一年（1905）春天，日俄戰爭勝敗已決，俄人因戰敗之恥，立憲風潮熾烈，二月十三日《時務報》以〈論俄國立憲之風潮及無政府主義〉爲題，首論「立憲政體之必要」〔註125〕。六月初九日，上海《中外日報》又以〈立憲淺說〉，說明憲政適宜於中國之原因〔註126〕。當時直隸總督袁世凱奏請簡派親貴分赴各國考察政治，以爲改政張本〔註127〕。清政府乃有上諭特簡載澤、戴鴻慈、徐世昌、端方等，分赴東西洋各國考察政治〔註128〕。後又增派商部左丞紹英前往考察。不過，後來受阻於吳樾之炸彈，出國考察政治之事遂暫擱置。

　　是時各地報紙多以立憲爲討論對象。例如同年七月十三日《南方報》有〈論立憲爲萬事根本〉一文，認爲立憲之根本在改定政體，舉出立憲兩大利益：（一）能自保其民；（二）可善處外交〔註129〕。同年十一月，《東方雜誌》

〔註121〕荊知仁，《中國立憲史》（台北：聯經出版公司，1984 年 11 月出版），頁 87。
〔註122〕《東方雜誌》，光緒三十三年三月，第三期，社說。
〔註123〕張謇，《嗇翁自訂年譜》，收於《南通張季直先生傳記》附錄，卷下（台北：文海出版社影印，1981 年）。
〔註124〕同註 123。
〔註125〕《東方雜誌》，光緒三十一年，四月，第四期，內務。
〔註126〕同前書，光緒三十一年九月，第九期。
〔註127〕同前書，臨時增刊，憲政初綱，立憲紀聞編，「中國立憲之起源」。
〔註128〕《光緒朝實錄》，卷五四六。
〔註129〕《東方雜誌》，光緒三十一年十月，第十期，內務。

「社說」、〈立憲私議（對多數愚民立言）〉一文，認爲立憲政治是中國的神仙方藥〔註130〕。光緒三十二年（1906）三月，《東方雜誌》「社說」論立憲應該有預備，舉出預備立憲具備三要素：（一）普及教育；（二）派人前往各國考察政治；（三）先立地方議會。〔註131〕

上述之見識，足以代表當時一般之輿論，而同於梁啓超之政治思想。影響所及，遂爲此後清廷預備立憲之張本。〔註132〕

當社會輿論熱烈討論立憲問題之時，部分朝臣疆吏，亦紛紛以立憲爲請。立憲運動能由言論化爲行動，臣工之進言奏請，實與有力焉。關於廷臣之奏請立憲，除了駐法使臣孫寶琦於光緒三十年（1904）甲辰二月上書，首以更改政體之請，開風氣之先以外，繼則駐英使臣汪大燮，以各國盼望中國立憲，而奏請速定辦法；駐美使臣梁誠，因華僑要求立憲，而奏請速定宗旨；駐俄使臣胡維德以俄已公布憲法，我國亟宜仿行，而奏請立憲。其他如學部尚書張百熙、禮部侍郎唐景崇、粵督岑春煊、滇督丁振鐸、黔撫林紹年等，亦紛紛電奏請變法〔註133〕。光緒三十一年（1905）正月，留日學生總監督楊樞，具摺請仿效日本，採行立憲政體〔註134〕。五月三十日，直督袁世凱、鄂督張之洞、江督周馥，聯銜奏請十二年後實行立憲政體。〔註135〕

關於立憲之動機，《嗇翁自訂年譜》稱：「立憲之動機，於鐵良、徐世昌之入政府，已粗有討論，端方之入朝召見，又反覆言之，載振貝子又助之陳於兩宮，慈聖大悟，乃有五大臣考察政治之命」〔註136〕。光緒三十一年（1905）八月二十日，朝廷電諭出使各國大臣，著令於考察大臣抵達後，「會同博採，悉心考證，以資詳密」〔註137〕。出使各國大臣於接奉八月二十日電諭後，聯名具摺，奏請立憲。略謂近百年間，環球諸國，無不採行立憲政體。今日，國無大小強弱，先後無不全出立憲一途。請政府亟宜先行舉辦三事：（一）將

〔註130〕同前書，光緒三十一年十一月第十一期，社說。

〔註131〕同前書，光緒三十二年三月，第三期，社說。

〔註132〕李守孔，〈論清季之立憲運動〉，收於《中國近代現代史論集》（台北：台灣商務印書館，1986 年 1 月出版），第十六編，頁 29。

〔註133〕同註 132，頁 27。

〔註134〕朱壽朋，《光緒朝東華錄》（台北：文海出版社影印，1963 年），第九冊，頁5268～5270。

〔註135〕郭廷以，《近代中國史事日誌》（台北：中研院近史所專刊），第二冊，頁 1231。

〔註136〕張謇，《嗇翁自訂年譜》，卷下，頁 58。

〔註137〕《光緒朝實錄》（台北：華文書局印行，1964 年），第八冊，頁 5039。

朝廷立憲大綱與宗旨宣布；（二）宣布地方自治制度；（三）制定集會言論出版之法律。然後期以五年，改行立憲政體〔註138〕。清政府乃於九月二十八日戊戌，改派尚其亨與李盛鐸，會同載澤、戴鴻慈、端方前往各國考察政治。戴與端二人先於十一月六日首途赴美，李、尚、載三人繼於十五日起程赴日。久經醞釀的立憲大業，至此方正式開始邁步前往。〔註139〕

　　清政府於十月二十九日諭派政務處五大臣，設立考察政治館。繼又命政務處五大臣等，籌定立憲大綱〔註140〕。此後各考察大臣於海外期間，曾將考察情形，隨時奏報清政府。五大臣於歐美考察半年，先後於光緒三十二年（1906）五月、六月回國。端方與戴鴻慈回到上海後，張謇曾與會晤，張謇勸請其竭立速奏立憲，不可推宕〔註141〕。北洋大臣袁世凱亦於六月二十三日奏陳預備立憲，主張「使中央五品以上官吏參與政務，爲上議院基礎。使各州縣名望紳商參加地方政務，爲地方自治基礎」〔註142〕。當時考察政治五大臣皆一致主張立憲，而保守諸臣，百般阻撓，「國以立憲有妨君主大權爲說，或以立憲利漢不利滿爲言，以淆亂群聽」〔註143〕。載澤、端方面對此反對之論，曾上摺爲言，端方具奏三次，第一摺敷陳各國憲法，第二摺言必須立憲，第三摺則請詳定官制。而載澤的第二次奏請宣布立憲密摺，部陳利害，語重心長，慈禧大爲感動。清政府乃於七月初四日，諭派醇王載灃、軍機大臣、政務處大臣、大學士及北洋大臣袁世凱，一起審閱考察政治五大臣回京條陳各摺件，請旨辦理〔註144〕。各廷臣受命後，於八、九兩日舉行會議，此次會議爲清廷預備立憲前之決定性會議，大體上與會廷臣，除孫家鼐之外，多數都同情立憲〔註145〕。遂於次日面奏兩宮，請行憲政。朝廷乃於十三日，頒發明詔，宣佈預備立憲。〔註146〕

〔註138〕《東方雜誌》，光緒三十一年，第七期，內務。

〔註139〕同前書，第三年，臨時增刊，憲政初綱，立憲紀聞，頁1～2。

〔註140〕劉錦藻，《清朝續文獻通考》（台北：新興書局出版），卷三九三，〈憲政考〉一。

〔註141〕《嗇翁自訂年譜》，卷下。

〔註142〕郭廷以，《近代中國史事日誌》，第二冊，頁1257。

〔註143〕《東方雜誌》，第三年，臨時增刊，憲政初綱，立憲紀聞，「考政大臣之陳奏及廷臣會議立憲情形」。

〔註144〕《光緒朝實錄》（台北：華文書局印行，1964年），第八冊，頁5146。

〔註145〕《東方雜誌》，第三年，臨時增刊，憲政初綱，立憲紀聞。

〔註146〕同註144。

清政府頒布預備立憲詔旨後，張謇認爲清政府之預備立憲，歸功於袁世凱，因此致電袁氏曰：

> 自七月十三日朝廷宣布立憲之詔，傳聞海內外，公之功烈昭然如揭
> 日月而行……。〔註147〕

而國內報章紛紛著論相稱，英日輿論，亦多爲文相許〔註148〕。國人咸望憲法早日頒布，國家早臻富強。

清政府宣布預備立憲，表示其決心立憲，設立憲政編查館，使籌備立憲有專責機構，後又訂九年預備立憲及分年實施款目，使預備立憲有了計劃，加上又有官制改革等一連串之實際行動，至此，清政府之立憲國策乃正式形成。

二、宣統朝預備立憲的進展

（一）諮議局與資政院的設立

1.諮議局的設立

宣統元年（1909）正月二十七日，清政府諭令各省一律依限成立諮議局〔註149〕。依規定，各省諮議局議員定額以科舉之進學額百分之五爲準，故文風較盛省分，名額較多，邊遠落後地區名額較少。〔註150〕

議員係由選舉產生，而選舉係採用複選方式，是一種直接與間接民權的混合制度。先由選民選出若干候選人，再由候選人互選產生定額議員。此種方式，蓋仿效日本而來〔註151〕。當選之議員絕大多數是出身自富有家庭，爲社會之中堅分子，平均年齡中等。其中有功名曾任政府官職者甚多，亦有受過新式教育，或留學日本學習法政者。大致而論，議員仍以優秀分子居多數。〔註152〕

宣統元年（1909）九月一日，全國二十一省諮議局同時開幕，各省督撫

〔註147〕《張季子九錄》（台北：文海出版社出版），政聞錄，卷三，〈爲運動立憲致袁直督函〉。

〔註148〕《東方雜誌》，第三年，臨時增刊，憲政初綱，輿論一斑及外論選譯。

〔註149〕《宣統政紀》，卷七，頁17～18。

〔註150〕李守孔，〈清末之諮議局〉，收於《中國近代現代史論集》（台北：台灣商務印書館，1986年1月出版），第十六編，頁301。

〔註151〕張朋園，〈清季諮議局議員的選舉及其出身之分析〉，同前書，頁347。

〔註152〕李守孔，〈清末之諮議局〉，同註150書，頁303～306。

地方官員多親往觀禮。從此民眾有了正式練習議政的場所。清政府以地方自治爲預備立憲的起點，因有諮議局之創設。立憲派人士通過選舉，一變而爲民意代表，自此結爲一體。他們在議會中者，實居於領導地位。各省諮議局議長幾乎皆爲立憲派的領導人，宣統元年（1909）至二年（1910）間的國會請願，彈劾軍機，均在他們的策劃與領導下。辛亥革命爆發後，他們在地方上的態度更是舉足輕重〔註153〕。因此，諮議局的設立，不但對開導國民政治認識有相當大之貢獻，且對宣統朝政局亦有相當之影響。

2. 資政院的設立

宣統元年（1909）七月八日，清政府明諭公佈「資政院章程六十五條」〔註154〕。資政院章程頒佈後，成立資政院的第一步爲資政院議員的選舉。選舉方法，分欽選與互選兩種，欽選大體上從官員選出，包括宗室王公世爵、滿漢世爵、外藩王公世爵、宗室覺羅、各部院衙門官、碩學通儒及納稅多額者。選舉方法，經各員互選後，由資政院將得票較多者，按定額，多開數員，奏請欽選〔註155〕。互選於各省諮議局行之，由諮議局議員互選若干人，呈請地方督撫，再由督撫遴選若干人，送資政院。至宣統二年（1910）四月，欽選議員選舉完成〔註156〕；同時，各省督撫亦先後將各省選出之議員送資政院。共選出一九六人，欽選、民選各佔九八人，漢人佔百分之七十，平均年齡四十歲。欽選議員幾均有職任，可代表官的一方面；民選議員，幾均有功名，可代表紳的一方面。實際上民選議員之任官者及欽選議員之得功名者均佔相當大的比例，故資政院爲官紳混合體。〔註157〕

清政府下令八月二十日爲召集之期，九月一日爲正式開院之日〔註158〕。九月一日資政院行開院禮，資政院正式開始發揮議政功能。其職權有五：即議定國家歲出入之預算；議定國家歲出入決算；議定稅法及公債；議定新法典及嗣後之修改；議定奉特旨交議事件。〔註159〕

〔註153〕張朋園，《立憲派與辛亥革命》（台北：中研院近史所專刊，1969年），頁36。
〔註154〕《宣統政紀》，卷十七，頁14～19。及《政治官報》，宣統元年七月十一日。
〔註155〕《清史稿》，選舉志八。
〔註156〕《政治官報》，宣統二年四月初二日，諭旨。
〔註157〕張玉法，《清季的立憲團體》（台北：中研院近史所專刊，1971年出版），頁435。
〔註158〕《政治官報》，宣統二年四月初二日，諭旨。
〔註159〕沈雲龍，〈清末之資政院〉，收於《近代史事與人物》（台北：大西洋圖書公司印行，莒光文庫），第二冊，頁37。

資政院之設，爲時甚暫，權限既小，自不能多所貢獻。其稍可稱述者，除議前古所無之預算案外，其制訂法律之成績，則爲議定新刑律草案、破產律、地方自治章程等。其行政上之成績，計有二端：一爲宣統二年（1910）之奏請速開國會，此事雖無實際效益，然自當時視之，其能改變御前會議仍定九年立憲之決議，而爲准許宣統五年（1913）召集國會之諾言，固能適應輿情而與民間要求召開國會運動相配合。二爲奏請改皇族內閣爲責任內閣，因此乃有宣統三年（1911）辛亥九月九日取消皇族內閣之上諭。同月十八日資政院乃依憲法十九信條之規定，同意選任袁世凱爲內閣總理大臣，號稱所謂責任內閣，而後袁世凱始得據以向革命軍議和，卒覆清室。〔註160〕

（二）教育的改良

光緒三十一年（1905）清政府將傳統的科舉制度廢止，舊式教育制度革除了，取而代之的是新式教育。當時的計劃是在中央設立各種專門學府；地在方各省設立一所大學，各府州設立一所中學，各州縣設立一所小學。預備立憲案頒佈後，清政府要求加速小學堂的設立。及後又覺小學堂緩不濟急，又要求普設簡易學塾、半日學堂等。由於師資不足，又廣設師範學堂。正規的師範學堂必須數年方能完成，又改設簡易師範，招收傳統的紳士入學，三個月短期訓練，便可以畢業出來擔任教師。中央政府編定一些簡易識字課本，使短期訓練的師資有一範本，能有效擔負教員任務。教育普及工作漸漸展開。〔註161〕

學堂數量與學生人數亦大量增加，宣統元年（1909）的統計，學堂有三萬五千七百九十七處，學生人數爲一百零一萬三千五百七十一人。至宣統二年（1910），學堂有四萬二千四百四十四處，學生人數增爲一百二十八萬四千九百六十五人〔註162〕。至宣統三年（1911），中國共有小學堂五萬一千六百七十八所，小學生一百五十三萬二千七百四十六人〔註163〕。教育的改革不但表現在數量上，亦顯現於質的方面。例如，中學的授課內容合乎現代化的課程，除了國文，講經、中國史、中國地理外，有西洋史、西洋地理、外國語、算學、博物（包括植物、動物、地質、生理衛生）、理化、法制與理財、

〔註160〕同前書，頁38。

〔註161〕張朋園，〈預備立憲的現代性〉，收於《中國近代現史代論集》（台北：台灣商務印書館出版，1986年），第十六編，頁273。

〔註162〕《政治官報》，宣統二年正月二十四日，摺奏類。

〔註163〕陳啓天，《最近三十年中國教育史》（台北：文星書店，1964年影印），頁97。

手工、體育、圖書等〔註164〕。教育的改良，成就可觀，奠下了中國現代教育的基礎。〔註165〕

（三）司法的改良

光緒三十二年（1906），改刑部爲法部，統一司法行政；改大理寺爲大理院，配置總檢察廳，專司審判，於是刑部不掌審判，各省的刑名，劃歸大理院覆判，並不會都察院，於是三法司之制遂廢。各省普設高等審判廳檢察廳，都城省會及商埠各設地方及初級審判廳，宣統二年（1910）七月二十一日，改按察使爲提法使〔註166〕。同年法律館奏頒法院編制法，創三級三審制〔註167〕。又規定法官考試制度及派員至遍遠省分考試法官〔註168〕。十二月二十五日，頒布新刑律暨暫行章程。〔註169〕

總之，至宣統時，司法方面已有顯著的改善：司法與行政的分離，司法行政與司法審判的分離，審判廳與檢查廳的分離，以及三級三審制的創立，模範監獄與罪犯習藝所的興建，都是我國司法制度史上的大事，爲民國時代的司法，奠定了一個初步的基礎。〔註170〕

（四）財政的清理

洪揚戰後，中國財政困難紊亂，甲午、庚子賠款過鉅，更使財政艱難。自光緒三十一年（1905）推行新政以來，中央與也方各類開支頓然加大，有不勝負荷之感。但新政不能因財政困難而停止，仍應尋找困難癥結所在，設法予以疏解。於是，清政府決心清理財政，其程序爲：光緒三十四年（1908）頒布清理財政章程；宣統元年（1909）各省調查歲入與歲出詳細數字；宣統二年（1910）覆查各省歲出入之確實性；訂定地方稅章程；試辦各省預算決算；宣統三年（1911）編訂會計法；彙查全國歲出入確數；頒布地方稅章；釐定國家稅章程〔註171〕。宣統以後，新政頻興，財政支出更鉅。

〔註164〕《政治官報》，宣統二年正月初十日，摺奏類。
〔註165〕張玉法，《中國近代現代史》（台北：東華書局，1984年7月六版），頁160。
〔註166〕《政治官報》，宣統二年七月二十二日，諭旨。
〔註167〕《清代通史》，第四冊，頁1444〜1445。
〔註168〕《政治官報》，宣統二年六月初十日，諭旨。
〔註169〕同前書，宣統二年十二月二十九日，諭旨。
〔註170〕同註85，頁173。
〔註171〕《政治官報》，光緒三十四年十二月二十四日，雜錄，「度支部清理財政章程」。《政治官報》，光緒三十四年八月一日，「憲政編查館奏逐年應行籌備事宜摺」。張朋園，〈預備立憲的現代性〉，收於《中國近代的維新運動——變法與

　　雖財政支出甚鉅，而清理財政的成績卻頗獲好評。宣統朝清理財政的主持者是度支部大臣載澤，關於他在出掌財政大權以後的具體政績，楊壽枏在所撰的《覺花寮雜記》中頗有介紹。其一條云：

　　……宣統中，澤公以貴冑爲尚書，威權最重。……其人剛毅廉正，不受請託……。度支部奏請之事，內外官奉行惟謹。故清理財政，實行預算，提陋規，剔中飽，嚴核浮濫，雷厲風行，節省至一萬萬元以上，雖部臣疆吏不便其所爲，未有敢公然抗命者。鼎革以後，整理內外財政猶以宣統四年預算爲藍本。袁項城置諸案頭，手自批注，嘗語余曰：「前清預備立憲，惟度支部最有成績，餘皆敷衍耳。」時部中司員以兼清理處差事爲榮，公牘皆自辦，不假手吏胥，故非才不得入選。民國以來，居財政要職者，半爲清理處舊僚也。

　　同書又一條云：

　　……澤公剛嚴而能斷……。余既任清理財政處總辦，預定程序，期以六年竣事。第一年調查全國財政，令各省造送財政說明書；第二年試辦各省預算，令財政統一於藩司；第三年試辦全國預算，劃分國家稅地方稅；第四年實行預算，辦理決算；第五年施行會計法，金庫制度；第六年各省設立財政司。自此事權統一，法制嚴明，使全國財政如輻在轂，如網在綱，度支部通盤籌劃，調劑盈虛，而清理之事竟矣。惜試辦三年，僅成立預算，劃分兩稅。鼎革後，所訂計劃盡付東流。……〔註172〕

　　如果清理財政的計劃能如楊壽枏所說，在六年之內分期完成，不僅全國財政可納入統收統支的預算規制，各項政治革新亦可視財力之所及逐步實施。由袁世凱對載澤整理財政措施之推崇，可知載澤對於革新財政，不但有計劃，而且有貫徹執行之決心與毅力。清理財政方面的工作成績既有可稱，假如鐵路國有政策不因遭遇意外的糾紛而致挫折，相信亦可以在載澤的堅強毅力與決心之下產生良好的結果〔註173〕。清政府有心有系統的清理財政，實屬難能可貴，對此一財政措施，似應給予肯定之評價。〔註174〕

　　立憲研討會論文集》（台北：中研院近史所，1981 年 8 月 22 日出版），頁 112～113。

〔註172〕楊壽枏撰，《覺花寮雜記》，轉引自莊練，《中國近代史上的關鍵人物》，下冊，頁 307～308。

〔註173〕同前書，頁 308。

〔註174〕張朋園，〈預備立憲的現代性〉，收於《中國近代現代史論集》（台北：台灣

三、清政府轉趨保守及其後果

　　載灃當國時，對於立憲的籌備，表面上彷彿很熱心，在光緒三十四年（1908）十一月即定諭旨由軍機大臣署名之制，這是仿照立憲國由國務總理副署負責的意思〔註175〕。宣統元年（1909）一月二十七日，諭各省一律依限成立諮議局〔註176〕。二月十五日又下詔宣示預備立憲之宗旨〔註177〕。閏二月四日責成各大員認真辦理預備立憲各事〔註178〕。九月一日各省諮議局成立了。十月十三日諭飭內外臣工實行籌備憲政，並飭憲政編查館隨時稽核，如有措辦延遲或因循敷衍毫無實際，即據參奏，按照溺職例懲處〔註179〕。十二月二十七日頒布府廳州縣地方自治章程及府廳州縣議事會議員選舉章程，又諭令民政部會同各督撫飭地方官切實施行〔註180〕。宣統二年（1910）九月一日，資政院也成立開院了；各省城及商埠又成立了審判廳；十月四日又派溥倫、載澤為纂擬憲法大臣〔註181〕。在這兩年之內，並且還有一個陝甘總督升允因為奏阻立憲而開缺〔註182〕，甘肅佈政使毛慶蕃因為玩誤憲政的籌備而革職的〔註183〕，可見載灃對於籌備憲政的認真。〔註184〕

　　可是，宣統二年（1910）十月立憲期限縮短後，清政府轉趨保守，開始以武力彈壓請願人士，淚起立憲派的不滿。接著皇族內閣的成立，顯示清政府的心態更趨保守，這種作法，不但國人失望，熱心國會內閣的立憲派人士更是憤慨，以下對清政府的轉變分別論述：

（一）立憲期限縮短後清政府對國會請願改採武力彈壓辦法

　　預備立憲原為九年，清政府迫於民情〔註185〕於宣統二年十月三日（1910

商務印書館出版，1986年），第十六編，頁274。
〔註175〕李劍農，《最近三十年中國政治史》，頁152。
〔註176〕《宣統政紀》，卷七，頁17～18。
〔註177〕《政治官報》，宣統元年二月十六日，諭旨。
〔註178〕同前書，宣統元年閏二月初五日，諭旨。
〔註179〕同前書，宣統元年十月十四日，諭旨。
〔註180〕同前書，宣統元年十二月二十八日，諭旨。
〔註181〕同前書，宣統二年十月初五日，諭旨。
〔註182〕同前書，宣統元年五月初七日，諭旨。
〔註183〕《宣統政紀》，卷二十五，頁12。
〔註184〕李劍農，《最近三十年中國政治史》，頁152。
〔註185〕各省諮議局於宣統年間發動三次國會請願運動。第一次在宣統元年十二月初十日，第二次在宣統二年五月初十日，第三次在同年九月二十日。當時，資政院與各省督撫亦多支持請願運動。

年11月4日）下令縮短三年，改於宣統五年（1913）實行開設議院，預行組織內閣，並令民政部及各省督撫解散請開國會代表〔註186〕。第三次的國會請願運動，因爲有資政院和各省督撫的幫助，終於使立憲期限縮短。請願同志會中的「預備立憲公會派」，以爲有了相當結果，不再進行請願，但是其他各派，如湖北的湯化龍、湖南的譚延闓、四川的蒲殿俊等，還守著速開國會之議，與公會派分離，在北京活動，謀爲第四次的請願。〔註187〕

清政府十月三日上諭公布，國會請願代表團各代表，即夕約集於國民公報館，密商善後之策。決議：「同人各返本省，向諮議局報告清廷政治絕望，吾輩公決秘謀革命，並即以各諮議局中之同志爲革命之幹部員，若日後遇有可以發難之問題，各省同志應竭立響應援助起義獨立。」〔註188〕之後東三省又來了許多請願代表。十一月二十三日，清政府令民政部、步軍統領衙門將東三省要求速開國會代表迅速送回原籍，並令京外各官開導彈壓，如不服勸諭，糾眾違抗，即行查拿嚴辦〔註189〕。清政府仍恐其回省後有所舉動，電令東三省總督錫良嚴加防範。復恐各省代表互相通函，有所協商，由民政部與郵傳部會同審查往來信件，並嚴令各地報館今後不得刊登評論有關政治報導〔註190〕。十二月初九日，以天津人溫世霖等三千八百五十九人，發電各省，創議聯合全國學界罷學，要求速開國會，旨命發往新疆，交地方官嚴加管束〔註191〕。從這個上諭可以看出比以前「著民政部步軍統領衙門送回奉天代表」的諭旨，更加嚴厲了〔註192〕。此時各省督撫也先後接到並遵照民政部及步軍統領衙門的通咨，如有人民集會請願開國會之事，即行查禁〔註193〕。於是和平請願之事不可爲，原來留在北京繼續活動的湖北議長湯化龍、湖南議長譚

〔註186〕《政治官報》，宣統二年十月初四日，諭旨。

〔註187〕李劍農，《最近三十年中國政治史》，頁156。

〔註188〕李守孔，〈各省諮議局聯合會與辛亥革命〉。收於吳相湘主編，《中國現代史叢刊》（台北：正中書局，1970年11月第二版），第三冊，頁345。

〔註189〕《政治官報》，宣統二年十一月二十四日，諭旨。

〔註190〕宣統二年十二月五日《中外日報》要聞，轉引李守孔，〈各省諮議局聯合會與辛亥革命〉，吳相湘主編，《中國現代史叢刊》，第三冊，頁347。

〔註191〕《政治官報》，宣統二年十二月初十日，諭旨。

〔註192〕上海《時報》，宣統二年十二月十二日，一版，「論諭旨發遣溫世霖事」。轉引張玉法，《清季的立憲團體》（台北：中研院近史所專刊，1971年），頁449。

〔註193〕上海《時報》，宣統三年一月七日，四版，「禁止人民談國會」條。轉引同前註書，頁449。

延闓、四川議長蒲殿俊等因以回籍。〔註194〕

　　請願運動在表面上固屬無效，而清政府轉趨保守所引起的影響卻極為深遠。立憲派本有心扶持挽救當時的政府，因為請願失望，政府失去了大多數立憲派人士的擁護。立憲派與革命黨本屬南轅北轍之兩種不同組織，而請願之失望，則迫使立憲派人士轉而同情革命。〔註195〕

（二）皇族內閣的成立

　　宣統三年（1911）四月初十日，清政府頒布內閣官制，其各部行政長官姓名如下：

内閣總理大臣：奕劻　　　　内閣協理大臣：那桐、徐世昌

外務大臣：梁敦彥　　　　　農工商大臣：溥倫

度支大臣：載澤　　　　　　民政大臣：善耆

陸軍大臣：廕昌　　　　　　學務大臣：唐景崇

司法大臣：紹昌　　　　　　海軍大臣：載洵

郵傳大臣：盛宣懷　　　　　理藩大臣：壽耆〔註196〕

　　上述十三大臣中，滿人佔了八人，而八個滿人中，皇族又占了五人，包括慶親王奕劻、肅親王善耆、鎮國公載澤、貝勒載洵與溥倫，故有「皇族內閣」之稱。監國攝政王載灃當時既有實施憲政以順應民情之意，為什麼又要在新內閣中安置這許多皇族閣員，以致大滋物議呢？推究其原因，總由於這幾個人均為皇族八黨中重要首領人物，各擅勢力，不得不依照他們的願望給予閣員一席，以資均霑政治利益。〔註197〕

　　當時，各省諮議局聯合會認為朝廷既然宣布立憲，內閣總理大臣斷不應該委任皇族，以背憲法，乃於五月十三日草摺呈請都察院代奏，力陳親貴總理內閣之不宜〔註198〕。五月十四日，都察院將此摺代奏，清政府留中不發〔註199〕。諮議局聯合會乃第二次呈請代奏，說明君主立憲國皇族不能充當內閣〔註200〕。並發表告全國各界書，認定皇族組織內閣，則內閣永遠不會動搖，

〔註194〕張玉法，《清季的立憲團體》，頁449。

〔註195〕張朋園，《立憲派與辛亥革命》，頁76～77。

〔註196〕《宣統政紀》，卷五十二，頁23～24。

〔註197〕莊練，《中國近代史上的關鍵人物》，中冊，頁289。

〔註198〕《國風報》，第二年十二號，第83～86頁。《東方雜誌》，八卷五期，中國大事記。

〔註199〕《東方雜誌》，宣統三年六月，第八卷第五期，中國大事記。

〔註200〕《國風報》，第二年第十三號，頁76～79。

如此等於沒有內閣一樣〔註201〕。六月九日，都察院又將各省諮議局聯合會呈文代奏〔註202〕，反對皇族內閣，再請另行派員改組。次日清政府發佈上諭，對陳情之人痛加申斥：「黜陟百司，係君上大權，載在先朝欽定憲法大綱，並註明議員不得干預。……朝廷用人，審時度勢，一秉大公，爾臣民等均當懍遵欽定憲法大綱，不得率行干請，以符君主立憲之本旨。」〔註203〕

江蘇諮議局局長張謇對皇族內閣深感不滿，於《嗇翁自訂年譜》云：

> 政府以海陸軍權及各部主要均任親貴，非祖制也，復不更事，舉措乖張，全國為之解體。……是時舉國騷然，朝野上下不啻加離心力百倍，可懼也。〔註204〕

和平請願的方法既然失效，部份人士返回溫和，從事於政黨活動，使產生於資政院中的諸政團，漸能在地方上建立勢立；另外一部分人士則走向激烈，與革命派合流〔註205〕，壯大革命勢力。立憲派人士的轉向革命陣營，使清政府喪失了可靠的支持者，不但加探了立憲派與政府之間的對立，亦使政治危機不斷昇高。

〔註201〕同前書，第二年第十四號，頁61～73。
〔註202〕《東方雜誌》，第八卷第六期，中國大事記。
〔註203〕《政治官報》，宣統三年六月初十日，諭旨。
〔註204〕張謇，《嗇翁自訂年譜》，收於張孝若，《南通張季直先生傳記》（台北：文海出版社影印，1981年），附錄，卷下，頁66。
〔註205〕張玉法，《清季的立憲團體》（台北：中研院近史所專刊，1971年），頁473。

第四章　應變與覆亡

　　本章探討宣統朝政治領導階層應變能力與清朝滅亡的關係。川路風潮清政府處理失當，促成四川人民武裝抗爭。武昌起義後，清政府未能迅速撲滅革命軍，造成革命聲勢壯大。清政府更暴露兵力、財力不足的困境。攝政王載灃為了平亂，不得已重新起用袁世凱，袁世凱卻利用權術與軍隊逼迫攝政王與清帝退位。

第一節　保路風潮與對策

一、川路風潮的起因

　　鐵路國有政策從國家的立場來看，是正確的，但因這項政策損害了川、粵、湘、鄂四省士紳經濟利益，而政府向外國借款築路，更給予士紳以反對口實，認為將危及民族利益。經濟問題未能合理的解決，再加上民族情感的糾結，使保路運動成為反抗清政府的運動，最後保路運動變質，從原來只保路、保錢的單純性質，轉變為反滿革命。

　　鐵路國有政策引起了四省人民激烈的反抗，而四省之中又以川路風潮最為激烈，這是因為川路股東多半為地主階級，有左右地方社會或政治的力量〔註1〕，更主要的關鍵是清政府補償辦法最不利川省所致。

　　郵傳部擬定的補償辦法有三：（一）償還現款；（二）發給國家保利股票；（三）發給國家無利股票〔註2〕。三者之中，以償還現款對投資人最有利，其

〔註 1〕全漢昇，《中國經濟史研究》（香港：崇文書店，1972 年出版），下冊，頁 141
　　　　～142。
〔註 2〕盛宣懷，《愚齋存稿》（台北：文海出版社，1963 年影印），卷七十八，宣統
　　　　三年五月二十六日，「寄廣州張堅帥」，頁 1655。

次是保利股東，此法規定長年六厘支息，五年後分作十五年還本。而國家無
利股票最差，要等到鐵路完成獲利時，才在本路餘利項下分十年攤還。郵傳
部對四省的補償辦法，分別是：對集股最小的湘鄂兩省償還現款；對市價已
經不及五成的廣東鐵路股票優先發還六成，其餘虧耗四成，發給國家無利股
票；可是對資本最多的四川卻發給國家保利股票，施典章於上海虧損的三百
萬兩則全然不管。〔註3〕

補償辦法頒佈後，湘鄂兩省感到滿意，態度漸趨緩和，廣東局勢亦趨穩
定。而四川投資人不滿意此項辦法，川路風潮更加劇烈。川路股東本來並非
堅決反對國有政策，相反的，也有不少贊成的，他們一致反對的是郵傳部的
補償辦法，他們認為清政府奪路猶可忍，奪路又奪錢則不可忍。四川人民對
清政府補償辦法的反對，可由川紳鄧孝可個人得到證明，鄧孝可在補償辦法
公佈前，曾在蜀報上撰文，同意鐵路國有政策，不過要政府將四年已用之
款，和上海損失之款，一併用現金償還，再連同餘存未用之款改作四川建設
經費〔註4〕。迨鄧孝可得知郵傳部除了奪路，又要奪款後，即在蜀報上激烈評
擊郵傳部賣國，盛宣懷為賣國奴〔註5〕，而堅決反對鐵路國有政策。當時政府
官員對補償辦法的反應，可以四川勸業道周善培為代表，周善培說此項辦法，
後果堪慮，此後「不但給反對者一個極該反對的理由，就是不反對的人也全
激成反對了。」〔註6〕

川路風潮眞的無法避免嗎？其實在七月十五日以前川人只是和平的抗
爭，他們所爭的只是賠償的問題，只要清政府能夠讓步，川路事件不致於演
成七月十五日以後的武裝抗爭局面。即使七月十五日衝突擴大以後，只要清
政府妥協，尊重民意，給予川民滿意的賠償，川路事件不難解決，奈何度支
部大臣載澤、郵傳部大臣盛宣懷、督辦川漢鐵路大臣端方一味高壓，堅持既
定方針，遂使四川局勢糜爛不可收拾。因此，川路風潮擴大至不可收拾的局
面，清政府要負全部的責任。

〔註3〕 中國史學會編，《辛亥革命》（北京：人民出版社，1957年），第四冊，〈度支
部等奏遵旨籌畫收回粵川漢幹路詳細辦法摺〉，頁392～393。

〔註4〕 鄧孝可，〈川路今後處分議〉，收於《辛亥年四川保路運動史料彙編》（台北：
國史館，1981年出版），上冊，第二卷，頁180。

〔註5〕 同註4，〈賣國郵傳部！賣國奴盛宣懷！〉頁264～269。

〔註6〕 周善培，〈辛亥四川爭路親歷記〉，收於《辛亥年四川保路運動史料彙編》，下
冊，頁263。

二、川路風潮的擴大與清政府的對策

四川保路運動風潮大致可分為三期，七月十五日以前為保路運動第一期，此後至八月十九日武昌革命爆發為第二期，武昌革命後為第三期。第一期是川民和平保路時期，此時清政府卻持高壓辦法，嚴厲執行載澤、盛宣懷奪路、奪錢政策。第二期是川民武裝保路時期，清政府派端方帶鄂軍入川鎮壓。第三期是川民排滿革命時期，由於武昌革命的爆發，保路運動接近尾聲，排滿革命取而代之。

（一）保路第一期：川民和平爭路時期

當鐵路國有上諭到達成都後，在成都的鐵路股東之中，有一派並不堅決反對鐵路國有政策。例如川紳鄧孝可贊成鐵路國有，可是要求政府將數年來已用之款和上海損失之款，一併用現金償還，再連同餘存未用之款，改作四川建設經費〔註7〕。當時清政府並無意滿足四川股東償還現金之要求。郵傳部大臣盛宣懷和督辦粵漢、川漢鐵路大臣端方，於五月初五日聯名致電給護理川督王人文，說政府不但對川路公司在上海倒折之款概不承認，並且「欲舉現存已用之款，一律填給股票」，而不償還現金〔註8〕，川民得知，非常氣憤。

四川鐵路股東氣憤之餘，直接以電報和郵傳部爭辯，結果郵傳部於五月十三日下令電報局不得代發電文〔註9〕。正當四川紳民因政府的歧視而氣憤時，盛宣懷與銀行團簽訂的借款合同於五月十七日到達四川。二十一日，鐵路公司召開臨時大會，討論借款合同。四川紳民反對鐵路國有及借款合同的情緒十分激動，護理四川總督王人文好意為川民電奏，請政府收回成命。結果卻是奉旨嚴加申斥，王人文因此丟了官，改由趙爾豐署四川總督。不過，由於臨時大會的召開，四川省的保路同志會便正式組織成功，在各州縣的分會也正式成立〔註10〕，和平爭路從此變為有計劃之抗議行動。川紳透過報章雜誌力爭到底，負責文宣的是原來贊成鐵路國有政策的鄧孝可，鄧孝可透過蜀報，痛斥郵傳部賣國，盛宣懷野蠻〔註11〕。端方認為蜀報囂張狂恣不可理喻，建議盛宣懷電令尹良等四川地方官吏，嚴禁保路同志會舉行反抗性集

〔註7〕同註4。
〔註8〕〈提法使周善培上端方稟〉，收於《辛亥革命》第四冊，頁375～376。
〔註9〕〈郵傳部飭有關電局不得收發爭路電報電〉，收於同註4書，頁251。
〔註10〕〈辛亥四川爭路親歷記〉，同註6書，頁266。
〔註11〕鄧孝可，〈賣國郵傳部！賣國奴盛宣懷！〉同註4書，頁264～269。

會〔註12〕。盛宣懷採納其意見，六月五日正式通令尹良執行。〔註13〕

川路風潮雖廣大，但川民行動還能節制，以理力爭。不幸六月底的李稷勳事件，卻使保路運動情緒化，川民走向罷市、罷課、不納稅路線。

李稷勳是川漢鐵路宜昌分公司經理。鐵路公司七百萬股款大多存放於此，由他負責保管。路事問題發生後，郵傳部與鐵路公司皆想爭奪此款。李稷勳原先與鄧孝可態度相同，認為奪路尚可忍受，奪錢堅持不可〔註14〕。可是在端方暗中建議盛宣懷收買下〔註15〕，李稷勳終於與郵傳部勾結。閏六月，鐵路公司將其撤職，端方卻不准他交卸，具奏載澤留用李稷勳；並致電盛宣懷，請內閣通告川督趙爾豐，不准川人擅行更換經理。消息於六月二十九日傳抵成都，就如「一個炸彈，激起成都罷市」〔註16〕。這個消息意味政府奪錢成為事實，難怪川人情緒激昂。

七月一日，成都商民罷市，學堂罷課。罷市、罷課風潮很快傳至成都以外地區，南至邛州、雅安、西迄綿州、北及順慶，東抵榮昌、隆昌，均受其影響。七月九日，川民又宣告不納租稅。十三日出現「自保商權書」，激烈份子已準備和清政府攤牌。

罷市發生之後，清政府的態度與反應如何呢？端方堅持高壓政策，七月五日，建議盛宣懷、內閣撤換趙爾豐，另派重臣赴川查辦，並拉攏瑞澂幫助〔註17〕。瑞澂在端方影響下態度也趨向一致。盛宣懷於七月五日先和瑞澂商調鄂軍入川，七月九日通知端方影響下態度也趨一致。盛宣懷於七月五日先和瑞澂商調鄂軍入川，七月九日通知端方帶軍入川查辦，次日清政府正式派端方赴川查辦。趙爾豐的態度，原本同情川民，主張安撫政策，不肯壓制川民，可是受到中央與瑞澂、端方的強大壓力，為了保持其權位，只好改變態度，由體諒變為高壓。七月十五日貿然拘留保路運動領袖蒲殿俊、羅倫等人，四川人民聞訊，聚集一萬人至督署，要求放人，署兵開槍擊斃請求釋放蒲、羅的群眾三十二人。於是政府奪路、奪錢外，又增添奪命，川路風潮遂急轉直下，由和平保路時期進入武裝保路時期。

〔註12〕 《愚齋存稿》，卷七十八，〈端大臣來電〉，頁1665。
〔註13〕 同前書，卷七十八，〈寄端大臣〉，頁1665。
〔註14〕 〈李稷勳覆川漢鐵路公司路款重於路權請轉清政府償付歷年全部用款電〉，收於《辛亥年四川保路運動史料彙編》，上冊，頁309。
〔註15〕 同註12，卷七十八，〈端大臣來電〉，頁1660～1661。
〔註16〕 同註8，頁278。
〔註17〕 《愚齋存稿》，卷八十二，〈武昌端大臣來電〉，頁1694。

　　趙爾豐態度的轉變，和當時領導階層的權力鬥爭有關。趙爾豐於六月底抵成都，未到前，端方與盛宣懷就催其上任，彈壓川人；上任後，立刻又電請趙爾豐對川事從嚴干涉，可是趙爾豐卻持謹慎態度，安撫川民，遲遲不肯壓制，端方乃聯合瑞澂於閏六月二十四日致電內閣，責成趙爾豐嚴屬對付川民〔註18〕。趙爾豐仍不爲所動，罷市後其最初態度反而更加緩和。七月六日，趙透過其兄東三省總督趙爾巽致電那桐、盛宣懷，請改變川路政策〔註19〕。七月七日、十日，趙先電內閣，再電那桐，力陳商路歸商辦，以免破壞大局〔註20〕。可是這段時間，端方評擊趙氏不遺餘力，瑞澂從旁相助，企圖使趙氏掛冠免職，讓端方接替趙氏，以免端方奪其湖廣總督職。七月六日端方請內閣另派重臣赴川，意在取代趙爾豐，並痛罵趙爾豐「庸儒無能，實達極點！」〔註21〕同日瑞澂也致電盛宣懷責成趙爾豐嚴辦川人〔註22〕。七日，瑞澂要盛宣懷參劾趙爾豐〔註23〕。當時內閣、郵傳部皆採納端方的觀點，堅持既定的高壓政策。七月九日決定派端方入川彈壓川民。趙爾豐面對來自內閣、郵傳部、瑞澂及端方等如此強大的外來壓力，不得不迎合中樞，否則川督職位難保。七月十三日「自保商權書」的出現，則是促成趙爾豐拘捕保路運動領袖的導火線。一場可以避免的川路動亂，就在清政府主持官員堅持高壓政策及領導階層的權力鬥爭下發生了。

（二）保路第二期：川民武裝保路時期

　　保路第二期的四川局勢，一片混亂，川民紛紛以武力對抗政府。七月十六日端方率鄂軍第十六協第三十一標全標三營，和第三十二標的第一營，約二千人啓程。端方故意延緩行進速度，因爲他知道自己和趙爾豐之間，職權不明，在未取得調派軍隊全權以前，不願貿然入川。因此在權力先於平亂考慮下，端方一再電請載澤、盛宣懷劃一事權，以便節調川軍〔註24〕。趙爾豐則請其兄東三省總督趙爾巽影響中樞，阻止端方入川〔註25〕。由於雙方勢均

〔註18〕同前書，卷七十九，〈武昌端大臣瑞制軍來電〉，頁1684。
〔註19〕《辛亥年四川保路運動史料彙編》，上冊，頁446。
〔註20〕同註19，頁452、462。
〔註21〕《愚齋存稿》，卷八十，〈端大臣來電〉，頁1697～1698。
〔註22〕同註21，頁1695～1696。
〔註23〕同註21，頁1700。
〔註24〕同前書，卷八十二，〈武昌端大臣來電〉，頁1726。
〔註25〕同前書，卷八十二，〈盛京趙制軍來電〉，頁1732。

力敵，勝負一時難分，端方行動故意拖延，不願盛宣懷的催促，至七月二十三日才抵宜昌。

由於川事繼續惡化，載澤、盛宣懷著急萬分，對端方平亂信心動搖。載、盛想到岑春煊曾任川督，素爲川民敬重，而且岑又擅長用兵，以平亂聞名，遂起用岑春煊。七月二十三日，岑春煊奉派赴川會同趙爾豐辦理攻撫事宜。

岑春煊對川路事件，持安撫政策，他首先撰「告全蜀父老子弟文」，命地方官廣爲分佈，文中勸民眾各歸本業，他將爲民請用；並請要四川文武各官，自此文到後，地方人民非實行倡亂，不得妄捕，已捕者應量予保釋，即情節尤重者，只許暫拘，候岑春煊到後判決，不得擅殺〔註26〕。川民得知岑春煊政策後，一時民心大定，延頸企盼他早日前來。岑春煊一面緩和川民情緒，一面向中樞提出治標與治本兩項策略，來解決川路事件。治標方面則釋放被捕的士紳；治本方面則將川路商股現款還給川民，鐵路虧損由官方全數承認，此外，朝廷並下詔罪己〔註27〕。岑春煊是認爲政府奪路尚可，奪錢和奪命則不應該。他的川路政策，不僅緩和川民的情緒，川民且可藉他，依理和政府力爭，將商款全數還給川民，這更是解決川事的關鍵。如果清政府接受岑春煊「不短少路股一錢，不妄殺無辜一人」的政策，則川亂不難解決。

可是岑春煊的政策，受到盛宣懷、瑞澂、端方的一致反對。七月二十三日，端方電請盛宣懷准其暫留宜昌〔註28〕。當岑春煊平川亂的辦法發表後，端方確信此舉必爲載、盛所不喜，借此扳倒岑並不難，營求川督之心更熾。他一面指責岑春煊所言「專供報館歡迎，不顧大局成敗，且使朝廷無立足之地，如此國有之論將罷，此等居心決不在川督，專想作內閣總理。」〔註29〕一面恫嚇盛宣懷，不可接受岑春煊政策，否則「誅鼂錯謝七國之舉」將發生於今日，盛宣懷下場堪慮〔註30〕。瑞澂亦不同意岑春煊觀點，認爲「平亂不足，反足以助長川人之驕肆，其影響將及他省。」〔註31〕八月八日，岑春煊

〔註26〕 岑春煊，〈告全蜀父老子弟文〉，收於《辛亥年四川保路運動史料彙編》，上冊，頁579～580。

〔註27〕《愚齋存稿》，卷八十四，〈上海岑宮保內閣請代奏電〉，頁1762～1763。

〔註28〕 同前書，卷八十三，〈宜昌端大臣來電〉，頁1742～1743。

〔註29〕 同前書，卷八十四，〈宜昌端大臣來電〉，頁1766～1767。

〔註30〕 同註29。

〔註31〕 同前書，卷八十五，〈武昌瑞制軍來電〉，頁1785。

抵鄂後，瑞澂欲說服岑改變立場無效，也電請盛宣懷阻岑入川。川督趙爾豐基於個人權位考慮，亦不願岑入川。

載澤、盛宣懷任用岑春煊，原本希望借重其聲望、才幹制服川亂，想不到岑春煊卻違反政府政策，加上瑞澂、端方交相杯葛，只好重新考慮其入川是否妥當。岑春煊面對中樞鎮撫不定，瑞澂、端方、趙爾豐又一致抵制的情勢，自知難有作為，遂稱病奏請開缺。八月十一日清政府允岑賞假調理，暫緩赴川。川民因岑春煊政策而產生的希望，遂告破滅，他們認為政府既然不肯以「理」，只有「力」爭到底。一個大有轉機的川路事件，就在領導階層之間彼此權力鬥爭之下又趨惡化。

（三）保路第三期：川民排滿革命時期

八月十一日岑春煊去職以後，端方再度受重用，此顯示清政府奪路、奪錢和武力彈壓川民的政策不變。川民又開始用武力對抗政府，且變本加厲。此時盛宣懷為使端方能夠安心迅速赴重慶，乃暗示一旦抵達重慶，將立即發表他為四川總督〔註 32〕。可是八月十九日武昌革命的爆發，使此後川路風潮徹底轉向，排滿革命取代了原先保路的目標，川民保路運動已不再是單獨的反政府事件，而是和全國排滿革命連成一氣了。

八月二十六日端方率軍抵達夔州。當時軍中已得知武昌革命的消息，軍中革命黨人且擬殺端方，響應武昌起義。趙爾豐此時亦加深仇視端方，欲以武力對付他。九月十七日，端方受命署理四川總督。當時四川已遍地烽火，清政府為應付武昌危機，已疲於奔命，對川事更是到了黔驢之技了。九月十八日端方抵資州，知道趙爾豐有加害之意，不敢貿然前進，而身邊的鄂軍已漸為革命黨人控制，更不願繼續前進，清政府所派的入川彈壓大臣端方竟陷入四面楚歌之絕境。十月七日兵變發生，端方遂為鄂軍中的革命黨人所殺，後來川督趙爾豐亦被殺。清政府對川路的高壓政策，竟以如此悽慘的情勢收場。

我們檢討川路風潮清政府的對策，發現清政府犯了三項嚴重的錯誤：

1. 政府官員端方個人的權位私慾，導致川路事件的惡化

權令智昏，為謀復出政壇，先是置川民不顧，只顧迎合載澤、盛宣懷的脾胃，以致川路風潮不可避免；繼而借川路風潮傾軋瑞澂，排擠不成，轉而

〔註32〕同前書，卷八十五，〈寄夔州端大臣〉，頁 1790。

與岑春煊、趙爾豐鬥爭，在官僚相互傾軋鬥爭下，路事愈形惡化。

2.清政府用人政策搖擺不定

主持川路人選，始終呈現多頭馬車局面，一直搖擺於端方、趙爾豐、岑春煊三人之間，徒致三人權力傾軋，糜爛大局。

3.清政府路事政策不當

載澤、盛宣懷、端方一味地奪路又奪錢，加上趙爾豐奪命，使整個路事急轉直下，和平保路演成武力相向，伏下端方、趙爾豐被殺，清廷覆亡之因。〔註33〕

第二節　武昌起義

一、清政府立即對策與慌亂情形

宣統三年（1911）八月十九日，晚上七時左右，武昌駐軍工程第八營革命黨人起義，佔領楚望台，推舉吳兆麟爲臨時總指揮，進攻湖廣總督衙門，湖廣總督瑞澂，第八鎮統制張彪逃走。瑞澂逃至楚豫艦，初泊劉家廟，旋泊德租界碼頭，電奏清政府請派重兵來鄂。瑞澂又請英領事葛福（Heybet Goffe），命英艦開砲轟擊革命軍，但爲英領事拒絕〔註34〕。瑞澂並曾電調湘豫巡防隊來鄂會剿〔註35〕。二十一日，漢陽、漢口爲革命軍光復。

清政府於接到武昌新軍起義的消息後，第一個對策便是將瑞澂革職，但「帶罪圖功，仍著暫署湖廣總督，以觀後效。」同時，派陸軍兩鎮，赴鄂剿辦，由海軍部加派兵輪，飭薩鎮冰督率前進，飭程允和率長江水師赴鄂支援，並命陸軍大臣廕昌督兵前往，所有湖北各軍及赴援軍隊均歸廕昌節制調遣〔註36〕。八月二十二日將第八鎮統制張彪革職〔註37〕。二十三日，清政府以陸軍第四鎮暨混成第三協，混成第十一協編爲第一軍，令廕昌指揮，督率赴鄂；又將陸軍第五鎮暨混成第五協、混成第三十九協編爲第二軍，派馮國

〔註33〕紀欽生，《晚清時期的端方——一位改革官僚的研究》（台北：台大歷史研究所碩士論文，1985年），頁197。

〔註34〕陳三井，〈法國與辛亥革命〉，載於《中央研究院近代史研究所集刊》，第二期，1971年6月出版，頁241。

〔註35〕《宣統政紀》，卷六十一，頁24～25。

〔註36〕宣統三年八月二十一日上諭，軍機處現月檔，《辛亥革命》，第五冊，頁291。

〔註37〕宣統三年八月二十二日上諭，軍機處現月檔，同前書，第五冊，頁292。

璋督率，聽候調遣；又將禁衛軍暨陸軍第一鎮編爲第三軍，派貝勒載濤督率，駐守近畿，專司巡護〔註38〕。清政府的調兵遣將表面上看起來似乎甚有條理，其實是「驚慌失措」〔註39〕，其最可議者爲廕昌以陸軍大臣親自統兵臨敵，御史路士垣即曾上奏指出廕昌以陸軍大臣督兵赴陣之不當〔註40〕。內閣協理大臣那桐亦認爲不必派陸軍大臣親臨前線；軍諮府大臣載濤曾自請南下督師，而監國攝政王載灃不允。其人選決定時，且有主張用段祺瑞者，張國淦《辛亥革命史料》記決策內幕云：

> 武昌失陷，內閣集議，一致主剿，由陸軍部派陸軍兩鎮，陸軍大臣廕昌督率赴鄂剿辦。當擬議時，協理那桐謂：武昌一隅蠢動，奚必以陸軍大臣親臨前線？乃一再審度，在京又無適當統帥全軍之人選，故暫派廕昌。廕，旗人。其實漢人並無無人。余（華世奎自謂）提議以江北提督段祺瑞率清江浦混成協乘軍艦到鄂，爲時甚快，彼等不納，乃滿漢之界甚深也。馮國璋在軍諮府與廕（昌）、（載）濤相處有年，又當別論。〔註41〕

清政府滿漢成見太深，不用段祺瑞率軍赴鄂，乃一大失策，喪失了「制敵機先」之機會。以廕昌督師出征，固可說是清政府重視武昌事件，卻也反映出清政府人才缺乏，方寸已亂。且當時清政府的一些對策，又自相矛盾，以鐵路爲例，鐵路爲運兵輸糧之重要工具，八月二十一日，郵傳部大臣盛宣懷曾電請署湖廣總督瑞澂、直隸總督陳夔龍盡力保護鐵路，派可靠軍隊迎護路橋〔註42〕。八月二十二日河南巡撫要求將灄口附近鐵路拆除數十里，以阻止革命軍，郵傳部指示：「應准將漢口一帶車頭拖進武勝關，其灄口以南鐵軌須留爲運兵之用，應設法保護，萬不可拆。」〔註43〕同日，軍諮府卻致電給河南巡撫寶棻，指示可將鐵路「由灄口大橋末端數十里起，向江岸車站方向拆毀。」〔註44〕郵傳部與軍諮府同日對同一事件互相矛盾之指示，可見清

〔註38〕宣統三年八月二十三日諭旨，軍機處現月檔，同前書，第五冊，頁292～293。
〔註39〕李劍農，《中國近百年政治史》，頁308。
〔註40〕宣統三年八月二十五日，御史路士垣奏摺，收於《辛亥革命》，第五冊，頁42。
〔註41〕張國淦，《辛亥革命史料》（香港：龍門書店，1958年出版），頁104。
〔註42〕宣統三年八月二十一日，盛宣懷致陳夔龍等電及載澤、盛宣懷致瑞澂電，收於陳旭麓等編，《辛亥革命前後》（上海：上海人民出版社，1979年），頁192～193。
〔註43〕郵傳部致京漢路局電，同前書，頁196。
〔註44〕軍諮府致寶棻電，同前書，頁198。

政府對策之混亂。英國駐北京公使朱邇典（John Jordon）曾云：「今則諭旨如川流之不息，混亂異常，且常自相矛盾，朝廷對人民愈加信服，人民則對於其言愈加冷淡。」〔註45〕對策的自相矛盾更顯示清政府的慌亂。

二、兵力不足與清政府對策

　　武昌新軍起義後，清政府言官多主張用兵力剿〔註46〕，力剿必須擴充軍隊，而革命黨人則在各地紛紛響應，一月之間，光復之地甚多。各地方政府紛紛向中央告急，但兵力有限，不足以應付，且清政府亦知新軍傾向革命，並不可靠〔註47〕，乃於八月二十八日採取對策，諭示內閣：「所有宣統三年（1911）豫算案內，各省奏明礙難裁減之綠營巡防隊，均著免裁減。至四年（1912）豫算，除直隸江贛等省仍照奏准各案辦理外，餘著一律暫免裁減。」〔註48〕清政府雖然宣佈停止裁減綠營，綠營其實早就無戰鬥力，且早已裁汰，數量已經很少，於是形成「新軍既不可恃，舊軍又不敷用」的局面〔註49〕。當時學部國子丞徐坊與柯劭忞建議各省督撫自行招募練軍〔註50〕，又御史溫肅建議各地招募團練〔註51〕。由於武昌起義係新軍所為，因此，各省常有「歧視新軍，除閑過甚」的情形〔註52〕。地方政府兵力不足，向中央求援，中央往往是愛莫能助〔註53〕，於是各地方政府遂以「伏莽甚多」、「兵力單薄」為由要求自行增募軍隊。根據《宣統政紀》，從宣統三年（1911）八月二十一日

〔註45〕英使朱邇典致英外部葛壘文，西元1911年11月6日發，收於《辛亥革命》，第八冊，頁334～336。

〔註46〕御史王寶田奏摺，同前書，第五冊，頁441～444。御史歐家廉奏摺，同前書，第五冊，頁500～501。副都御史朱益藩奏摺，《宣統政紀》，卷六十四，頁14～17。御史溫肅奏摺，熊守暉編，《辛亥武昌首義史編》（台北：台灣中華書局出版），下冊，頁744～745。

〔註47〕胡思敬，《國聞備乘》，「兵變」一條，頁1992～1994。及南京英領事威勤生致英使朱邇典文，收於《辛亥革命》，第八冊，頁330～331。

〔註48〕《宣統政紀》，卷六十一，頁64～65。

〔註49〕宣統三年八月二十四日，御史王寶田奏摺，收於《辛亥革命》，第五冊，頁408。

〔註50〕宣統三年八月二十九日，學部國子丞徐坊等奏摺，同前書，第五冊，頁439～440。

〔註51〕宣統三年九月初四日，御史溫肅奏摺附片一，同前書，第五冊，頁455。

〔註52〕宣統三年九月初四日，郵傳部左參議梁士詒奏摺，同前書，第五冊，頁452～454。

〔註53〕荊州將軍連魁之奏摺，同前書，第五冊，頁297～310。

起至九月十九日止，各地要求增兵的情形如下：〔註54〕

日　　　期	地　區	內　　　容	清廷意見
八月二十一日（10月12日）	河　南	為加強保護京漢鐵路黃河鐵橋，可酌量添募軍隊	上諭指示辦理
八月二十一日（10月12日）	川滇邊地	酌量添募營隊	同意
八月二十二日（10月13日）	湖　南	添募營隊	同意
八月二十二日（10月13日）	貴　州	請暫緩裁減防營	交陸軍部議奏
八月二十三日（10月14日）	廣　東	請添募數營	同意
八月二十四日（10月15日）	山　東	請暫添巡防馬隊一營、步隊三營	同意
八月二十五日（10月16日）	直　隸	請增募巡防營二十營	同意
八月二十五日（10月16日）	兩　江	請添招巡防營十營	同意
八月二十五日（10月16日）	甘　肅	請添練得力防軍數營	同意
八月二十五日（10月16日）	浙　江	請暫添募陸師巡防隊	同意
八月二十五日（10月16日）	順天府	請添馬巡隊、步巡隊各一百名	報聞
八月二十六日（10月17日）	安　徽	請添募防勇五營	同意
八月二十六日（10月17日）	山　東	請添巡防十營	同意
八月二十六日（10月17日）	陝　西	請召募馬步防營八隊	同意
八月二十七日（10月18日）	江　蘇	再酌量添募巡防隊	清廷指示辦理
八月二十八日（10月19日）	奉　天	請招馬步四營	同意
八月三十日（10月21日）	湖　北	袁世凱請在直隸山東河南等省召募壯丁一萬二千五百人編集二十五營	同意
九月三日（10月24日）	天　津	增巡防隊二十營，尅期先成立十營	同意
九月三日（10月24日）	廣　西	請募巡防三營	同意
九月三日（10月24日）	察哈爾	募馬兵隊一千名	下所司議
九月四日（10月25日）	四　川	添招八營	同意
九月五日（10月26日）	近　畿	添募十營	上諭指示辦理
九月五日（10月26日）	長江一帶	鐵良招募十營、張勳再招兩營	同意
九月七日（10月28日）	奉　天	請添招五營	同意
九月八日（10月29日）	江　西	請添練十營	同意
九月九日（10月30日）	順天府	請續募軍隊	報聞
九月十日（10月31日）	山　東	已添招巡防隊二十營	同意
九月十一日（11月1日）	吉　林	請添巡防營馬步六營	同意
九月十一日（11月1日）	黑龍江	請添馬隊五營	同意
九月十四日（11月4日）	陝　西	請添精兵十營	同意
九月十九日（11月9日）	新　疆	請在皖豫募千人來新塡補	暫緩

〔註54〕王壽南，〈辛亥武昌起義後清廷之反應〉，孫中山先生與近代中國學術研討會論文，1985年11月3日發表，頁3～5。

由於情勢危急和事實需要，各地要求增募軍隊，清政府幾乎皆同意。

三、財政困難與清政府對策

（一）中央政府財政困難情形

自從庚子事變以後，清政府財政日趨困難，主要原因是除了舊有的支出以外，更增加了兩項鉅額支出：一是對外賠款。辛丑條約賠款數額是四萬萬五千萬兩，這筆數目太過龐大，清政府無法一次償還，乃分三十九年償還，年息四釐，本金利息合計要九萬萬八千餘萬兩，加上各省教案賠款，總數在十萬萬兩以上，每年應付二千五百餘萬兩，這筆鉅款的擔保財源，一為進口稅值百抽五，及免稅物品照徵後，償付舊有外債的餘款；二為常關所徵之數。在通商口岸的常關，歸海關管理（內地常關收入，解上海道轉交）；三為鹽稅全部，但這三項擔保財源仍不敷用，於是又從各省攤派，每年為一千八百八十萬兩，主要是由田賦、附捐、鹽捐、貨物稅及營業稅而來〔註55〕。另一項鉅額支出是練兵經費。根據陸軍部奏定的陸軍營制餉章及各省練兵設鎮情形，新設一鎮陸軍（官兵一萬二千餘人）各項新式武器裝備及雇用洋員等所需經費約為一百餘萬，同時一鎮的常年經費約二百萬兩左右。至宣統三年（1911），全國共有新軍二十六鎮，經費支出極為龐大〔註56〕。清末中央的財政已是入不敷出，每年大約不足一千兩、三百萬兩以上〔註57〕。以宣統元年（1909），各省歲計為例，歲入共收銀二萬六千三百二十一萬九千七百兩一錢六分三釐，歲出共支銀二萬六千九百八十七萬六千四百三十二兩五錢九分六釐，出入相抵，不敷銀六百六十五萬六千七百三十二兩四錢三分三釐〔註58〕。宣統三年（1911）的全國預算歲入為二萬九千六百九十六萬二千七百兩，歲出為三萬三千八百六十五萬兩，不敷之數高達四千多萬兩〔註59〕。可知清政府財政困難的嚴重，武昌起義前夕，內閣的奏章已經明言：「今我國所最困者，財源年減一年，國事轉日增一日，欲使國事可以進行而財源足以相濟，揆諸

〔註55〕郭廷以，《近代中國史綱》，第248～348頁。同註54，頁5。

〔註56〕彭雨新，〈辛亥革命前夕清王朝財政的崩潰〉，收於《辛亥革命論文集》（武漢：湖北省歷史學會編印），頁163。

〔註57〕《清朝續文獻通考》（台北：新興書局出版），卷六十八，國用考六，頁8248下。及註54，頁5。

〔註58〕同註57，卷六十七，國用考，頁8234下。

〔註59〕《清史稿》，卷一〇〇，食貨志六，會計。及同註54，頁5。

情實，其道大難。」〔註60〕政府自己承認財政危機愈來愈嚴重。

（二）武昌起義後地方經費不足情形

武昌起義後，各地方政府極力擴充軍隊，需要糧餉，地方經費本已不足，於是紛紛向中央請求援助。根據《宣統政紀》，宣統三年（1911）八、九月間各地向清政府中央請求增援經費情形如下：〔註61〕

時　　間	地　區	內　　　　容	清廷之指示
八月二十一日（10月12日）	福　建	請免將福建防軍預算裁減	同意
八月二十二日（10月13日）	湖　北	請籌撥餉	令度支部速撥
八月二十二日（10月13日）	皖　贛	請息借洋款五百萬兩	同意
八月二十三日（10月14日）	廣　東	應解京部各款請酌量截留	不准
八月二十三日（10月14日）	廣　西	請勿裁減軍費	著度支知道
八月二十五日（10月16日）	河　南	請接濟，並將本省應解應協各款概從寬緩移作軍用	著度支迅速設法接濟
八月二十六日（10月17日）	安　徽	請將今年解京餉等項及未解代解賠款一併截留	不許
八月二十六日（10月17日）	湖　南	請將解京餉等款四十四萬餘兩緩解	准緩解十萬兩
八月二十七日（10月18日）	山　東	請向德華銀行借銀三百萬兩	同意
八月二十八日（10月19日）	江　蘇	請款訂購新式武器軍服	同意
八月三十日（10月21日）	湖　北	袁世凱請撥四百萬兩	同意
八月三十日（10月21日）	江　西	贛省額解各款請緩解	著度支速議
九月三日（10月24日）	直　隸	請每月撥銀三萬兩以募防營	同意
九月三日（10月24日）	兩江地區	張人駿請向洋行加借二百萬兩	同意
九月三日（10月24日）	廣　西	請撥巡防營經費五萬兩	同意
九月三日（10月24日）	察哈爾	請撥軍費十餘萬兩	下所司議
九月四日（10月25日）	四　川	募兵八營請撥餉銀一百萬兩	著度支速撥
九月四日（10月25日）	安　徽	請撥銀五十萬兩以便募兵	由兩淮運庫借撥十萬兩
九月五日（10月26日）	近　畿	添募十營並添購武器請撥所需餉項等	著度支速撥
九月五日（10月26日）	福　建	請借洋款二百萬兩	同意
九月五日（10月26日）	長江沿岸	鐵良、張勳募兵請款一百三十萬兩	先撥二十萬兩

〔註60〕《宣統政紀》，卷六十一，頁9。
〔註61〕同註54，頁6～7。

九月五日（10 月 26 日）	浙　江	請向大清銀行借銀二百萬兩	大清銀行不允
九月六日（10 月 27 日）	廣　西	請撥五十萬兩以增兵餉	著兩廣總督量為勻撥
九月八日（10 月 29 日）	奉　天	請向外國銀行借鈔票五百萬	同意
九月十日（10 月 31 日）	河　南	請接濟四五十萬兩	俟借洋款後撥
九月十日（10 月 31 日）	安　徽	請截留各項解款並請撥現銀五十萬兩	同意截留解款，撥款暫緩
九月十三日（11 月 3 日）	天　津	請借內帑銀一百萬兩	度支酌支借
九月十三日（11 月 3 日）	山　東	請撥內帑銀十萬兩	同意
九月十四日（11 月 4 日）	陝　西	請撥銀一百萬兩	令度支籌撥
九月十四日（11 月 4 日）	江　蘇	張勳請速撥餉項	令度支籌撥
九月十六日（11 月 6 日）	直　隸	請向洋行商借銀二百萬兩	同意
九月十六日（11 月 6 日）	新　疆	請接濟五十萬兩	著度支速議
九月十七日（11 月 7 日）	張家口	請撥銀圓二十萬圓	無法籌撥

（三）地方經費不足中央政府的對策

　　武昌起義後一個月內，地方紛紛向中央請求經費援助，清政府中央採取了三項對策：1.凡是各地借洋款的要求一概同意由各地自行辦理，只要各地方官有本領能借到洋款，即使有以地方公家財產抵押，亦表同意〔註62〕。2.各省如請求截留應解繳中央款項，清政府本身已支用短絀，故不能同意，除非該省情勢確實危急乃不得不准。3.至於各地請求現銀援助，八月間尚可大體支應，至九月便感無力應付。九月六日度支部曾奏：「軍需緊急，庫款有限，勢將不足。擬向法國資本團借九千萬法郎，或金鎊參百陸拾萬。」〔註63〕可見中央財政耗竭之情況。當時各地向清政府中央請求援款的電奏，最常見到的字句是「庫空如洗」，而清政府覆電的上諭中最常見到的字句是「現在部庫如洗」、「現在部庫同一拮据」、「庫款奇絀」，中央與地方同樣面臨了財政危機，因此，九月以後，中央對於地方的經費求援，再也無法支助了。中央政府的財政困難，導致中央對地方控制力的減弱，也使得滿清政權的維持愈來愈困難。

〔註62〕同註60，卷六十二，頁9～10；卷六十三，頁29。

〔註63〕宣統三年九月初六日，度支部大臣載澤等奏摺，軍機處摺包檔，收於《辛亥革命》，第五冊，頁298～299。

第三節　袁世凱操縱政局

一、袁世凱復出掌權的有利情勢

（一）軍事情勢

袁世凱罷斥後，回到河南彰德，彰德是河南境內距離北京最近的大城，有京漢鐵路經過，交通便利，消息靈捷，奕劻、那桐、徐世昌始終與袁保持聯繫，而袁的長子克定任官北京，有如坐探〔註64〕，因此，袁世凱對北京政局瞭如指掌。

當武昌起義後，清政府派陸軍大臣廕昌統帥新軍馳赴武漢，廕昌所部徘徊於孝感、信陽之間，廕的號令不行，在孝感急得滿頭大汗〔註65〕，他知道袁世凱不出則將士不用命，乃奏請袁督師〔註66〕。御史史履晉也奏請起用袁世凱〔註67〕。而奕劻、那桐、徐世昌也在中樞建議監國攝政王載灃起用袁世凱〔註68〕。清政府乃於八月二十三日起用袁世凱爲湖廣總督，所有鄂省軍隊暨各路援軍，均歸袁世凱節制調遣，廕昌、薩鎮冰所帶水陸各軍，並著袁世凱會同調遣〔註69〕。袁得到復出命令後，八月二十五日故意上奏稱：

> 臣舊患足疾，迄今尚未大癒，去冬又牽及左臂，時作劇痛。此係數
> 年宿疾，急切難望全愈。然氣體雖見衰頹，精神尚未昏瞀。近自交
> 秋驟寒，又發痰喘作燒舊症，益以頭眩心悸，思慮恍惚，雖非旦夕
> 所能就瘥，而究係表症，施治較舊患爲易。現當軍事緊迫，何敢遽
> 請賞例，但委頓情形，實難支撐。已延醫趕加調治，一面籌備布署，
> 一俟稍可支持，即當立疾就道，藉答高厚鴻慈於萬一。〔註70〕

袁世凱接受了鄂督之職，然又以健康不佳爲由，暫時不能上任。此一奏摺顯示了袁世凱倚勢拖延的心意。袁世凱不肯出山的緣故，一是要洩一洩憤；二是要等事變擴大，使載灃不能收拾；三是要取得對於一己合算的條件〔註71〕；

〔註64〕郭廷以，《近代中國史綱》，頁409。

〔註65〕陶菊隱，《袁世凱竊國記》，頁47。

〔註66〕丁文江，《民國軍事近紀》（台北：文海出版社影印，1971年），頁4。

〔註67〕宣統三年八月二十三日，御史史履晉奏摺，收於《辛亥革命》，第五冊，頁404。

〔註68〕張國淦，《辛亥革命史料》，頁108。

〔註69〕《宣統政紀》，卷六十一，頁34。

〔註70〕同註67，第五冊，頁333。

〔註71〕李劍農，《中國近百年政治史》，頁308。

四是想觀察一下革命黨的發展演變，以便決定對待革命黨的態度，而不是貿然提槍上陣和革命黨硬拼，這從袁世凱後來採取與革命黨和談而不遵從清政府的「對抗」原則可以看出來。〔註72〕

袁不出山，清政府恐怕前敵軍事惡化，就在奕劻與徐世昌支持下，詔促袁世凱盡速上任，徐世昌並微服出京，親至彰德勸駕，袁世凱提出六個條件：一為明年即開國會，二為組織責任內閣，三為寬容此次起事之人，四為解除黨禁，五為須委以指揮水陸各軍及關於軍隊編制之全權，六為須給與十分充足之軍費〔註73〕。袁並請求招募新勇二十五營。八月二十七日御史齊忠甲，給事中蔡金台分別奏請將廕昌調回京師，各軍統歸袁世凱調度〔註74〕。八月二十八日清政府諭袁世凱可以節制調遣長江一帶水陸各軍〔註75〕，但是此時廕昌亦在湖北，一軍兩帥，袁世凱自然不願接受。九月初二日，御史史履晉也上奏指出「一軍而有二帥，則號令不免紛歧」。又說「此次南下之軍，原係袁世凱舊部，既責袁世凱以戡定亂事，即宜接統此軍。」〔註76〕御史們的建議是要清政府給予袁世凱湖北地區完整的軍事指揮權。當時在湖北的新軍未能擊敗革命軍，二十五日、二十七日、二十八日，劉家廟的激戰，清軍皆受挫，傷亡甚重〔註77〕，撤退至灄口。革命軍戰勝，士氣益勝，革命風氣更傳佈全國，各地紛紛響應革命。清政府迫於情勢，不得不於九月初六日受袁世凱為欽差大臣，「所有赴援之海陸各軍並長江水師，暨此次派出各項軍隊」均歸袁世凱節制調配，凡關於湖北剿撫事宜，「由袁世凱相機因應，妥速辦理。軍情瞬息萬變，此次湖北軍務，軍諮府、陸軍部不為遙制，以一事權而期迅奏成功。」又令廕昌「即將第一軍交馮國璋統率，俟袁世凱到後，廕昌再行回京供職。」〔註78〕

自革命軍起至袁世凱授命為欽差大臣，中間整整相隔十八天，清政府領導階層延誤軍機十八天之久，以致喪失了制敵機先的機會，這可以從陳夔龍的《夢蕉亭雜記》所述見之：

> 辛亥八月武昌發難，總督出走，余適在病中。警報傳來，以鄂係舊

〔註72〕同註54，頁9。
〔註73〕李廉方，《辛亥武昌首義記》（台北：正中書局影印，1961年10月），頁145。
〔註74〕齊忠甲、蔡金台奏摺，同註67，第五冊，頁426、430。
〔註75〕《宣統政紀》，卷六十一，頁66。
〔註76〕宣統三年九月初二日，御史史履晉奏摺，同註74，第五冊，頁446～447。
〔註77〕李廉方，《辛亥武昌首義記》，頁140～143。
〔註78〕《宣統政紀》，卷六十二，頁28。

治，深悉彼中情勢，密電樞垣，謂川督岑君春煊帶隊入蜀，計時已在鄂中，請旨褫鄂督職，以岑調補，責令收復省會。鄂垣兵變，僅一小部份，速電飭帶兵統領督率南湖一帶各軍，並漢口駐紮軍隊力圖規復。陸軍第二鎮第一協全部現駐保陽，即時下動員令，京漢快車兩日一夜可達漢口，直逼武昌，以壯岑軍聲勢。彼係烏合之眾，人心未定，收復不難。而樞府不報也，但責令陸軍部編一混成鎮，有此軍步隊參以彼鎮馬隊者，有彼營輜重參以此營馬匹者混沌雜糅，故緩師期，卒致兵與兵不相習，將與將不相識。遲之又久，始報啓程。迨抵漢口時，鄂中叛黨佈置完備，羽翼已成，公然誓師抗順，大局不可問矣。〔註79〕

　　這一段話，暗示當時「責任內閣」總理大臣奕劻及協理大臣那桐、徐世昌，應變失策，處置失當，有故意爲袁世凱製造機會之嫌。至九月九日袁世凱才出發赴武漢督師。

（二）政治情勢

　　當時清政府處境日趨困難，除了受到革命黨人武力壓迫之外，還遭受到朝野人士一致要求改組內閣的政治壓力，八月二十五日，江蘇諮議局長張謇聯合熱河都統溥廷、山東巡撫孫寶琦，疏請清政府迅速改組貴族內閣，宣布立憲辦法〔註80〕。九月五日，資政院奏請迅速組織完全責任內閣，並於明年提前召開國會〔註81〕。九月初八日，大學堂總監劉廷琛上疏攻擊親貴內閣，要求改組，「閣部大臣不使親貴與乎其列」〔註82〕。同日，駐灤州第二十鎮統制張紹曾，聯合第二混成協統藍天蔚等，電促清政府從速立憲，組織責任內閣。同日資政院總裁世續等亦上疏反對皇族參加內閣，另簡賢能爲內閣總理大臣〔註83〕。在朝野強大壓力之下，清政府不得不於九月九日諭示：「一俟事機稍定，簡賢得人，即令組織完全內閣，不再以親貴充國務大臣。」〔註84〕清政府諭示組織完全責任內閣，並沒有明確的時間限定，令人有含混、拖延

〔註79〕陳夔龍，《夢蕉亭雜記》（台北：文海出版社影印，1971年），頁260～261。
〔註80〕張謇，《張季子九錄》，政聞錄，卷三。
〔註81〕《中華民國史事紀要》（台北：國史館，1973年），民國紀元前一年九月初五日，頁735。
〔註82〕同註74，第五冊，頁475～476。
〔註83〕同註81，頁753～755。
〔註84〕《宣統政紀》，卷六十二，頁52。

的感覺。九月十一日，第二十鎮統制張紹曾電奏清政府，請迅速成立責任內閣，聲稱「內閣一日不成立，即內亂一日不平息。」〔註85〕第二十鎮接近京畿，清政府恐慌，遂不敢再行施延，至於繼任內閣總理的人選，則非袁世凱莫屬，因為當時參與政治活動的人物十分迷信袁世凱〔註86〕，而且袁世凱又能獲得列強的支持〔註87〕，清政府在面臨各方壓力及緊急狀況下，實無選擇之餘地，同日遂准內閣總理大臣奕劻辭職，改授袁世凱為總理大臣，命袁赴京。〔註88〕

二、袁世凱逼迫清帝退位

九月二十三日，袁世凱到達北京，清政府諭近畿各鎮及各路軍隊，並姜桂題所部軍隊均歸袁世凱節制調遣〔註89〕，於是軍權盡歸袁世凱掌握。九月二十六日，袁組成內閣，閣員的配置如下：

內閣總理大臣：袁世凱

外務大臣：梁敦彥　　次官：胡惟德

民政大臣：趙秉鈞　　次官：烏珍

度支大臣：嚴修　　　次官：陳錦濤

陸軍大臣：王士珍　　次官：田文烈

海軍大臣：薩鎮冰　　次官：譚學衡

學部大臣：唐景崇　　次官：楊度

法部大臣：沈家本　　次官：梁啟超

理藩大臣：達壽　　　次官：榮勳

郵傳部大臣：唐紹儀　次官：梁如浩

農商部大臣：張謇　　次官：熙彥〔註90〕

這些內閣員，除了達壽是非漢人，其他正大臣都是漢人，滿足了國人的心願，且這些大臣都是網羅各方人才，除了梁啟超等少數幾位不肯上任，閣員實際上大概都是袁派黨羽〔註91〕，於是政權亦歸袁世凱掌握。

〔註85〕同註83，頁779。

〔註86〕李劍農，《中國近百年政治史》，頁320。

〔註87〕王曾才，〈歐洲列強對辛亥革命的反應〉，載於《台大文史哲學報》第三十期。

〔註88〕《宣統政紀》，卷六十三，頁1。

〔註89〕同前書，卷六十四，頁6。

〔註90〕同前書，卷六十四，頁12～13。

〔註91〕李劍農，《中國近百年政治史》，頁314。

袁世凱掌握軍政大權以後，即一步一步逼迫清帝退位。袁世凱逼迫清帝退位，可分爲以下幾個步驟：

（一）解除清廷的自衛力量

袁世凱到北京的第一件大事，就是要把北方和北京的軍事大權完全攬在自己的手裡。他已經取得了近畿北洋各鎮及姜桂題等部的節制調遣權，但是北京城內還有名義上由攝政王載灃統率而事實上由載灃弟弟軍諮府大臣載濤統率的禁衛軍，袁對他還是不放心〔註92〕。對付禁衛軍的辦法，是一面由自己編練拱衛軍和它對抗，一面以大義諷令載濤率領禁衛軍出征，但是載濤是一個少年貴族，沒有一點軍事的實際知識，聽到全國各地革命軍的行動，早已驚慌失措，根本沒有親征的勇氣，袁早看出他的弱點，故意以出征爲難他。結果載濤自請解除管轄禁衛軍的職權，袁即將馮國璋從湖北前線調回來擔任禁衛軍總統官（將武漢方面的任務全授段祺瑞），不久便用準備出征的名義，把禁衛軍調出北京城外，而以自己新編的拱衛軍防衛宮城，於是清廷一切自衛的力量，盡被袁世凱解除，自此以後，清朝皇室和親貴只好任袁世凱宰割了。〔註93〕

（二）削除皇帝和皇室的權力

十月初二日，袁世凱奏請暫行停止入對奏事各事項，其辦法規定：

1. 除照內閣官制召見國務大臣外，其餘召見官員，均應暫停止；總理大臣不必每日入對，遇有事件奉召入對，並得隨時自請入對。

2. 除照內閣官制得由內閣國務大臣具奏外，其餘各衙門應奏事件，均暫停止。所有從前應行請旨事件，均咨行內閣核辦，其必應具奏者，暫由內閣代遞，凡無須必請上裁事件，均以閣令行之。其關於皇室事務，統由內務府大臣承旨署名具奏後，仍即時知照內閣，但所奏以不涉及國務爲限。

3. 各部例件及屬於大臣專行事件，毋須上奏，其值日辦法，應暫停止。

4. 向由奏事處傳旨事件，均暫停止。內外摺照題本舊例，均遞致內閣，由內閣擬旨進呈，再請鈐章。〔註94〕

〔註92〕陶菊隱，《北洋軍閥統治時期史話》（北京：生活、讀書、新知三聯書店，1957年出版），第一冊，頁86。
〔註93〕李劍農，《中國近百年政治史》，頁315。
〔註94〕《內閣官報》，宣統三年十月初三日，第九十二號，頁95～96。

　　袁世凱所擬的辦法，改變了清政府兩百多年來任何命令都以上諭行之的傳統制度，而且明顯地剝奪了清朝皇帝直接過問國事的權力。對袁世凱所擬的辦法，清廷的上諭是：「內閣總理大臣面奏關於入對奏事暫行停止事項，開單呈覽，著依議。」〔註95〕清廷這一上諭，等於是向袁世凱投降，自此，袁世凱竊權成功，清廷大權旁落，逐漸走向窒息滅亡的絕路。

（三）逼迫攝政王退位

　　自從袁世凱擔任內閣總理以後，雖然大權在握，宣統皇帝年幼無知，形同傀儡，但表面上還有一個攝政王，相當於代理皇帝，可以代宣統皇帝發號施令，袁世凱不能不有所顧忌，因此逼迫攝政王退位乃是袁世凱制服清廷的必要行動，在袁世凱的逼迫下，十月十六日攝政王載灃引咎退位，以醇親王退歸藩邸，年給俸銀五萬兩，不再預政，此後一切用人行政，均責成內閣總理大臣、各國務大臣擔負責任〔註96〕。從此，清廷喪失了自主能力，只好任由袁世凱擺佈。

（四）利用軍隊勒索親貴榨取皇室財產

　　清政府當初起用袁世凱為欽差大臣和內閣總理大臣，原希望袁世凱統率軍隊，幫助清政府削平革命黨之亂。可是袁世凱並非曾國藩、李鴻章，袁心懷異志，掌握大權後，即利用軍隊威脅清廷，勒索親貴，榨取宮帑。十一月十四日，清軍將領姜桂題、馮國璋等聯名致電內閣，請親貴大臣「將私有財產全數購置國債，以充軍用。」〔註97〕這是袁世凱掌握軍政大權後，軍人榨取清廷皇室錢財的開始，對清廷更為不利，但清廷已受制於袁世凱，即使想反抗也無能為力了，所以對姜桂題等電奏的上諭是：「著宗人府傳知各王公等將存放私有財產，盡力購置國債。」〔註98〕十一月十六日，地方掌握軍隊的督撫、將軍趙爾巽、陳夔龍、段祺瑞、錫良、齊耀琳、胡建樞、陳昭常、周樹模等也上電逼迫親貴大臣提出存款〔註99〕。十一月十八日，東三省總督趙爾巽轉奏陸防各軍官校的聯合要求將奉各王公本年應徵地租，盡數留充奉餉，趙爾巽並威脅：「儻或別有違言，深恐激生事變。」清廷諭旨只好照准

〔註95〕同註94。
〔註96〕《宣統政紀》，卷六十六，頁2。
〔註97〕《辛亥革命》，第五冊，頁317。
〔註98〕同註96，卷六十七，頁22。
〔註99〕同註97，第五冊，頁319～320。

〔註100〕。自從武昌起義以來，清廷已屢發內帑以助國用〔註101〕，袁世凱還想進一步榨取皇室錢財，十一月十四日，以軍費沒有著落為由，奏請辭職，隆裕太后溫諭慰留，並發內帑黃金八萬錠，以充軍費〔註102〕。袁世凱假藉補充軍費之名，榨取清室內帑，作有利於自己之運用，而玩弄隆裕太后於股掌之中。

（五）利用軍隊威脅逼迫清帝退位

十二月初八日，清軍將領四十二人，由段祺瑞領銜，聯名致電內閣、軍諮府、陸軍部，並各王公大臣，請即代奏清廷「明降諭旨，宣示中外，立定共和政體。」〔註103〕十二月十八日，段祺瑞、王占元、何豐林、李純等九名將領，自信陽電奏，指責少數清室王公，阻撓共和，敗壞大局，「謹率全軍將士入京，與王公剖陳利害。」〔註104〕清政府自從大權旁落以後，本已無力自保，段祺瑞等將領率軍入京的威脅，加速了清帝退位的時間。十二月二十二日，段祺瑞等九名督撫，又電奏清廷，請速降明諭，宣布共和〔註105〕。十二月二十五日，清廷接受優待條件，宣佈退位詔旨，著袁世凱以全權組織臨時共和政府，與民軍協商統一辦法〔註106〕，清朝遂告滅亡。

〔註100〕同前書，第五冊，頁321。
〔註101〕據《宣統政紀》，武昌起義後清廷發內帑之記錄如下：
八月二十八日，撥內帑銀二十萬兩在湖北賑濟。
九月初三日，發內帑銀二十四萬兩，賑濟直隸、吉林、江蘇、安徽、山東、浙江、湖南、廣東諸省飢民。
九月初四日，監國攝政王奉隆裕太后懿旨，設立慈善救濟會，賞宮中內帑銀三萬兩予該會。
九月初六日，撥宮中銀一百萬兩專作湖北軍餉之用。
九月十三日，發宮中帑銀十萬兩交四川賑濟。
〔註102〕李劍農，《中國近百年政治史》，頁336。
〔註103〕《辛亥革命》，第八冊，頁173～175。
〔註104〕同前書，第八冊，頁178～179。
〔註105〕《中華民國史事紀要》，民國元年2月9日，頁219。
〔註106〕《宣統政紀》，卷七十，頁13～14。

結　論

　　辛亥革命之成功與滿清政府之傾覆，孫中山先生領導革命，功不可沒，
而立憲派人士之推動立憲，造成了更有利於革命之情勢，其貢獻亦是有目共
睹〔註1〕。然此皆不足以窺知清朝滅亡的全貌。惟有從清政府本身來看，才能
更清晰的掌握辛亥革命成與清政府滅亡的原因。

　　宣統朝政權雖和平的轉移成功，沒有發生流血或變亂，卻已種下了清朝
滅亡的禍根。由於慈禧太后個人私心自用，貪立幼君，而以懦弱的載灃監國
攝政，使政權轉移暴露了嚴重的問題：皇室孤幼與君主庸弱，造成了權威危
機。君主威勢未能建立，親貴遂能紛紛出而攬權，紊亂朝政，使整個政治運
作發生問題。後來清軍將領如段祺瑞等敢於脅上，袁世凱能操縱清室政權，
實由於皇室孤幼，載灃的庸弱無能，君主威勢未能建立所致。

　　由於親貴紛紛出而攬權，造成宣統朝政治領導階層，尤其是掌握決策的
權力核心領導陣容不夠堅強。侍郎徐致祥，就曾告訴過御史惲毓鼎，皇族親
貴人才的缺乏，將造成清朝「皇靈之不永」〔註2〕。尤其是在革命危機日漸升
高的時期，更需要具有見識與才能的才幹之士來領導，方能力挽狂瀾，扭轉
局勢，維持政權於不墜。可是宣統朝的權力核心領導階層，從隆裕太后、監
國攝政王載灃下至那班少年親貴，卻少有見識宏遠，久於歷練的精明幹練人
才，這種政治領導階層結構的缺陷，對政局產生了深遠的影響。

　　宣統朝政治領導階層結構的缺陷所造成的第一個影響，是政策制訂與執
行的偏向，導致政權危機的升高。立憲國策的繼續執行及載灃對於立憲籌備

〔註 1〕 張朋園，《立憲派與辛亥革命》一書，已對立憲派之貢獻，給予肯定的評價。
〔註 2〕 惲毓鼎，《崇陵傳信錄》，收於左舜生選輯，《中國近百年史料初編》（台北：
　　　　台灣中華書局出版，1966 年），頁 483。

的認眞〔註3〕，原頗值得讚賞，但預備立憲政策之推展卻未能順應民情。民間
要求三年即行立憲，立憲派到處請願，政府受到強大的朝野壓力，終將預備
立憲縮短爲六年。可是宣統二年（1910）立憲期限縮短後，清政府卻轉趨保
守，開始以武力彈壓請願人士，激起立憲派人士的不滿。清政權的轉趨保守，
確與革命的爆發有密切關係，正如一位社會學家說：「當人們的政治處境趨向
好轉的時候，如果當權者又突然逆勢而行，所引起的反抗必然是無比強烈的。」
〔註4〕清廷既許以憲政來實施改革，如果一意直前，能及時而確實的改革政
治，未嘗沒有避免革命的可能。然宣統二年（1910）以前的乖謬做法，自不
能不令人懷疑其原有之誠意；何況人民在嚐到開明自由的滋味之後，深恐再
受剝奪，隨時存有戒心，任何不如人意的政府措施，都要加以反抗。因此，「皇
族內閣」的出現，激起了知識分子與立憲派人士的不滿，立憲派從此對清政
府的希望幻滅，轉而投入革命。「鐵路國有」政策執行的不當，更激起了四川
人民反政府的浪潮。正值革命黨人積極主張推翻異族王朝，且已發爲運動。
清廷的倒行逆施，恰好爲革命黨人在客觀形勢上造成了良好的機會〔註5〕。於
是清政權的危機逐漸升高，人民反政府情緒的高漲，對政權的穩定極爲不利，
變亂隨時可能發生。

　　但僅僅人民的不滿，並不見得能使革命成功。還須要政府對政治資源的
控制力減弱，革命才可能成功。以前的學者研究革命，從人民的心理狀態來
看，認爲人民不滿政府情緒增高，即可導致革命成功。前幾年美國哈佛大學
教授史可保（Theda　Skocpol）提出一個新的看法，他認爲雖然人民不滿政府
的情緒愈來愈高，但是只要政府能有效地控制「政治資源」，那麼革命仍不可
能成功。政治資源指軍警、財政、政府組織等。他舉南非爲例，南非人民反
政府情緒高漲，但是南非政府因能有效地控制政府組織，有充裕的財政，和
有能力控制軍警，因此，南非的革命無法成功。另外，共產制度的蘇聯、中
共、東歐共黨國家，它們政府也能有效控制政治資源，因此共黨國家的革命
一直無法成功。〔註6〕

〔註3〕　李劍農，《中國近百年政治史》，頁 279～280。
〔註4〕　James Davis, Toward a Theory of Revolution, American Sociological Review, Vo1.
　　　　27, No.1, p. 6.
　　　　轉引張朋園，《立憲派與辛亥革命》，頁 6。
〔註5〕　同前書，頁 6。
〔註6〕　Theda skocpol, States and Social Revolutions, A Comparative Analysis of France,
　　　　Russia, and China. Cambridge University Press, 1979, pp, 3~43.

　　川路風潮與武昌起義發生後，清政府政治領導階層應變無方，對策失當，延誤軍機，造成革命聲勢的壯大，各省紛紛獨立；這是宣統朝政治領導階層結構缺陷所產生的第二點影響。武昌起義後，清政府兵力不足，財政困難，無法迅速有效地敉平革命黨的變亂，造成革命成功的有利形勢。而權臣袁世凱的弄權，更影響了清政權的傾覆。

　　總之，宣統朝權力核心領導階層見識與才能之不足，導致決策品質太差，政策偏向，不能順應民情，激起人民對政府的不滿，造成革命的有利情勢。而變亂發生後，政府對政治資源的控制力減弱，造成地方離心力，紛紛脫離中央而獨立。政府本身的困難，如兵力不足，財政困難，使得政府無法有效敉平革命黨之亂，革命乃有成功的可能。加以權臣袁世凱的篡起，竊奪清政府大權，終於導致清朝的滅亡。

徵引及參考書目

一、中文部份

(一) 檔案及文獻資料（依書名筆畫排）

1. 《大清德宗景皇帝實錄》，1964年，台灣華文書局影印。
2. 《大清宣統政紀》，1964年，台灣華文書局影印。
3. 《中華民國開國五十年文獻》，1963年，台北正中書局。
4. 《光宣列傳》，金梁輯，1974年，台北文海出版社影印。
5. 《宋史》，1976年，台北鼎文出版社影印。
6. 《辛亥年四川保路運動史料彙編（上）、（下）》，1981年，台北國史館。
7. 《辛亥革命》，中國史學會編，1981年，北京人民出版社再版。
8. 《光緒朝東華錄》，朱壽朋編，1963年，台北文海出版社影印。
9. 《革命文獻》，1968年，台北黨史會編。
10. 《清史稿》，趙爾巽等修，1976年，台北鼎文出版社影印。
11. 《清朝續文獻通考》，劉錦藻編，台北新興書局影印。
12. 《清代七百名人傳》，蔡冠絡編，台北文海出版社影印。
13. 《清季職官表》，魏秀梅編，台北中研院近史所專刊。
14. 《清末民初官紳人名錄》，田原天南編，台北古亭書屋影印。
15. 《清季新設職官年表》，錢寶甫編，台北文海出版社影印。
16. 《最近官紳履歷彙編》，敷文社編，1970年，台北文海出版社影印。

(二) 文集（依著者姓氏筆畫排）

1. 丁士源，《梅楞章京筆記》，中國現代史叢刊第五冊，1964年，台北文星書店。

2. 王照，《方家園雜詠記事》，1968 年，台北文海出版社影印。

3. 王照，《小航文存》，1968 年，台北文海出版社影印。

4. 江庸，《趨庭隨筆》，1967 年，台北文海出版社影印。

5. 岑學呂編，《三水梁燕孫先生年譜》，1972 年，台北文海出版社影印。

6. 岑春煊，《樂齋漫筆》，1971 年，台北文海出版社影印。

7. 沈祖憲輯，吳闓生撰，《容菴弟子記》，1971 年，台北文海出版社影印。

8. 金梁，《光宣小紀》，1974 年，台北文海出版社影印。

9. 胡思敬，《退廬全集》，1970 年，台北文海出版社影印。

10. 胡思敬，《國聞備乘》，1970 年，台北文海出版社影印。

11. 胡思敬，《大盜竊國記》，1970 年，台北文海出版社影印。

12. 柴萼，《梵天廬叢錄》，1977 年，台北禹甸文化事業公司。

13. 袁克文，《洹上私乘》，1967 年，台北文海出版社影印。

14. 徐凌霄，《一士隨筆》，1979 年，台北文海出版社影印。

15. 陳夔龍，《夢蕉亭雜記》，1971 年，台北文海出版社影印。

16. 陳旭麓等編，《辛亥革命前後》，1979 年，上海人民出版社。

17. 陳聲暨、王眞編，《候官陳石遺年譜》，1971 年，台北廣文書局。

18. 許同莘編，《張文襄公年譜》，1947 年，上海商務印書館。

19. 張之洞，《張文襄公全集》，1963 年，台北文海出版社影印。

20. 張謇，《張季子九錄》，政聞錄，台北文海出版社影印。

21. 張孝若，《南通張季直先生傳記》，1981 年，台北文海出版社影印。

22. 張一麐，《心太平室集》，1966 年，台北中國文獻出版社。

23. 張難先，《湖北革命知之錄》，台北文海出版社影印。

24. 梁啓超，《飲冰室文集》，1960 年，台灣中華書局。

25. 盛宣懷，《愚齋存稿》，1963 年，台北文海出版社影印。

26. 惲毓鼎，《崇陵傳信錄》，左舜生選輯，《中國近百年史資料初編》，1966 年，台灣中華書局影印。

27. 費行簡，《慈禧傳信錄》，1980 年，台北廣文書局。

28. 費行簡，《近代名人小傳》，1967 年，台北文海出版社影印。

29. 費行簡，《當代名人小傳》，1986 年，台北文海出版社影印。

30. 楊壽枏，《覺花寮雜記》，雲在山房叢書三種，1967 年，台北文海出版社影印。

31. 端方，《端忠敏公奏稿》，1967 年，台北文海出版社影印。

32. 劉成禺，《世載堂雜憶》，1976 年，台北長歌出版社。

33. 警民，《徐世昌》，1971 年，台北文海出版社影印。

（三）近人著作（依著者姓氏筆畫排）

1. 丁文江，《民國軍事近紀》，1971 年，台北文海出版社影印。
2. 丁文江，《梁任公先生年譜長編初稿》，1972 年，台北世界書局。
3. 亓冰峰，《清末革命與君憲的論爭》，1966 年，中研院近史所專刊。
4. 左舜生選輯，《中國近百年史資料初編》，1966 年，台北中華書局影印。
5. 左舜生，《中國近代史四講》，1962 年，香港友聯出版社。
6. 白秀雄、吳森源、李建興、黃維憲合著，《現代社會學》，1978 年，台北巨流圖書公司。
7. 全漢昇，《中國經濟史研究（下）》，1972 年，香港崇文書店。
8. 朱堅章，《歷代篡弒之研究》，1964 年，台北嘉新水泥文化基金會。
9. 朱子家，《女特務川島芳子》，1978 年，台北東府出版社。
10. 朱岑樓譯，《社會學》，1967 年，台北三民書局。
11. 李劍農，《中國近百年政治史》，1971 年，台灣商務印書館。
12. 李劍農，《最近三十年中國政治史》，1976 年，台灣學生書局影印。
13. 李廉方，《辛亥武昌首義記》，1961 年，台北正中書局影印。
14. 李新，《中華民國史》，1981 年，北京中華書局。
15. 李守孔，《中國近代史》，1975 年，台灣學生書局。
16. 呂亞力，《政治學》，1985 年，台北三民書局。
17. 呂亞力，《政治學方法論》，1980 年，台北三民書局。
18. 呂亞力，《政治發展與民主》，1979 年，台北五南圖書公司。
19. 呂亞力、吳乃德編譯，《民主理論選讀》，1979 年，高雄德馨室出版社。
20. 沈渭濱，《孫中山與辛亥革命》，1993 年，上海人民出版社。
21. 沈雲龍，《近代史事與人物》，1957 年，台北文海出版社影印。
22. 沈雲龍，《現代政治人物述評》，台北文海出版社。
23. 沈雲龍，《徐世昌評傳》，1979 年，台北傳記文學出版社。
24. 沈雲龍，《近代史料考釋第二集》，1969 年，台北傳記文學出版社。
25. 周谷城，《中國政治史》，1985 年，台北文學史料研究會影印。
26. 周開慶，《四川與辛亥革命》，1964 年，台北四川文獻研究社。
27. 吳相湘，《民國人和事》，1973 年，台北三民文庫。
28. 吳相湘，《晚清宮廷與人物》，1965 年，台北文星書店。
29. 吳春梅，《一次失控的近代化改革——關於清末新政的理性思考》，1998 年，安徽大學出版社。

30. 易君博，《政治學論文集：理論與方法》，1975 年，台灣省教育會。

31. 林家有主編，《辛亥革命運動史》，1991 年，中山大學出版社。

32. 施肇基，《施肇基早年回憶錄》，1967 年，台北傳記文學出版社。

33. 姜相順、王國華主編，《清宮鬥爭內幕》，1996 年，遼寧古籍出版社。

34. 姜占魁，《行政學》，1980 年，台北五南圖書出版公司。

35. 胡繩武、金衝及，《辛亥革命史稿》，1991 年，上海人民出版社。

36. 胡成，《困窘的年代——近代中國的政治變革和道德重建》，1997 年，上海三聯書店。

37. 苗長青，《晚清官僚派別派系研究》，1993 年，遼寧大學出版社。

38. 洪秀菊等譯，《爭辯中之國際關係理論》，1979 年，台北黎明文化事業公司。

39. 唐光華，《政治文化的沈思者——白魯恂》，1982 年，台北允晨文化事業有限公司。

40. 荊知仁，《中國立憲史》，1984 年，台北聯經出版公司。

41. 徐宗勉、張亦工等，《近代中國對民主的追求》，1996 年，安徽人民出版社。

42. 徐徹，《慈禧大傳》，1995 年，台北建宏出版社。

43. 凌鴻勛，《中國鐵路志》，1981 年，台北台灣商務印書館。

44. 殷肅虎，《近代中國憲政史》，1997 年，上海人民出版社。

45. 張國淦，《辛亥革命史料》，1958 年，香港龍門書店。

46. 張朋園，《立憲派與辛亥革命》，1969 年，台北中研院近史所專刊。

47. 張朋園，《梁啓超與清季革命》，台北中研院近史所專刊。

48. 張玉法，《清季的革命團體》，1975 年，台北中研院近史所專刊。

49. 張玉法，《中國現代化的區域研究——山東省》，1982 年中研院近史所專刊。

50. 張玉法編，《中國現代史論集》，第三冊，辛亥革命，1980 年，台北聯經出版公司。

51. 張玉法，《清季的立憲團體》，1971 年，台北中研院近史所專刊。

52. 張玉法，《中國近代史》，1978 年，台北東華書局。

53. 張金鑑，《動態政治學》，1977 年，台北七友出版傳播事業股份有限公司。

54. 張尚德譯，普林頓原著，《革命的剖析》，1967 年，台北帕米爾書店。

55. 陳啓天，《最近三十年中國教育史》，1964 年，台北文星書店影印。

56. 陳鵬仁譯，《宮崎滔天與中國革命》，1977 年，高雄三信出版社。

57. 陳孟堅，《民報與辛亥革命》，1986 年，台北正中書局。

58. 眭雲章，《中國民國開國記》，1968 年，台北中央文物供應社。

59. 華力進，《政治學》，1980 年，台北經世書局。

60. 郭廷以，《近代中國史綱》，1979 年，香港中文大學。

61. 郭則澐等，《清代掌故綴錄》，1974 年，台北三人行出版社。

62. 郭世佑，《晚清政治革命新論》，1997 年，湖南人民出版社。

63. 莊練，《中國近代史上的關鍵人物（上）、（中）、（下）》，1980 年，台北四季出版公司。

64. 黃濬，《花隨人聖盦摭憶全編》，1979 年，台北聯經出版公司。

65. 傅宗懋，《清代總督巡撫制度之研究》，1959 年，台北政大政研所碩士論文。

66. 溥傑等著，《晚清宮廷生活見聞》，1983 年，台北木鐸出版社。

67. 溥儀，《溥儀自傳》，1976 年，台北大申書局。

68. 陶菊隱，《袁世凱竊國記》，1954 年，台灣中華書局影印。

69. 陶菊隱，《北洋軍閥統治時期史話》，1957 年，北京生活、讀書、新知三聯書店。

70. 熊志勇，《從邊緣走向中心——晚清社會變遷中的軍人集團》，1998 年，天津人民出版社。

71. 熊守暉，《辛亥武昌首義史編》，台灣中華書局。

72. 廖一中，《一代梟雄袁世凱》，1997 年，北京圖書館出版社。

73. 劉厚生，《張謇傳記》，1965 年，香港龍門書店。

74. 錢穆，《中國歷代政治得失》，1977 年，台北東大圖書公司。

75. 謝俊美，《政治制度與近代中國》，1995 年，上海人民出版社。

76. 謝本書，《袁世凱與北洋軍閥》，1995 年，台北克寧出版社。

77. 蕭一山，《清代通史》，1963 年，台灣商務印書館。

78. 蕭公權，《中國政治思想史（下）》，1980 年，台北中國文化大學出版部。

79. 蕭功秦，《危機中的變革——清末現代化進程中的激進與保守》，1999 年，上海三聯書店。

80. 龔文周、何建台譯，《國際政治解析的架構》，1983 年，台北龍田出版社。

（四）報紙、雜誌、紀要、日誌（依筆畫排）

1. 《中國時報》，1986 年 4 月 4 日，台北發行。

2. 《中華民國史事紀要》，民國紀元前一年，台北國史館，1973 年編印。

3. 《近代中國史事日誌》，郭廷以編，台北中研院近史所專刊。

4. 《東方雜誌》，光緒三十年至宣統三年，台灣商務印書館影印。

5. 《政治官報、內閣官報》，光緒三十三年至宣統三年，台北文海出版社影印。

6. 《國風報》，宣統二年至三年，台灣漢聲出版社影印。

7. 《國聞週報》。

（五）論文（依著者姓氏筆畫排）

1. 王家儉，〈晚清地方行政現代化的探討〉，載《中國近代現代史論集》第十六編，1986 年，台灣商務印書館。

2. 王壽南，〈辛亥武昌起義後清廷的反應〉，孫中山先生與近代中國學術研討會論文，1985 年。

3. 王曾才，〈歐洲列強對辛亥革命的反應〉，《台大文史哲學報》第三十期。

4. 古偉瀛節譯，Michael Gasster 原著，〈中國政治近代運動中的改革與革命〉，載林能士，胡平生合編，《中國現代史論文選輯》，1980 年，台北華世出版社。

5. 全漢昇，〈鐵路國有問題與辛亥革命〉，載《辛亥年四川保路運動史料彙編》，1981 年，台北國史館。

6. 李守孔，〈清季留日陸軍學生與辛亥革命〉，載《孫中山先生與辛亥革命》，1981 年，台北國史館。

7. 李守孔，〈論清季之立憲運動〉，載《中國近代現代史論集》第十六編，1986 年，台灣商務印書館。

8. 李守孔，〈清末之諮議局〉，載《中國近代現代史論集》第十六編，1986 年，台灣商務印書館。

9. 李守孔，〈各省諮議局聯合會與辛亥革命〉，載《中國現代史叢刊》（三），1970 年，台北正中書局。

10. 李恩涵，《近代中國史事研究論集》，1987 年，台灣商務印書館。

11. 沈乃正，〈清末之督撫集權——中央集權與同署辦公〉，載《清華大學社會科學》，一卷二期，1936 年。

12. 紀欽生，《晚清時期的端方——一位改革官僚的研究》，1985 年，台北台大歷史研究所碩士論文。

13. 陳三井，〈法國與辛亥革命〉，《中研院近史所集刊》，第二期，1971 年。

14. 張朋園，〈清季諮議局議員的選舉及其出身之分析〉，載《中國近代現代史論集》第十六編，1986 年，台灣商務印書館。

15. 張朋園，〈預備立憲的現代性〉，載《中國近代現代史論集》第十六編，1986 年，台灣商務印書館。

16. 張玉法，〈學者對清季立憲運動之評估〉，載《中國近代的維新運動——變法與立憲研討會論文集》，1981 年，台北中研院近史所。

17. 彭雨新，〈辛亥革命前夕清朝財政的崩潰〉，載《辛亥革命論文集》，湖北省歷史學會編印。

18. 鄒豹君，〈我國歷史人物與地理環境——蜂房式的人物區〉，載《民主潮》，五卷二十三期，1954 年 12 月香港。

19. 劉岱，〈川路風潮——武昌起義前的一把革命火炬〉，載《辛亥年四川保路運動史料彙編》，1981 年，台北國史館。

20. 羅香林，〈中國族譜研究〉，載《書目季刊》，一卷二期，1966 年，台灣學生書局。

二、英文部份

1. Jerome Chen , *Yuan Shih-k ai*，1980 年，台北虹橋書店翻印。

2. John k. Fairbank and Kwang-Ching Liu, *The Cmbridge History of China, Volumell, Late Ching, 1800~1911*, Part 2，1981 年，台北敦煌書局翻印。

3. Ping-ti Ho, *The Ladder of Success in Imperial China, Aspects of Social Mobility, 1368~1911*，1971 年，台北新月圖書公司翻印。

4. Theda Skocpol, *States and Social Revolutions, A Comparative Analysis of France, Russia, and China*, Cambridge University Press, 1979.